德国古典哲学研究译丛

主编 李秋零

康德的道德宗教

Kant's Moral Religion

[美]艾伦·W. 伍德（Allen W. Wood）著

李科政 译

中国人民大学出版社

·北京·

"德国古典哲学研究译丛"编委会名单

关于本书

　　在《康德的道德宗教》中，艾伦·W.伍德论证说，康德的宗教信念学说跟他最佳的批判思想是融贯的，而且，事实上，"道德论证"——以及它们所要证成的信仰——是康德批判哲学中的一个不可或缺的部分。伍德指出，康德敏锐的宗教世界观配得上被称作他最伟大的哲学贡献之一。

　　在着手诠释康德时，针对这位哲学家在其有关上帝与不朽的信念的推理中所揭示出来的东西，伍德提供了一个清晰的陈说。他重新考察了康德对"道德意愿"的观念，并且为他的"至善"学说辩护。他讨论了康德对"道德信仰"的使用，即在同教会信仰、宗教经验，以及对神圣启示的主张的关系中，把它当作一个理性的标准来使用。最后，他还讨论了这位哲学家有关人类本性中的"根本恶"的理念，并且发展了康德在其1793年的著作《纯然理性界限内的宗教》中所兆示的"神圣恩典"理论。

　　伍德坚持认为，康德有关宗教的思想是一个伟大哲学家对一个艰难问题的解决方案，这个问题是每个人都必须要面对的，康德的解决方案则能够在任何想要理性地处理宗教问题的努力中充当指导。

关于作者

艾伦·W. 伍德（Allen W. Wood），美国哲学家，美国艺术与科学学院院士，当代美国最杰出的哲学学者之一，国际德国哲学研究领域，尤其是康德研究领域最负盛名的权威专家之一。伍德曾先后任教于康奈尔大学、耶鲁大学、斯坦福大学与印第安纳大学，其代表作《康德的道德宗教》《康德的理性神学》《卡尔·马克思》《黑格尔的伦理思想》《康德的伦理思想》《费希特的伦理思想》等在国际学界有着较高的声誉与较大的影响。伍德还是著名的剑桥版《伊曼努尔·康德著作集》的两位联合主编之一，另一位是保罗·盖耶（Paul Guyer），他们合作翻译了剑桥版《纯粹理性批判》。同时，伍德还独立翻译了《什么叫作思维中的确定方向》、《赖茵霍尔德·伯恩哈德·雅赫曼的〈康德宗教哲学检验〉前言》，以及《哲学的宗教学说讲义》（又译作《哲学的神学讲义》）。近期，伍德又完成了一本名为《康德与宗教》的著作，2020 年将于剑桥大学出版社出版。

关于译者

李科政，男，天津社会科学院伦理学研究所暨《道德与文明》杂志社助理研究员。博士毕业于中国人民大学哲学院，师从国内著名康德学者李秋零教授，主要从事德国古典哲学与当代西方伦理思想研究，发表以康德哲学为研究主题的学术论文多篇。

总　序

德国古典哲学，上承古希腊精神为源，下启西方现代哲学为流，巍巍然而成大观，堪称人类思想史上的一座丰碑。其享誉"古典"，绝非浪得虚名，可谓实至名归。作为理解和把握西方哲学发展的一个重要枢纽，德国古典哲学一直是哲学研究课题的重中之重。清末以降，随着西学东渐的历史潮流，德国古典哲学也开始受到中国学界的普遍关注。在 20 世纪下半叶，作为马克思主义理论来源之一的德国古典哲学更是得到了特别的眷顾。尤其值得一提的是，在德国古典哲学的影响下，中国思想界产生出的新哲学形态，独领一代风骚，贺麟、冯友兰、牟宗三等人的新儒学中，无不闪现着德国古典哲学的思想光芒。德国古典哲学遂成为中西哲学交流的一个重要关节点。

三十余年来，我国学界的德国古典哲学研究取得了长足的进步，呈现出新的景象。简言之，其一是逐渐摆脱了旧的"两军对垒"的"贴标签式"哲学史观，德国古典哲学不再简单地是马克思主义"哲学革命"的注释和作为资产阶级哲学而受到批判，而是作为人类思维的优秀成果得到了客观的研究，其杰出的贡献得到了充分的肯定。其二是翻译工作得到了加强，大量的德文原著被翻译成中文，一些旧的译本也得到重译，并且出现了不同形式的全集或选集，为深入扩展的研究奠定了扎实的基础。其三是研究的领域和主题也得到扩展，传统的主题得到进一步的加强，新的主题、新的角度不断涌现，在各种统计中，以德国古典哲学为研究对象的著作、论文所占的比例长盛不衰。乐观地估计，这种良好的势头仍将继续。

然而，我们仍不免有一些"缺憾"。其一是我们对德国古典哲学的把握依然是有短缺的。我国学界常说的德国古典哲学其实是四大家，即康德、费希特、谢林、黑格尔，其中尤以康德和黑格尔为重中之重。对费希特和谢林的研究尚且有亏，对哈曼、赫尔德、雅各比、舒尔茨、莱因霍尔德，以及与之紧密相关者如浪漫主义者荷尔德林和施莱尔马赫等人的研究就更无从谈起了，这使得我们的德国古典哲学研究虽不致有"盲人摸象"之毁誉，却总难免有"遗珠之憾"。其二是随着研究条件的改善和研究资料的丰富，我们的一些研究者却做起了桃花源里的田舍翁，不知有汉，无论魏晋。数十年来，国外的德国古典哲学研究依然在蓬勃发展，出现了许多著名的学者和著作，提出了不少新的问题，我们的一些研究者虽然孜孜以读康德、黑格尔的著作，却对国外的这些新成果、新动向视而不见，使得自己的研究无法与国际学界接轨、对话，成为一种实实在在的自说自唱。

有感于此，在几位热心的青年学者的策动下，我们组织了这套"德国古典哲学研究译丛"，其宗旨自然是向国内学界介绍国外的新学者、新成果和新动向。"译丛"的选题偏重于欧美但不限于欧美，基本上都是已经为学界所公认的著作，既有对特定哲学家的深入研究，亦有对德国古典哲学的全景式探讨。在组织"译丛"的过程中，我们聚集了一批有志于此的青年学者。他们大多具有海外留学的背景，甚至是直接师从于选题的作者。由他们来担任译者，无论是选题的确定，还是翻译过程中思想内容的领悟、语言的转换，"译丛"的质量都是有把握的。其中，四川大学哲学系的余玥君、梁中和君为确定选题、联系译者等等做了大量的事务性工作，为"译丛"最终得以面世做出了重要的贡献。蒙这些青年学者的抬爱和信任，推举我为这套"译丛"的主编，我殷切地希望，这套"译丛"能够得到学界、读书界的认可和喜爱，同时也希望有更多的有志之士参与和支持我们的工作，为我国的德国古典哲学研究做出应有的贡献，共同促进我们的哲学事业繁荣昌盛。

李秋零

2017 年 11 月 9 日

于中国人民大学人文楼书斋

中译本序言

　　《康德的道德宗教》写于半个多世纪以前，作为一位热心的青年康德学者，我试图更好地理解同自己的基督教教养之间的困扰关系。在那个时代，关于康德的宗教哲学、他对上帝信仰的道德论证，或者康德哲学中道德与宗教信念的关系，并没有多少著作。已有的著作往往哲学品质低劣。没有人欣赏这些东西，即便当时最杰出的康德学者也是如此。刘易斯·怀特·贝克（Lewis White Beck）认为，康德式的道德可以为世界的道德结构，或者上帝的现实存在提供一种独特的实践根据。但是，关于 *summum bonum*（至善）的思想，关于行为的道德性与按比例配享的幸福之间的联结的思想，却似乎是一些败坏的思想——仿佛我们有义务去窥探他人的道德性，而且，如果我们断定他们比我们自己应然所是的更为幸福，就有义务要惩罚他们。任何直到今天依然持有这种想法的人都根本没有理解康德的伦理学。在康德的伦理学中，把他人的幸福（绝不是他们的不幸）当作目的是一项义务，至于谁人配得上幸福则留待宇宙的秩序或上帝的天意来判定。在那个时代，人们甚至没有意识到，康德对上帝持有一种独特的信念。他的《哲学的宗教学说讲义》（1817 年由波利茨［Pölitz］出版)①，还没有多少人研究过。

---

　　① 波利茨出版的讲义原名为 *Vorlesungen über die philosophische Religionslehre*（《哲学的宗教学说讲义》)，它是研究康德宗教哲学思想的一个重要文献，本书作者恰好是它的英文版译者。而且，正是在伍德的翻译与推广下，这部讲义才在英语学界获得了普遍的重视。在这个中译本序言中，伍德将其译作 *Lectures on the Philosophical Doctrine of Religion*（《哲学的宗教学说讲义》)，这是比较符合原书名的，同时也是收录于 1996 年出版的剑桥版《伊曼努尔·康德著作集：宗教与理性神学》中的译本名。但是，伍德的英译本在 1978 年于康奈尔大学出版社首次出版时，书名为 *Lectures on the Philosophical Theology*（《哲学的神学讲义》)，尽管它与剑桥版在内容上是完全一致的。本书首次出版时，这部讲义的英译本尚未出版，作者使用的是波利茨 1830 年出版的第二版《讲义》，但在本书正文中已经将其译作 *Lectures on the Philosophical Theology*。因此，需要提醒读者注意的是，此处提到的《哲学的宗教学说讲义》与正文中的《哲学的神学讲义》并不是两本不同的著作。——译者注

在这个方面，我的第一本著作，同时也是我在耶鲁大学的博士论文（写于1966年至1968年），是为数不多的尝试这一主题的著作之一。我曾把这本著作提交给耶鲁大学出版社，却遭到了一位显然不理解它的评论家的拒绝。我与康奈尔大学的合作则更为成功，因为我在康奈尔大学的同事，著名哲学家马克斯·布莱克（Max Black）是刘易斯·怀特·贝克的朋友，他说服贝克阅读了本书的手稿。尽管我的论证中的一个重要部分是对贝克在其《康德〈实践理性批判〉释义》中有关道德论证的讨论的批评，但贝克理解我对康德的道德论证的辩护，并且为之所说服——我的辩护即便不是宗教信仰的一个根据，至少也是对康德的一种正确的诠释，它把一种基于真纯的康德原则的令人信服的论证归之于康德。刘易斯成了我的一位导师，而且，当我与保罗·盖耶（Paul Guyer）共同主编剑桥版《伊曼努尔·康德著作集》时，他还是一位重要的顾问。

我的这本著作自1970年出版以来，有很多关于康德宗教哲学的英文著作问世。在我看来，其中最好的是我的学生安德鲁·齐格内尔（Andrew Chignell）的作品，他目前就职于普林斯顿。但是，还有许许多多的人在认真从事关于康德、关于《纯然理性界限内的宗教》的学术研究，他们包括：罗伯特·亚当斯（Robert Adams）、斯蒂芬·庞思奋（Stephen Palmquist）、詹姆斯·迪森诺（James di Censo）、菲利普·罗西（Philip Rossi）、沙伦·安德森–戈尔德（Sharon Anderson-Gold）、劳伦斯·帕斯德纳克（Lawrence Pasternack）、克里斯·费尔斯通（Chris Firestone）、约翰·黑尔（John Hare）、雅克兰·马琳娜（Jacqueline Mariña）、戈登·迈克尔森（Gordon Michalson），以及其他许多人（事实上，他们的人数如此众多，一份两三行长度的名单必定是不够的，并且对那些没有被列入名单的人来说十分不公平）。我从中获益不少，也不赞同其中一些观点，对其中相当多的研究同时保持两种态度。对我这本著作的持续兴趣，促使康奈尔大学出版社于2009年对它予以再版。如今，这一主题的研究已经有了数量巨大的英语文献，我这本著作的中译本可以为它们充当一个先导。我持续地对这一话题保持浓厚兴趣，即便我在写作其他主题的著作时也是如此，其中绝大多数都是关于18与19世纪德国哲学史的，包括关于康德、费希特、黑格尔与马克思的著作。我的一本新著作——《康德与宗教》（*Kant and Religion*）——即将于 2020 年出版，恰逢我的第一本著作出版50 周年，该书试图同情地呈现康德在《纯然理性界限内的宗教》中的工程。

《康德的道德宗教》关注的焦点是康德对上帝现实存在的信仰所提供的道德论证。我想要发掘的一个基本理念是：对于人们所关心的一些事情的理论主张，可以基于一些独特的实践根据来加以赞同。对于康德来说，以及对于他所处的时代与文化来说，上帝的现实存在是用以清楚阐明这样一些根据的一种自然而然的方式。我将在《康德与宗教》的第 2 章中重新讨论这一论证，而且，我在那里的主要观点之一是：那些对有神论的宗教信念并不特别感兴趣的人，也应对康德道德论证的基础大感兴趣，因为，这一基础也适用于诸多并不被视作宗教问题的事情。当我们把自己投奉于一个目的，尤其是一个重大的、野心勃勃的目的，例如让世界变成一个更好的所在，以无论何种我们所能想到的使之更好的方法，我们都直接地涉及某种与康德的论证密切相关的东西。因为，对任何其命运不确定的目的的投奉都在理性上要求对这一目的的可能性的赞同，而且，这种联系为我们在实践上对一些理论主张的赞同提供了一个理由，这一理由全然独立于我们用于支持它们的证据。这一点不仅适用于宗教信徒，也适用于那些其目的是要克服资本主义的人，或者那些其目的是要创造一种正义的民主或一种稳定的政治秩序的人，或者那些其目的仅仅是要拯救人类种族的人，因为人类种族由于气候破坏而遭受到自我毁灭的威胁。所有这些目的都包含着对某种不确定的、依赖于诸多超越我们支配能力的事情的投奉。然而，如果没有对这些目的的可能性的赞同，我们就无法在理性上追求任何目的。信教群众可能会把这一点象征化为对上帝的信仰，但是，任何人若是关心某种大于自身的事物，都将投奉于一些超乎切近未来的目的，这些目的需要某种与康德的实践信仰十分相近的东西。

自写作《康德的道德宗教》以来，我还成了 W. K. 克利福德（W. K. Clifford）的证据主义原则的强烈支持者，这一原则认为，持有并无证据支持的信念在道德上是错误的。当宗教领袖与政治家们不停地向我们撒谎，通过严格地遵循克利福德19世纪写作时期用以反对宗教信念的原则，坚持我们在理智上的诚实，是十分重要的。在《康德的道德宗教》中，我唯一提及克利福德处显得简短而不屑一顾。但是，我花了50年时间来思考，康德式的道德信仰是否与克利福德式的证据主义相容。它们可能看似是不相容的，因为，为赞同不确定目的的可能性的康德式根据，并不是它们的可能性的证据或证明。但是，我后来发现，康德式的信仰与克利福德式的证据主义（尽管无疑处于紧张状态之中）并非不相容。它们有一个共同的敌人：自以为是。证据主义警告我们，不要相信我们的目的将不可避免地取得胜利，而是要始终清醒地与不抱幻想地看待对它的追求。康德式的道德信仰严格说来并不是信念，因而不是证据主义禁止我们根据不充足的证据来持有的东西。它毋宁是对种种实践意图的赞同，如果它变成一种习惯性的赞同，就能近似于一种信念，康德在《判断力批判》中称之为"有怀疑的信念"（*Zweifelglaube*）①。这是一种不会让我们屈服于绝望的信仰，这种绝望对于我们的目的来说同样可以是一种使人舒适的自以为是，它允许我们放弃奋斗与关切，回避因此所导致的痛苦与辛劳。康德倡导以这种态度来对待至善，但马克思主义者在把我们从资本主义中解放出来这一目的中需要这种态度，而且，任何人在对他们所关心的任何重大且重要的事情的不确定命运的关切中也需要这种态度。我希望《康德的道德宗教》的读者能够看到这一点，尽管我在1960年代还没能看到它。但是，正是在写作我的第一本关于康德的著作时，我才首次开始严肃地研究马克思。我花了不少时间才看到这两者之间的联系。

我们这些既是克利福德主义者又是康德主义者的人，决心不只相信充分的证据，还要满怀希望与信仰去追求重大的但却不确定的目的，我们能够为自己的如是一个希望找到一些证据支持，即人类种族的未来将比它的过去或当下更好。这些证据的一个来源，在我看来，就是中国学者所表现出来的对哲学的令人惊讶的兴趣高涨，那是我耗费毕生心血来研究的学科。他们发现我的著作值得研究，对此我十分感谢，并且希望它有助于他们更好地理解康德、费希特、黑格尔与马克思，正如我半个

---

① 参见《判批》，第472页（德）。——译者注

多世纪以来一直努力去做的那般。最后，我十分感谢李科政翻译了我的
第一本著作。

艾伦·W. 伍德

加州帕罗奥图

2019 年

纪念丹尼尔·L. 迪根（Daniel L. Deegan）

康德著作之缩写

A ⋯ ***= B*** ⋯   ***Critique of Pure Reason***

《纯批》***A*** ⋯ ***= B*** ⋯   《纯粹理性批判》

Anthro   ***Anthropology from a Pragmatic Standpoint***

《人类学》   《实用人类学》

EaD   ***The End of All Things***

《终结》   《万物的终结》

EF   ***Perpetual Peace***

《和平》   《论永久和平》

G   ***Foundations of the Metaphysic of Morals***

《奠基》   《道德形而上学的奠基》

IAG   ***Idea for a Universal History from a Cosmopolitan Point of View***

《理念》   《关于一种世界公民的普遍历史的理念》

IKU   ***First Introduction to the Critique of Judgment***

《导言》   《判断力批判》第一版导言

KpV   ***Critique of Practical Reason***

《实批》   《实践理性批判》

KU   Critique of Judgment
《判批》　《判断力批判》

Log   Logic
《逻辑学》　《逻辑学》

MT   Concerning the Failure of All Philosophical Attempts at Theodicy
《神义论》　《论神义论中一切哲学尝试的失败》

NVT   Concerning a Recently Extolled Noble Fashion in Philosophy
《口吻》　《论哲学中的一种新近升高的口吻》

OP   Opus Postumum
《遗著》　《遗著》

P   Education
《教育学》　《教育学》

Pro   Prolegomena to Any Future Metaphysics
《导论》　《未来形而上学导论》

Rel   Religion within the Limits of Reason Alone
《宗教》　《纯然理性界限内的宗教》

RL   Metaphysic of Morals：Preface，Introduction，and First Part：The Metaphysical Elements of Justice
《法权论》　《道德形而上学：前言、导言与第一部分：正义要素的形而上学》（《法权论的形而上学初始根据》）

RR ***Reflections on the Philosophy of Religion***

《反思》 《宗教哲学反思集》

SF ***The Conflict of the Faculties***

《学科》 《学科之争》

TL ***Metaphysic of Morals：Second Part：The Doctrine of Virtue***

《德性论》 《道德形而上学：第二部分：德性学说》（《德性论的形而上学初始根据》）

TP ***Concerning the Common Saying：That May Be Correct in Theory，but Does Not Work in Practice***

《俗语》 《论俗语：这在理论上可能是正确的，但不适用于实践》

VE ***Lectures on Ethics***

《伦理学》 《伦理学讲义》

VpR ***Lectures on Philosophical Theology***

《神学》 《哲学的神学讲义》

WA ***What Is Enlightenment？***

《启蒙》 《什么是启蒙？》

Wh ***What Does It Mean to Orient Oneself in Thought？***

《方向》 《什么叫作在思维中确定方向？》

前　言

康德对宗教信仰的哲学思考，屡屡被当作其哲学中的一个弱点来对
待。即便是康德最热情的崇拜者时常也感觉，有必要拒斥他用于支持对上
帝与不朽的信仰的"道德论证"（moral arguments）并为之致歉，有必要
承认这些论证低于批判哲学的高标准，甚至有必要主张说，它们与康德哲
学自身中的种种基本原则是不相容的。本书将心怀如是一种确信来开展研
究，即对康德道德信仰学说的这种普遍常见的评价是错误的。我不仅想要
表明，康德的道德信仰学说与其最佳的批判思想相一致，还想要表明，充
分理解这一学说对于真正领会作为一个整体的批判哲学之世界观来说是
必需的。

我对康德的道德信仰学说的辩护，将始终保持在批判哲学本身的范围
之内。然而，这一范围之广阔，足以使收获的结果单凭其自身就具有重要
的哲学意义。如果本书的论点是正确的，那么，康德关于宗教的哲学思想
就代表了一位伟大哲学家对我们所有人都必定会遭遇到的诸多艰难问题
的解决方法。如此重大的一项成就是不容忽视的，而且，实际上，对于任
何想要理性地处理宗教问题的企图来说，康德的道德信仰学说都能为我们
提供一个指导或典范，并且把它们应用于人与人之间普遍的可传达性
（可共融性［communicability］）中，后者被康德视为理性与有理性（rea-
son and rationality）之本质。因此，本项研究选择保持在批判哲学之内的
做法，并不是由任何对康德的思想本身无懈可击的信念所导致的，而是由
如是一种确信所导致的，即他的思想确乎构成了一个融贯而合理的整体，
只要它得到了正确的运用就应当被如此看待，而且，它也应当获得赞赏。

在众多以这种或那种方式为本书的筹划向我提供过帮助的人士之中，

我尤为感谢我的朋友与老师乔治·施拉德（George Schrader）、约翰·D. 格伦（John D. Glenn）、小罗纳德·雅格（Jr., Ronald Jager），以及马克斯·布莱克。我还要向我的妻子蕾嘉（Rega）表示情深意切的感谢，因为她不仅为她自己的工作，同时也为我的工作经受了太多个人的艰辛与压力。

文中所引伊曼努尔·康德的 *Critique of Practical Reason*（《实践理性批判》），系刘易斯·怀特·贝克所译，copyright © 1956 the Liberal Arts Press, Inc., 授权重印者为 Liberal Arts Press Division of the Bobbs-Merrill Company, Inc.；文中所引伊曼努尔·康德的 *Religion Within the Limits of Reason Alone*（《纯然理性界限内的宗教》），系 T. M. 格林（T. M. Greene）与 H. 赫德森（H. Hudson）所译，授权印制者为 The Open Court Publishing Co.，伊利诺伊州，拉萨尔（La Salle, Illinois）。

A. W. W.

纽约州伊萨卡

1969 年 6 月

目　录

导　论

　　康德是这样一位哲学家，人们通常更多地是在细节上，而不是在总体 意义上来理解他的思想。人们为分析康德的认识论与道德哲学中的细致论证，付出了太多谨慎仔细的与卓有成效的劳作。但是，他的作为一个整体的哲学世界观（他对这个世界以及人在其中的地位的看法）却时常被嘲讽为荒唐无稽的，或者被人冠以"理性主义"、"敬虔派"、"启蒙"（Aufklärung）、"观念论"、"新教世界观"甚至"条顿世界观"之名，被仓促地加以摒弃。相比之下，很少有人像理查德·克罗纳（Richard Kroner）那般，成功地在《康德的世界观》（*Kant's Weltanschauung*）中，把对它的一种诠释与对其哲学的一种负责任的解读结合起来。在一定程度上，这种情况可以理解。康德是一个难以亲近的哲学家，他通常过于关注自己哲学论证的细节与完整性，以至于不愿对大众的理解能力做出丝毫的让步。但是，康德的哲学思想中有一个区域——它本身不幸被负责任的学术研究所忽略——确实为我们提供了一个多少算是直接的入口，以进入康德的作为一个整体的世界观，尽管这一区域对读者的理解能力的要求并不逊于他的其他大部分著作。在这一区域中，康德竭力关注的是他对人之处境本身的哲学探究的结果，并且要追问与解答关于普遍的人类关切与意义问题。这一 思想区域就是康德对理性的宗教信仰的研究。在康德对道德信仰与宗教的证成中，他把批判哲学本身展示为一种**宗教的**世界观，展示为一个关于作为一个整体的人类状况的深奥观念，展示为人对这种状况的恰当回应。

　　从"批判主义"本身的特性中，我们可以找到这种世界观的根基。恪守苏格拉底的传统，批判哲学是一种关于人类自我知识的哲学。康德把"纯粹理性的批判"的任务说成是"（理性的）所有工作中最困难的工作，即自我认识的工作"[1]。对于康德来说，这种自我知识采取了如是一种形式，即人的最高功能（理性）对这一功能本身的**批判**。这种批判被说成是一个"法庭"，其意图是要揭示出人类理性的"起源、范围和界限"。

被如是设想的这样一项批判的事业，拥有两个对比鲜明的方面。其目标是要研究人类的**种种能力**，使人意识到他有能力做什么与知晓什么。如此，批判哲学就是一种"启蒙"的哲学，一种劝勉人要勇于使用自己理性的哲学。[2]但是，批判哲学还有一项任务，那就是要让人意识到他的**种种限制**，并且规避因企图超越这些限制而导致的种种错误。正是"批评主义"本身的这种双重性质，引发了绝大多数针对康德关于人类本性观念的"二元论"的诠释。[3]然而，这些诠释中的大多数都误解了这种"二元论"的性质——即使把它叫作"二元论"是恰当的——并且把如是一种看法归之于康德，即人具有"两种不可调和的本性"[4]，尽管康德确实对人持有一种摩尼教式的看法。无论如何，从人类自我知识的这项批判工程的性质中，我们可以找到对这种"二元论"之根源的恰当理解。

3　　康德之所以会产生一种对人类本性的"二元论"看法，是因为一切形式的人类活动都既服从于人的**理性中**的种种必然原则，又受制于其种种不可避免的**有限性**。对于康德来说，人性并不是由"两种不可调和的本性"构成的，但遍及批判哲学之始终，人的理性目标与其有限性（其理性注定要在这种有限性中得到运作）之间，确实表现出了一种不可调和的**张力**。在康德看来，这种张力就是人自身的命运，并且规定了人类之现实存在（生存）所面临的种种难题。①实际上，想要说清楚康德的"二元

---

① 此处"现实存在（生存）"一词，是对英文 existence 的翻译，它对应于康德著作中的 Dasein 与 Existenz。在康德那里，Dasein 与 Existenz 同义异源，前者是德语词，后者是德语化的外来词，出自拉丁语的 existentia，但它们的意思没有区别，都是表示"某物存在"、"有一个某物"或"某概念有一个现实的对象"。正因为如此，在康德著作的多数英译本中，这两个词都被译作 existence。然而，在康德著作的中译本中，它们通常都会被区别处理，但具体译法并无统一意见。例如，在邓公晓芒先生的译本中，Dasein 被译作"存有"、Existenz 被译作"实存"；在王公玖兴先生的译本中，Dasein 被译作"存在"、Existenz 被译作"现实存在"；在吾师秋零先生的译本中，Dasein 被译作"存在"、Existenz 被译作"实存"。译者本人也一直对这两个术语的翻译犹豫不决，并且曾在自己写作中使用过不同的译法。在翻译本

论"究竟是基于一种关于人类本性的观念，还是基于批判的研究方法本身，甚至都是不可能的。之所以如此，是因为康德的批判方法针对的是自我知识，而且，想要把自我知识的种种结果从人类理性赖以获得这种知识的活动中分离出来，这是不可能的。

批判方法的这一根本姿态，决定了康德两个最重要的概念的哲学地位：感性与理性。当康德说人受制于（既在理论方面，也在实践方面）感性的种种条件时，他的意思是说：人是一种有限的存在者。针对康德的感性直观观念，海德格尔（Heidegger）以自己的方式指出：

书时，译者选择将 existence 译作"现实存在"并无任何特殊的考虑，这仅仅是因为当它在本书中的多个地方出现时，如是翻译似乎显得更为顺畅，也更易于理解。但是，既然择此译法，为避免不必要的误解，还是有必要做出两点说明：第一，本文中的"现实存在"与我们一般所说的"存在"、"有"、"实存"或"存有"并无任何区别。它不是一个与"非现实存在"、"想象中的存在"或"思维中的存在"相对立的概念，因为根本就没有什么"非现实存在"，这是一个自相矛盾的概念，而所谓"想象中的存在"或"思维中的存在"无非就是在心灵中假定某物的现实存在。译作"现实存在"，不过是为了将其与具有系词功能的 Sein 或 be 相区别，因为把后者译作"存在"早已是学界共识——当然，也有很多学者反对这种译法，例如清华大学王路教授与四川大学熊林教授。第二，本书第 135 页（原页码）出现过一次 actual existence，我将其译作"现实的存在"，并以此与"现实存在"相区分，而且，这种区分是必需的。因为，"现实的存在"不同于"现实存在"，前者必须是"现实的"，而不能是心灵中假定的。此外，在个别地方（例如此处），我还会在"现实存在"后加括号标注"生存"，因为 existence 在作者笔下具有明显的生存主义（存在主义［existentialism］）色彩，它不只被用于表达"某物存在"或"有一个某物"的意思，还被用于表达人作为一个整体的生存活动或存在过程。这种用法尽管看起来十分时髦，具有强烈的现代哲学色彩，但其实康德早就在高度相似的意义上使用过 Dasein 与 Existenz。例如，康德在《奠基》中说："假定有某种东西，其存在自身就具有一种绝对的价值（dessen Dasein an sich selbst einen absoluten Werth hat），它能够作为目的自身而是一定的法则的根据"（4：428）；"人以及一般而言每一个理性存在者，都作为目的自身而实存（existirt als Zweck an sich selbst），不仅仅作为这个或者那个意志随意使用的手段而实存"（4：428）；"有理性的本性作为目的自身而实存（die vernünftige Natur existirt als Zweck an sich selbst）"（4：429）。参见康德：《道德形而上学的奠基（注释本）》，李秋零译注，48—49页，北京：中国人民大学出版社，2013。在这几句话中，Dasein 或 Existenz 都不只是在理论意义上表达"某个概念有一个现实对象"，而是在实践意义上表达一种作为一个整体的现实活动或过程。——译者注

如果人类直观作为有限的直观有所接受，如果它接受某种"给予"的可能性预设了刺激，那么，能被刺激的器官——"感性"的器官——就是必需的。因此，人类直观并不因为其刺激通过"感觉"器官发生才是"感性"的。恰恰相反，正是由于我们的 Dasein（现实存在）是有限的——Dasein（现实存在）在既存者（essent）之中，并被抛向既存者——它才必然且必须接受既存者……康德第一次赢得了一个本体论的、非感觉的"感性"（sensibility）的概念。[5]①

4　　康德在认识论上的经验主义建立在一种关于人的本性的观念之上，建立在一种关于人的种种能力与种种限制的观念之上，而不是单单建立在如是一种独断主张之上，即感觉的非间接传递物是配享"知识"之名唯一可能的东西。在康德的实践哲学之中，潜藏着一种关于人的**道德本性**的相似观念。由于人能够且必定知晓自己是一个**活着的**存在者，单凭这一点就足以解释，作为一种欲求能力的人类意志可以为理性或偏好所规定。作为这样一种存在者，人受制于"生命力"（*Lebenskraft*）的种种冲动，它们使之偏向于满足自己作为一个有限存在者的种种自然需要。此外，对于康德来说，人的感性并不是我们把人叫作一种"有需要的存在者"的理由。[6] 相反，正是人的**有限性**，为人类意愿中的感性要素赋予了**先验的**意义：

> 成为幸福的，这必然是每一个有理性但却有限的存在者的要求，因而也是他的欲求能力的一个不可避免的规定根据。因为他对自己的整个 Dasein（现实存在/生存）的满意绝不是一种源始的财产，不是以他独立自足性的意识为前提条件的永福，而是一个由他的有限本性本身强加给他的问题。[7]

在康德看来，人有限的从而在感性上受刺激的意志是道德生活之可能

---

① 此处译文，参考了《海德格尔文集：康德与形而上学疑难》，王庆节译，35 页，北京：商务印书馆，2018。但是，*Kant und das Problem der Metaphysik* 在德国一共出版了 6 版，伍德所参考的是 1929 年出版的第 1 版，庆节先生采用的则是 1998 年 Vittorio Klostermann GmbH 出版的第 6 版。因此，他们为这段引文标记的德文版页码是不同的。在庆节先生的译本中，德文版页码为 27 页，并以页边码形式标记在 35 页中。——译者注

性的一个条件。如果人不是受制于种种偏好（如果他具有一种属神的神圣意志），责任就不会如其所是地成为道德生活的必然特征。一个**神圣**存在者的特定概念本身就排除了责任的可能性，因为这样一种存在者将凭借其内在本性而遵循法则，不需要责任的概念所预设的那些限制。一个神圣存在者不会是"自律的"，因为一种理性的"独裁"将必然地统治其一切意愿。这样一种存在者甚至都不会受制于种种道德的**命令式**。[8]因此，人类感性是我们的道德生活之可能性的一个条件，同时也是我们的经验知识的一个条件。

因此，感性（无论是在直观中还是在偏好中）是本性中的一个本质性的特征，人们能够且必须通过感性来认识他自己。但是，尽管人确乎知晓自己是一个有限的存在者（由于其感性而是有限的），他还具有一种**理性**的能力，指引他超越自己的种种限制，并且为他的奋斗提供措施与手段。理性是人在理论领域最高的知识能力，在实践领域则是责任与自律的独一来源。这个一切人类能力中的最高者构成了如是一种可能性（甚至必然性），即人把自己的奋斗加以扩展以超越其种种限制的可能性，并且是他的本性中的种种限制能够赖以首先被意识到的手段。

理性在第一批判中被描述为"严格说来是一种原则的能力"——也就是说，"各种知性规则在原则之下而有统一性的能力"[9]。正是由于这种在原则之下追求统一的功能，理性被说成是要在任何由知性给定的诸条件的序列中追求**无条件者**。任何一套知性规则想要获得统一，都只能通过一种综合，把它们作为**种种条件**统一在一个**总体性**中：

> 因此，先验的理性概念不是别的，是关于一个被给予的有条件者的种种条件之总体性的概念。现在，既然唯有无条件者才使得种种条件之总体性成为可能，而反过来种种条件之总体性在任何时候本身都是无条件的，所以一个纯粹理性概念一般而言可以通过无条件者的概念来说明，只要后者包含着有条件者的综合的一个根据。[10]

在第一批判的语境中，凭借康德本人为理性的辩证运用给出的例子，这个抽象的论证可以得到最佳的理解。我们无法在卷入对那些包含在康德的辩证法中的麻烦事物加以详细讨论的同时，而不远远地迷失自己前进的方向。但是，这样做将为我们澄清康德的"理性"概念，从而使我们注意到这种辩证的**结局**。正如我们刚才所看到的，无条件者是理性的一个纯粹概念，一个其对象绝不能在种种有限的与有条件的人类经验中被发现的概念。然而，理性（作为一种依据种种原则做出推理的能力）**追求**无条件者，以便把感性知识给予的种种条件统一起来。然而，这样一些推理（由于它们企图对那些并无感性直观与之相应的对象提供知识）是辩证的，并且只能产生幻相。这样一个结局对于康德来说，有两个重要的后果：

> 纯粹理性一切辩证尝试的结局，不仅证实我们在先验分析论中已经证明了的东西，即我们所有那些要带领我们超越到可能经验的领域之外的推论都是骗人的、没有根据的；而且它还同时教给了我们这种特殊的东西，即人类理性在这方面有一种超越这一界限的自然倾向，先验理念对于理性来说和范畴对于知性来说一样是自然的，尽管区别之处在于，范畴导致真理……而先验理念则造成一种纯然的、但却不可抗拒的幻相，人们几乎不能通过苛刻的批判来阻止这种幻相的欺骗。[11]

因此，"批判"就是人对自己理性的种种能力与限制的自我知识。但是，由于在康德看来，人的种种能力与限制会产生一种冲突、一种张力，人类本性自身就是"辩证的"。康德用这个术语意指人类理性的如是一种自然趋向，即扩展自己以超越人的有限性出于理性的合法运用为他设置的种种限制。对这种辩证的一种"批判"，就是人对自己陷入这些幻相之趋势的自我知识，从而也就是他对自己的种种限制本身的自我知识。因此，这种张力（人发现自己身处其中的或然条件）就不是人身上的"两种不可调和的本性"的一个结果，而是人的种种有限的限制与他企图克服它们的理性趋势之间的自然冲突。因此，批判的自我知识揭示出了人类本性并非"二元论的"，但却是**辩证的**。

人发现自己身处其中的这种辩证的张力，为人类的现实存在（生存）提出了诸多难题，它们构成了人的条件的一个永久组成部分。他的本性中的种种限制是不可逃避的，他绝不能假装自己能够凭借一种"辩证的进

秤"来超越它们。但是，他也无法保护自己的理性本性免于持续不断地
遭遇这些限制，以及持续不断地想要超越它们的诱惑与趋势。正如辩证的
幻相绝不能变成知识一般，它们同样也绝不能一劳永逸地被消除，仿佛它
们只是纯然的疏漏。康德说，辩证的幻相

> 不是人们的诡辩，而是纯粹理性本身的诡辩，所有人中甚至最智
> 慧的人也摆脱不了这些诡辩，虽然也许能在诸多努力之后预防错误，
> 但却永远不能完全摆脱不断地烦扰它和愚弄它的幻相。[12]

导致道德信仰的这种辩证并不是理论理性的一个辩证，而是实践理性
的一个辩证。它不是我们在知识方面的种种限制所导致的结果，而是我们
在追求自己无条件的与最终的道德目的时的种种限制所导致的结果。然
而，无论是在理论的辩证中，还是在实践的辩证中，发生在"人的种种
有限的限制"与"理性的种种热望"之间的永恒张力，都在人类的现实
存在中得到至关重要的展现。在这两种辩证的难题之中，康德都把人看作
一种有限的存在者，一种具有种种需要的存在者。而且，他同时也是具有
一种思维能力与意愿能力的存在者，这些能力指引他超出这些限制。一种
对自己的限制性与依赖性的觉知，根植于人的状况之中，他没有能力单凭
自身来实现一切对他来说必需且适宜的热望。如果不是人的理性想要超越
其种种限制的趋势，他就绝不能把后者**当作**种种限制来经验。但是，同
样，如果对人类理性的一种批判考察不能揭示出其有限性，人的种种热望
中的真正威严也绝不能得以澄清。因此，批判哲学把它看作对于人类条件
来说必不可少的东西，以使人关注到他的理性命运之威严与高贵，同时也
注意到自己的有限性，注意到自己永远没有能力牢固掌控他的理性为自己
设定的命运。

当然，苏格拉底式的自我知识并没有终止于对人的处境的一种纯然认
识，而是要作为人的种种更高的热望本身的组成部分而发挥作用。同样，
批判的自我知识也不仅仅是对人类之现实存在的这种或然的与辩证的特
征的觉知，而是还包含理性的与行动的存在者对他发现自己身处其中的状
况的一种恰当**回应**。批判主义使人意识到，他的现实存在（生存）中的
这种张力是不可解决的，但它也为自身提出了一项任务，即提供一种**理性**

的手段，使人在这种辩证的张力状态中，能够赖以从事有意义的研究与行动。在理论方面，这项任务就是诸先验理念的范导性应用。在实践方面，那就是**理性的宗教信仰**的任务。前者为人指出，他如何能够在其理论研究中应用这些先验理念，而不至于陷入幻相与矛盾。后者则在人对自己无条件的最终**目的**的追求中为人提供指引，为人指明，他要如何看待自己的道德行动身处其中的这个世界，以免被一种道德绝望的幻相引入歧途，这种道德绝望威胁到了他对自己高尚的道德目标的追求。对于康德来说，道德信仰就是有限的存在者对种种辩证困境的理性回应，这些困境在本质上属于对其现实存在（生存）之最高意图的追求。因此，理解这种信仰就为我们提供了一个入口，使我们得以进入批判的世界观（*Weltanschauung*），

9 也使我们得以进入康德关于人在世界中的地位的基本观念，进入康德对他（凭借批判的自我知识）认识到自己身处其中的那种状况的恰当回应的基本观念。

　　在这本书中，我将从道德信仰在批判哲学中的种种根据出发，对它加以重新思考，并以此来考察康德对道德信仰的辩护。我相信，它将以如是一种方式得以显明，即康德的种种道德论证，以及它们所证成的道德信仰，构成了批判哲学的一个不可或缺的部分。我认为，我们还将看到，康德的道德信仰学说展示出了如是一种世界观，即一种充分理性却极度易感的宗教世界观，它配得上被称作康德最伟大的哲学贡献之一。

第1章　康德的道德论证

康德对上帝、自由与不朽的论证代表了贯穿其批判著作之始终的一份
持久关切。我们可以在康德不少于 11 本著作中找到他陈说这些论证的尝
试，它们在明晰性与详尽性上程度不等[1]，还可以在所有这些著作中找到
不计其数次的对这些论证的暗加提及。康德的种种学说中没有多少如同其
道德信仰学说那般，更为经常地与持续不断地得到辩护。然而，尽管康德
给予这一主题极大的关注（实际上，或许也正因为如此），我们发现，对
于他企图用来证成道德信仰的推理思路，想要从他的著作中抽取出任何单
一融贯的解释，这是极其困难的。康德的读者中似乎鲜有人尝试以一种精
确的方式来阐明，康德试图用这些道德论证来表达些什么，以及清楚地说
出他试图如何来表达它们。而且，那些似乎确实曾尝试要阐明这些东西的
人，大多也得出结论说，康德的著作中无法抽取出任何真正有效的论证。[2]
但是，我并不相信，康德的耐心读者必然无法获得对这些道德论证的一种
清楚解释，而且，我确实认为，一旦达到了一种清楚的解释，我们就会看
到，相比这些论证通常被认为的样子，它们具有远为更高的洞识与合
理性。

然而，在我们开始考虑这些论证本身之前，我们必须先把注意力放在
康德研究中的一个和我们的研究相关的重要议题之上。埃里希·阿迪克斯
（Erich Adickes）在他的一本编辑与诠释康德的《遗著》（*Opus Postumum*）
的开创性著作中得出结论说，康德在《遗著》中否决了自己批判时期的
道德论证，并且用一种基于对上帝的"主观的经历"（*subjectives Erleben*）
的更为"个人的"和"主观的"对上帝的信仰取代了它们。[3]阿迪克斯的
这一结论已然被康德的许多释义者接纳为一个权威结论，因为他们没有认

识到——正如我相信阿迪克斯也没有认识到的那般——任何对《遗著》中的零散而费解的言论的诠释都是多么地不确定，而且，任何此类诠释都必须基于对康德的出版著作与相对清楚的著作的一种特定解读。同时，康德的诠释者们过于频繁地误用阿迪克斯的结论——无论有效与否——以至于竟然认为，康德很可能会赞同他们自己对这些道德论证的缺乏同情的解读，而且，他们主张这些论证根本就不是批判哲学的一个纯正的与有效的部分，并以此为自己没有理解它们的能力做出辩解。

然而，就在近期，阿迪克斯的结论本身已经遭到施拉德（Schrader）与（紧随其后的）西尔伯（Silber）令人信服的挑战。[4]施拉德论证说，阿迪克斯的结论是基于一些出自《遗著》的不充分证据，并且唯有阿迪克斯本人对遍及康德出版著作中的道德论证的高度可疑的与高度缺乏同情的解读才能赋予其合理性。所幸，在这里，我们的任务并不是要对《遗著》提出一种诠释，或者对阿迪克斯的结论或施拉德的回应做出任何直接的评估。但是，我认为，我们很容易地就能看出，文中的论证（如若是正确的）确实对这场讨论有所助益。

12　　即便阿迪克斯本人也没能在康德著作中的任何地方，找到对这些道德论证的正面"否决"，包括在《遗著》中。故而，他只是说，这些道德论证在《遗著》中"几乎消失了一般"（sind so gut wie vollig verschwunden）[5]。（然而，施拉德甚至也反对这一主张。[6]）对我来说，《遗著》中缺少对这些道德论证的一个详细复述，似乎必须被承认为一件惹人注意的事情，但这本身难以充当一个决定性的证据，以证明康德否决了这些论证。同时，显而易见，阿迪克斯的结论的其他种种根据也都极大地依赖于他本人的如是一些主张，即这些道德论证自始至终都与批判哲学不相容，它们摧毁了信仰的"主观"特性，构成了一种对"上帝的现实存在"与"不朽"的思辨证明，代表了一场对康德伦理学的"享乐主义侵略"。极其显然，这些观点根本就不是《遗著》中的主张，而且，我们只需要对康德本人关于这些道德论证及其道德哲学的陈说做出一番仔细的考察，就能对它们做出评估。当然，倘若康德的这些道德论证是不合理的，并且明显与批判哲学不相容，与康德的伦理学相抵触，那么，正如阿迪克斯和其他人所相信的那般，即便康德在其职业生涯的某一个节点上否决了它们，这也没什么好稀奇的。这里面唯一令人感到费解的是，康德在其全部批判著作中一次又一次地陈说与复述这些论证，时时处处都在为它们辩护。因此，令人费解之事就仅仅在于：康德在《遗著》之前，一直都没有否决这些道德论证，而且，他也没有在《遗著》中给出一个毫不含糊的否决。

但是，另一方面，倘若对这些道德论证本身的一个更为仔细的考察表明，它们事实上与康德的哲学并无任何不相容处，正是其伦理学的一种自 *13*
然而合理的结果，并且与其哲学中的任何其他东西一样合理而富有见地，那么，倘若再说康德曾否决过它们，就实在太令人惊讶了；而且，我们也不能在这种情况下，把康德未能在《遗著》中复述这些论证当作一个决定性的证据，以证明他曾经（不知何故）否决过其哲学贡献中的一个重要部分。我们不应该期盼发现康德否决了一些合理而富有见地的论证，而且，除非它们能够获得更强有力的考虑的支持，否则，我们无疑也不应当认为这种否决（即使我们确实能找到它们）是康德的最佳思想。现在，十分清楚的是，无论我们可以就《遗著》说出些什么，一切有利于**我们**拒斥这些道德论证的推理，一切有利于**我们**把它们看作与康德伦理学相抵触的推理，以及与其哲学不相容的推理，都并非出自康德，而是出自这些道德论证的批评者们。他们的推理到底有多合理，我们将在文中的某些地方加以考虑。

知识与信念

康德在许多地方都曾断言说，他的道德论证与上帝之现实存在的三种传统论证，或者对自由和不朽的任何思辨论证都有所不同。他坚称，他所提出的这些论证在本质上有别于传统论证，而且，实际上也有别于任何可能的思辨论证或形而上学论证。然而，尽管有着这样一些断言，这些道德论证通常也都被批评为性质上是"理论的"。因此，康浦·斯密（Kemp Smith）认为，这些道德论证在性质上"不合法地是理论的"，同时，刘易斯·怀特·贝克也声称自己发现了它们作为一种自然神学的"隐秘感"（hidden sense）。[7]把康德自以为提出了一种有别于传统形式的论证的想法，看作纯然的自我欺骗，这种观点并不罕见。因此，阿迪克斯主张，康德在 *14*

其晚年"否决了"这些道德论证，这极大地是基于"康德最终看穿了自己的欺骗"这个假定的事实。

> 然而，他始终坚持自己必须扬弃知识（*Wissen*），以便为信仰（*Glaube*）腾出地盘（《纯批》，B xxx）；现在，唯有早期对上帝的种种实践论证要被算作知识，并且作为知识而遭到拒斥了。[8]

当然，阿迪克斯必定已然认识到，康德有意以诸如 B xxx 这样的段落，来对道德论证（对**信仰**的证成）与传统的思辨论证（它们承诺关于上帝的**知识**）做出区分。既然如此，问题就无关乎康德本人对信仰与知识之关系的看法是否经历过任何改变，而是单单关乎这些道德论证事实上是对**信仰**的证成（康德说它们就是如此）还是对**知识**的主张。康德频繁地在这些道德论证所要证成的道德信仰或信念（*Glaube*）与传统的思辨论证致力于证明的知识或认识（*Wissen*，*Erkenntnis*）之间做出比较。从这种比较出发，康德说"信仰"与"知识"，它们既有着重要的相似性也有着至关重要的区别。信仰与知识都是以"视之为真"（*Fürwahrhalten*）的判断形式而被说出的。[9]它们也被说成是"对每个人都有效的"视之为真的判断方式，从而都是"视之为真"的判断之合法的或"充分的"（*zureichendes*）方式。[10]也就是说，它们都是根据一些善的与真正"充分的"理由或根据而被"视之为真"的判断。由于它们都以这种方式凭借一个可以将其视之为真的"充分的"根据而是合法的，信仰与知识都被康德说成是"确信"（*Überzeugung*），而不是纯然的"臆信"（*Überredung*），而且，它们都不同于纯然的"意见"（*Meinung*），后者是一种"不充分的"（*unzureichendes*）视之为真的判断。[11]信仰与知识都允许我们"断言"（*behaupten*）一些我们知道或相信其为真的判断。这些判断有可能在上述两种情形中都是（或者说可以是）**理论的**判断，而且，正因为如此，康德才会说，"理论理性"（或求知欲［*Erkenntnistriebe*］）基于这些道德论证假定或预设了一个上帝和一个来生的现实存在。[12]但是，这并不是说，这些论证本身就是"理论的"，或者它们提出了对任何某种"知识"的主张。

"知识"与"信仰"之间的关键区别在于它们各自被视为"充分"

的方式：

> 如果视之为真只是在主观上充分，同时被视为客观上不充分的，那它就叫作信念（*glauben*）……既在主观上又在客观上充分的视之为真叫作知识（*Wissen*）。[13]

不幸的是，康德对"主观上的"充分与"客观上的"充分的区分，并没有我们所期望的那般清楚。在好几处地方，他似乎都把"客观上的充分"等同于"对每个人都有效"，并且认为，唯有"客观上的充分"才能造成一种真正的"确信"。[14]但是，他也断言说，道德信仰"是主观上……绝对充分的，并且对每个人来说都是充分的"，而且，它是一种合法的确信。[15]

康德的一个说法似乎为我们理解他的意思提供了一个线索，即"唯有在实践的关系中，理论上不充分的视之为真才能被称为信念"[16]。这就是说，康德在这一语境中并没有用"客观上的充分"来意指"对每个人都有效的"，相反，他用这个术语来意指"理论上充分的"。因此，康德所思虑的是这样一种可能性，即或许会有一种合法的确信，它并不依据一 *16* 些理论上的根据而成立，而是以其他一些完全"充分的"但却在性质上"主观的"根据而在某种程度上"绝对地和对每个人来说"都是合法的。倘若果真如此，那么，对我来说，康德想要表达的意思似乎就是：如果我们视一个判断为真的根据在于这个判断所处理的**对象**（或诸对象）的知识、证据或推理，那么，视之为真就是"客观上充分的"。对于康德来说，处理种种对象的现实存在与特性的这样一种知识、证据或推理，就包含在理论理性的职权范围之内。因此，举个例子，根据我们知晓上帝的现实存在、对此持有证据或能够加以证明，我们视上帝现实存在的判断为真，这就是以一种"客观上充分的"方式视这个判断为真，并且对这个判断持有一些**理论的**根据。它是关于上帝现实存在的知识（*Wissen*，*Erkenntnis*），而不是对上帝的一种信仰或信念（*Glaube*）。在康德看来，信仰在本质上与知识截然不同，没有任何理性的证明，甚至没有任何证据（*Zeugnisse*）能够被提供，以支持以这种方式做出的判断。[17]相反，信仰预设了相信者意识到他所做出的判断"客观上不充分"。[18]康德在这一点上领先于克尔凯郭尔在《最后的、非科学性的附言》中的著名言论：

> 如果我能够客观地把握上帝，那么我就没有相信；但是，正因为我做不到，所以我才必须相信。如果我要让自己保持信仰，我必须持续地留意，我要紧握那种客观上的不确定性，纵使身处"七万英寻的深水之下"却依然保持信仰。[19]①

对于康德来说（正如对于克尔凯郭尔来说一样），信仰是一件个人的与"主观的"事情。当康德说信仰是道德论证的一个结果时，他表达的就是信仰的这一特点：

17

> 没有人能够自诩说，他知道有一个上帝和一个来生……不会的，这种确信不是逻辑的确信，而是道德上的确信；所以我甚至不能说：有一个上帝等等，而是只能说：我是在道德上确信等等。[20]

然而，我们无法得出结论说，信仰对于康德来说是"非逻辑的"或非理性的。他打算用这些道德论证来证成一个"主观上……绝对充分的，并且对每个人来说都是充分的"确信，并且用它们来表明，视这种确信为真"对我们人来说是最合理的"。[21]因此，这些道德论证就并不是要证明"有一个上帝或一个来生"，也不是要为赞同它们的现实存在增添一些证据（因此，尤因［Ewing］评论康德的论证说，它们只具有"一些或然性的价值"[22]，这实在是不能再错了）；而且，正是基于每个在人格上作为一个道德行动者的人视之为真的种种实践考量，康德才提出要证成"现实存在着一个上帝与一个来生"的个人确信，甚至在理性上要求每个人都要有这样一种确信。

实用的信念

我们或许会在这一点上感到惊讶，在不以任何方式为一个判断的真理

---

① 此处译文，参考了《最后的、非科学性的附言》，王齐译，165 页，北京：中国社会科学出版社，2017。引文中与王齐先生的译文不同之处，是译者根据艾伦·伍德所引之英译改动，目的是尽可能突出伍德与英译者想要表达的意思，不代表对克尔凯郭尔著作的准确翻译。——译者注

性提供证据的情况下，康德如何有望证成视之为真的做法。对一个判断的这种"主观上充分的"视之为真确乎可能吗？假如某物之真理性所需要的证明分毫不能摆在我们面前，我们如何能被要求去相信它？而且，假如我能如此要求自己，那么，我为什么不能"合法地"相信那些我明知其错误的命题为真？这难道不是一件荒唐的事情吗？"不，实际上，"我们被诱导着说，"根本就没有'主观上合法的'信仰这种东西。"

　　然而，在我们对这个仓促的判断表示满意之前，我们至少要考虑一下康德本人所提出的证成道德信仰的方式。我们首先要追问，哪种"客观上不充分的"信念会容许一种"主观的"证成。显然，康德并没有打算 18 要证成对那种**明知**为错的命题的信念。而且，在康德看来，道德信仰也不适用于那些**明知**为真的判断。假如我**明知**一个命题为真，那么，和我视之为真相关的其余一切考虑就全都是毫不相干的；假如我**明知**它是错误的，那就没有任何其他考虑有可能证成我对它的相信。因此，信念（*Glaube*）本身"唯有当完全承认……（在理论证明上的）不足时"才是可证成的。[23]事实上，康德否认道德信仰能够适用于那些**容许**关乎其真实或错谬的理论知识的判断之中。在这样一种判断中（例如，在历史的判断中），根本就没有"信念"（*Glaube*），而是只有"轻信"（*Leichtgläubigkeit*）。[24]在道德论证中，康德试图要证成一种对种种**超验的**对象的信念。在这种情况下，客观上的不确定性（没有能力证明这些对象是否现实存在，或者为之提供证据）就是由一种与我们理论认识能力的种种限制相关的概念上的必然性所强加于我们的。然而，一种（有别于道德信仰的）合法信念还可以出现在如是一种情形之中，即我们在客观上的不确定性仅仅是基于经验证据的不充分。这种信念（康德将其称作"**实用的信念**"［*pragmatische Glaube*］）在第一批判中被用于以一种富有洞识的方式来阐明道德信念的概念。康德把"实用的信念"描述为一种"偶然的、但却为现实地运用手段于某些行动奠定基础的信念"。康德为这样一种信念给出了一个例子："医生对一个处于危险中的病人必须有所作为，但他并不了解病情。他观察症状，由于他并不知道更多情况而判断这是肺结核。"[25]

　　需要注意的是，实用的信念本身并不是一个目的的手段，而是"为

19 运用手段……奠定基础"。但是，一种强有力的反驳指出，这个例子不能
为我们提供任何能够用来证成信念的独特方法。在这里，对这个医生的信
念的唯一证成就是可以支持病人患有肺结核的证据，而且，唯有当能够产
生这种效果的证据现实存在时，他的信念才能得到证成。有人可能会
（以一种令人联想起 W. K. 克利福德的理智清教主义的方式）竭力主张
说，在这样一种情形中，**信念**对医生来说是一种危险的奢侈品，一种他无
法凭借善信来负担的奢侈品。这样一种"信念"有可能会成为他评价新
证据的成见，阻碍他对种种事实做出不偏不倚的衡量。凭良心说，他必须
仅仅尽最大努力治疗病人，并且怀疑他对没有充分客观的根据去相信的事
情的判断。

但是，无论这种推理思路具有怎样的好处，它都没有抓住康德这个例
子的要点。康德在讨论实用的信念时所关心的东西，并不是信念（或者
行动）与证成它的证据之间的关系，而是**信念与行动本身之间的一种关
系**，无关乎何种证据能够证成它们。我们来进一步考虑一下这一要点。假
定我们这个医生声称其意图是要治好某一个病人，而且，他想要告诉我
们，他正把病人当作肺结核患者来治疗。然后，假定我们要（或许有些
愚钝地）追问他，他是否**相信**这个病人患有肺结核。现在，康德的要点
在于：无论他为相信这个病人患有肺结核持有多少证据，他都无法合理地
就我们的问题给出一个**全然**否定的回答。可以肯定，他可能会给我们提供
一些冷静清醒的关于其处境是何其不确定的信息，他可能会说，他并不**知
道**或并不**确定**。因为，正如康德所言："他的信念甚至在他自己的判断中
也仅仅是偶然的，另一个医生可能会更好地做出判断。"[26] 但是，如果他并
20 不是在对一个愚蠢的问题做出一个愚蠢的回答，他就无法合理地单只是
说，他根本就不相信病人患有肺结核。他不但无法合理地告诉我们，他确
实相信这个病人患有其他一些疾病，而且，他也不能合理地告诉我们，他
要用一种审慎的"判断悬置"来规避错误的风险。他凭借自己的行动招
致了这种风险，而且，他不能假装能通过拒绝承认自己理性地据以行动的
信念来规避这种风险。实际上，他的"判断悬置"将会是最为不合理的
态度。因为，我们可能会想象一种情形，这个医生持有一种（或许是十
分强有力的与客观上有理有据的）信念，他的病人患有一种轻微的小病，

但为预防起见，把他当作一个更为严重的病患来治疗。但是，在这样一种情形中，他当然不能拒绝承认**一切**关于这个病人可能患有更为严重的疾病的主张，因此坚持对这种可能性的一种"偶然的"信念。

在此，康德的要点当然不仅仅是说，我们可以从这个医生的行动与他所表达的意图出发来预测他将视某些信念为真。他的要点也并不在于（作为一种一般而言的心理学事实），我们发现那些根据某种方式行动的人，确乎现实地视一些适宜的信念为真，这些信念是他们使用手段以达成自己所追求的目的的根据。对于康德来说，信念与行动之间的关系之重要性在于：它是一种理性的关系。康德的要点在于，一个有限的理性存在者在一种始终"预设了"、"暗示了"或者"让他自己投奉于"某种信念的处境中合目的地行动，这种信念就是他对那种构成了他为自己设定的种种目的"使用种种手段的根据"的处境的信念。好比（根据摩尔的见解）一个人断言自己上周二曾去看过电影，这**暗含**着他确实这样做过；同样，好比（根据斯特劳森［Strawson］的见解）一个人使用一种"独指表述"（uniquely referring expression），这预设了（在他使用这个表述的语境之 *21* 中）这个表述有且只有一个应用于其上的事物；因此，同样（根据康德的看法），一个人声称自己的意图就是要追求某一个目的，并采取某种行动以追求那个目的，他就**预设了**、**暗示了**或者**让他自己投奉于**一个信念，即通过他正在采取的行动来达成讨论中的这个目的至少是可能的。

看起来，信念与行动的这种关系并不适用于每一种情形，或者至少并不适用于一个我们能够想象出来的反例。举个例子，假如我正在和一位国际象棋世界冠军对弈。我在国际象棋方面是一只菜鸟，而且，我缺乏足够的谦卑承认自己绝对没有机会战胜这位冠军，事实上，我想要获胜是根本**不可能的**（当然，这并非**逻辑上**不可能的，但却依然足以说是根本不可能的）。但是，即便承认这一点，我也会尽我所能地继续对弈，尽一切努力（我要保卫我的国王，尝试夺取对手的棋子，以及其他等等）以**获胜**为目标。现在，用如是一种说法来描述我的行为似乎是合理的："他正在尝试要打败冠军，尽管他明知自己不可能做到这一点。"此外，对我来说，以这种方式和冠军对弈似乎一点也不理性。但是，在这里，我（完全理性地）追求一个目的（赢得对弈），同时坚信我不可能达成这个目的，那么，根据康德的说法，这种情况似乎应该被排除。[27]

　　然而，对我来说，上文提出的这个反例由于如下一些理由似乎是错误的。在对弈中，我遵循的是一种**有可能**具有多个意图的程序。当然，其中最为明显的一个意图，就是要赢得对弈。但是，如果我与国际象棋世界冠军对弈的目标并不是**获胜**，而是想要**平局**，或者甚至只是坚持走十步以上，我的程序也将是相同的——也就是说，在对弈中尽我所能。在许多此类情形中，人们实施行动都并没有着眼于任何清楚的目的（但这并不是说，他们**没有**任何目的）。他们遵循的是一种把他们引向一个确定方向的程序，但是，也非常愿意对自己在那个方向上究竟能走多远保留或多或少的不确定性。因此，最好的说法可能是：在与这个世界冠军的对弈中，我的目的不过是尽我所能地与他厮杀一场。但是，在类似这样的情形中，我们就没有采纳任何**特殊的**目的，也没有预设任何**特殊的**信念来充当运用手段以达成那个目的的根据。但是，这并不能表明，在那种我们确实怀有一些特殊目的的情形中，也没有预设任何此类信念。因此，如果我要宣布说，我确乎现实地打算**打败**这位国际象棋世界冠军（而不仅仅是坚持走十步以上，或者"尽我所能地与他厮杀一番"），我**就会**让自己投奉于如是一个信念，即做到这一点对我来说是可能的。

　　我们可以对信念与行动的这种关系给出多种解释。我并不打算详细地考虑这个问题，只是试图指出对我来说似乎最为合理的两个备选项是什么，也不打算就它们中的哪一个更为合理做出裁决。（它们中的每一个似乎都可以从康德的文本中获得支持，但对我来说，似乎也没有任何**结论性的**证据可以表明他赞同它们中的哪一个。）另外，我们有可能会说，如果一个人追求一个目的 E 却根本不相信 E 有可能达成，他就是在"非理性地"行动，并且让自己陷入某种"实践上的自相矛盾"之中。根据这个解释，我们就可以说，通过追求 E，他已然**投奉于**视某些关于他处境的信念为真，以至于 E 的达成依据这种信念将会是可能的；相反，通过不视这个信念为真，他就在某种意义上未能投奉于此。因此，我们就还可以说，依据他自己的信念，他**应该**（这是一种逻辑意义上的，而不是一种道德意义上的"应该"）停止追求 E。

　　但是，我们可能会按照一种截然不同的方式来看待信念与行动之间的关系。我们可以说，除非一个人相信自己的行动目的之达成是可能的，否则他的行为甚至都不可以被叫作"合目的的行动"。出于这个理由，我们可以说，一个人表达出了自己追求一个目的 E 的意图，这一点**隐含了**或**预设了**他确乎现实地相信 E 的达成是可能的。而且，实际上，根据这种解释，我们可以把一个诸如"约翰正在追求 E 却并不相信它有可能达成"的说法看作一种自我欺骗，或者甚至是一种对语言的错用。因此，如果一个人声称自己正在追求一些目的 E，但并不相信 E 的达成是可能的，我不会仅仅说他未能投奉于此；相反，我会说，由于并不相信 E 的达成是可能的，他已然承认他**根本**无法真的去追求 E，而且，如果他认为自己可以这样做，那就不过是一种糊里糊涂，或者甚至是一种言不由衷。因此，根据第二种解释，一个行动者投奉于视一个关乎他处境的信念为真，以至于使他的目的之达成得以可能，这是出自一强加于任何想要对他自己的行为（作为追求讨论中的目的的合目的行动）给出一个融贯描述之尝试的要求。

然而，无论在哪种情形中，我们所说的这种投奉都并没有被看作一种"道德上的投奉"或者一种**义务**，这一点十分清楚。根据康德的见解，无论是实用的信念还是道德的信念都不是一种义务，而且，在他看来，把任何种类信念当作义务强加到自由人身上都是不道德的。[28]康德所说的"信念"毋宁是合目的的意愿（或者那种意愿的有理性）的一个**条件**，无论它是道德的意愿还是不道德的意愿。

现在，我们准备去看看，康德如何从"偶然的"实用信念过渡到道德信念，后者被说成是一种"必然的"信念。相比实用信念的"偶然 *24*性"，道德信念以两种截然不同的方式是"必然的"：

（1）这种实践的意图要么是**技巧的**意图，要么是**道德性的**意图，前者关涉任意的和偶然的目的，后者则关涉绝对必然的目的。（2）一旦把一种目的置于前面，那么，达到该目的的条件也假设为必然的了。这种必然性是主观的，但只要我根本不知道有达到该目的的其他条件，它就毕竟是相对而言充分的；然而，如果我确切地知道，没有人能认识导致所设定的目的的其他条件，它就是绝对充分的，并且对每个人来说都是充分的。在前一种情形中，我对某些条件的预设和视之为真是一种仅仅**偶然的**信念，而在第二种情形中则是一种**必然的**信念。[29]

正如康德的例子所阐明的，"实用的信念"以如下方式而是"偶然的"。医生并不必然依据一个"设法治好他的病人"的道德命令式而行动，因此，在这个例子中，他的种种目的是"可选的"与"偶然的"。如果他发现自己不可能治好这个病人，他就可以全然理性地放弃他对这个目的的追求，把他的注意力转移到治疗其他病人身上，或者减轻这个绝症患者的痛苦。而且，他对病人患有肺结核的信念也仅仅是一个可能的信念，这个信念有可能成为他使用手段以达成自己的目的的条件；另一位医生又可能判定病人患有支气管炎，或者其他什么小病，并且为此采纳了一些截然不同的手段。这位医生的信念是"主观的、但却是相对而言充分的"，因为它毕竟是**他能想到的最佳的**实践假说（practical hypothesis）。

相比之下，根据康德的见解，道德信仰在**这两个方面**都是"必然的"。我们的医生有可能放弃自己治愈病人的努力，在那种情况下，他就不再让自己投奉于有关这个病人之状况的任何信念。但是，根据康德的见解，有一个叫作"至善"的目的，它是"我们的意志的一个先天必然的客体（对象），而且与道德法则有不可分割的联系"[30]。我们根本无法放弃对这个目的的追求而不同时停止对道德法则的服从，这个目的因此就**在道德上**是"必然的"。道德信念的第二种"必然性"涉及这个目的赖以被设想为一个可达成的目的的种种条件。对于医生来说，有许多种诊断都是可能的，而且，他的合目的的行动也可以奠基于许多种不同的信念之上。但是，康德主张说，就"追求至善"的这种情形而言，为了使这个目的在实践上得以可能，对于一个有限的理性存在者来说，只有一套条件系列是可设想的；而且，这些条件包含了一个上帝与一个来生的现实存在。

那么，道德上的这种必然性就依赖于康德从批判哲学出发所提出的两种主张。显然，这两种主张都很成问题，而且，它们也都将在后续的章节中得到仔细的关注。无论如何，我的第一个任务是要看出，康德如何运用这些主张来为道德信仰辩护。

实践背谬

在"实践理性的二论背反"中，康德主张说，如果至善是不可能达到的（正如这一论证在那个地方威胁说要证明的那般），"那么，要求促进至善的道德法则也必定是幻想的，是置于空的想象出来的目的之上的，因而自身就是错误的"[31]。现在，这个说法提出了一种可能的方法，它使得康德的两种主张可以被用于一种对上帝与不朽的"必然信念"的论证之中，这种论证将会基于如下原则：如果为了服从一个诫命，我们必须追求一个我无法设想它有可能达成的目的，那么，这个诫命就是无效的或"虚假的"，我也没有责任要去服从它。根据这个原则，我可以做出如下推理：假定我既否认上帝的现实存在，也否认一个来生的现实存在。现在，如果我同时否认这两者，我就无法设想至善是有可能达到的。但是，如果我想要服从道德法则，我就必须追求至善。因此，道德法则要求我去追求一个我无法设想它有可能达到的目的。因此，道德法则是"虚假的"，我也没有责任要去服从它。在康德看来，这必定会导致一种"二论背反"，因为我们已然看到（假如我们读过第二批判的"分析论"），道德法则就是一切责任的条件，而且，这种法则无条件地对我具有约束性。

贝克似乎支持对康德的论证的这种解读，他说："在'辩证论'对这些公设的讨论中……我们进入到如是一种处境之中：对于一个实践命题，康德论证说，唯有当我们假设一个理论命题，并且已然知晓这个理论命题既不可证明也不可反驳时，这个实践命题才能是有效的，甚至对于实践来说也是如此"[32]。

以这种方式看来，这些道德论证就可以被看作归谬法（*reductiones ad absurdum*），它们可以被陈说如下：如果我否认一个上帝或一个来生的现实存在，我就不得不否认道德法则的有效性。但是，我知道道德法则是有效的。因此，如果我想要避免这种矛盾，我就绝不能否认一个上帝与一个来生的现实存在。但是，如果我们**严格地**以这种方式来看待它们，我认为，这同时也表明，它们是极其不充分的。考虑一下：一方面我被告知，如果一个人在服从一个诫命时，必须追求一些他无法设想为有可能达到的

目的，那么，这个诫命就是**无效的**；同时，另一方面我又被告知，第二批
判的"分析论"表明，道德法则是**有效的**。现在，从这一点出发，我应

27 当能够推出，第二批判的"分析论"表明，一个人在服从道德法则时必
须追求的一切目的都是他能够设想为有可能达到的目的。但是，这样一个
目的（事实上是最重要的一个目的，即至善）甚至都没有在"分析论"
中得到讨论，而且，对它的讨论事实上明确地被拖延到了"辩证论"
中。[33] 而且，"分析论"也并没有任何企图想要消除对道德法则的有效性的
这种威胁。因此，如果我们真要严肃地对待康德的说法，就不会得出结
论说，我必须相信一个上帝与一个来生，而是要得出结论说，"分析
论"的论证是**不完备的**，而且，道德法则多半是无效的。正如科恩所正
确评论的，在这种情况下，道德法则本身就纯然是一个"公设"。[34]

但是，从康德在为数众多的段落中的说法可以十分明显地看出，他并
没有打算用这个二论背反的论证去证明（甚至作为一个"幻相"）道德法
则是"虚假的"或无效的。在第二批判中，他说："义务建立在一个……
独自就是无可置疑地确定的法则亦即道德法则之上，因而就此来说并不需
要……理论意见来获得其他方面的支持，以便约束我们最完善地做出无条
件地合乎法则的行动。"[35] 同样，在第三批判中，他断言说，道德论证"**并
不是**要说：假定上帝的现实存在与承认道德法则的有效性是同样必要的；
因此，不能确信前者的人，就可以判定自己摆脱了根据后者的责任。"[36] 在
我看来，康德在第二批判中用以陈说这些道德论证的误导性的方式，似乎
是他在继第一批判中的那些理论形式的二论背反之后，尝试陈说实践理性
的二论背反所导致的结果。理论理性的自然辩证是对种种先天原则的错误
运用所造成的，但绝不能认为这些原则是或然的。然而，它确实导致了诸
多谬误推理、二论背反、毫无根据与自相矛盾的断言，导致了**诸多理论的**

28 **错误**。康德似乎一直都试图在第二批判的二论背反中造成道德法则的
"真理性"（这一点在"分析论"中已得到证明）与被称为"虚假性"之
间的一种矛盾。作为两种断言之间的一种矛盾，它也构成了一种**理论的**错
误。但是，康德提出的这种实践的辩证确乎就是一种理论的幻相、一种理
论的错误吗？贝克对这个问题的回应似乎是毫不犹豫的：

这些幻相都是关于**道德**的理论幻相，而不是**道德幻相**……因为，被揭露出来的这些幻相都是理论幻相，我们不能指望像在"分析论"中那样，在这里发现太多超出第一批判的新颖与进展。大多数问题已经在前一部批判中得到讨论，尽管它们的结果在某种程度上是截然不同的。[37]

如果康德在第二批判的"辩证论"中的企图就是要证成对上帝与不朽的信念，那么，我们似乎就不该指望在此发现太多的"新颖"。再者，康德本人对实践辩证的种种后果的描述，似乎无法支持贝克的主张，即其种种错误仅仅是一种"理论的"错误。如果我否认自己能够设想至善是有可能达到的，那么，正如康德所言："我的道德信仰本身就会被倾覆，而我不可能放弃这些道德原理而不再是我自己眼中可憎的。"[38]而且，在《奠基》中，康德以一种不甚明确的方式谈到了"实践理性的辩证"，但显而易见的是，这样一种辩证并不是纯然理论上的错误的结果，而是一些主观上的道德诡辩的结果，它们"让道德法则顺应我们的愿望和偏好"，并且"在根本上败坏它们，使其丧失一切尊严"[39]。

康德对这种辩证的本性，以及作为一个整体的道德论证的策略之最为清楚的陈说，可以在《哲学的神学讲义》中找到，他在那里说：

> 我们的道德信念是一种实践公设，任何否定它的人都将因此陷入 *29* *absurdum practicum*（实践背谬）。一个 *absurdum logicum*（逻辑背谬）是指种种判断中的不一致。然而，还有一种 *absurdum practicum*（实践背谬），当它出现时，如果我否定这一点，我就必须是一个恶棍（*Bösewicht*）。[40]

因此，一个道德论证就是一个 *reductio ad absurdum*（归谬法）。但是，它不是一个 *reductio ad absurdum logicum*（逻辑的归谬法），即引出种种判断中的一个不受欢迎的不一致的论证。相反，它是一个 *reductio ad absurdum practicum*（实践的归谬法），即引出关于作为一个道德行动者的人自身的一个不受欢迎的结论的论证。

为了看出康德如何建构了这样一种实践的归谬法，我们必须回到信念与行动之间的理性关系，我们在讨论实用的信念时已经留意过这种关系。

我们看到，为追求一个目的 E 而行动的某人预设了、隐含了或者让自己投奉于如是一个信念，即 E 的达成至少是有可能的。现在，由此出发可以得出，任何否认一个目的 E 有可能达成的某人，也都由此预设了、隐含了他不会让自己去追求 E，或者不会让自己投奉于对 E 的追求，只要他否认 E 是可达成的。

利用这个结论，我们就可以把康德的实践的归谬法陈说如下：假定我否认上帝或来生的现实存在。现在，如果我同时否定这两者，那么，我就无法设想至善有可能被达到。如果我否认自己能够设想至善有可能被达到，那么，我就预设了或隐含了我不会追求至善，或者让自己不要投奉于对它的追求。但是，如果我并不追求至善，那么，我就无法服从道德法则而行动。因此，通过否定一个上帝与一个来生的现实存在，我已然预设了或暗示了我不会服从道德法则，或者不会让我自己投奉于对它的服从。但 30 是，如果我不服从道德法则，我就是一个恶棍（*Bösewicht*），而且，这很可能就是关于我自己的一个不受欢迎的结论，也是一个我无法容忍的结论。当然，我有可能会说，我将服从道德法则，但这并不是为了满足我对"至善有可能达到"的信念的"投奉"。但是，在这种情形下，我就必须承认自己是在"非理性地"行动，因为根据我自己的信念，我**应该**（是一种逻辑意义上的"应该"，而不是一种道德意义上的"应该"）放弃我对至善的追求，以及对道德法则的服从，**变成**一个恶棍（*Bösewicht*）。因此，无论在哪种情形下，我否认一个上帝与一个来生的做法，都会把我引向一种实践背谬。

在我们刚才所陈说的这些论证中，正是对上帝与来生之现实存在的"否定"，把我们引向了一种实践背谬。可能会使人感到怀疑的是，这种陈说能否让康德感到满意，他是否有可能既不想排除宗教上的"怀疑"，也不想排除"否定"。而且，可能会使人质疑的是，即使康德真的想要这样做，他的论证又是否**可以**合法地排除这些怀疑呢？这些问题无法简单地予以回答，但是，我们完全可以对它们做出一番仔细的考虑。人们可能会说，康德的论证确实排除了对上帝与来生之现实存在的**否定**；但是，这跟要求甚至证成对上帝与不朽的一种肯定的**信念**根本就不是同一回事。因为，如果我们并不否认上帝与来生的现实存在，这并不能推出我们将肯定它们的现实存在。以及，如果我们并不否认至善是可能的，我们也无须肯定地断定它就是可能的。我们很有可能对至善可能与否没有任何看法，或者我们实际上有可能从来都没有思考过任何此类事物。而且，这一点至少和对至善的追求并没有如此不容，以至于将会导致我们对其可能性的正面否定。但是，我们很可能对"是否有一个上帝或一个来生现实存在"也没有任何看法，或者根本没有思考过这个问题，而且，我们的态度并不必 *31* 须把我们引向一种实践背谬。

在一定程度上，康德会同意这种推理思路。作为一位宗教宽容的拥护者，他更关心的是要证成一种恰当的宗教信仰，而不是谴责那些不相信它的人。当然，毫无疑问，康德相信一个**独断的**无神论者与服从道德法则是极其不相容的。[41]但是，更为复杂的是宗教**怀疑论**的问题。康德在好几处地方都说过，"上帝至少**可能**"的信念，这对于"最低限度的"神学来说是必须有的。康德说，这种最低限度"是一种**消极的**信念，它虽然并不造成道德性和善的意向，但毕竟能够造成它们的类似物，也就是说，能够有力地遏制恶的意向的发作"[42]。

因此，在康德看来，宗教怀疑论是道德上可容忍的。但是，它还远远不是最站得住脚的立场。根据康德的见解，道德还要求我们积极地追求至善，要求我们关心至善的达成与确立，要求我们"尽我们的一切力量去促成它"[43]。现在，我们对至善的可能性"没有任何看法"或"根本没有思考过"的态度，可以按照一种最低限度的方式相容于对这一目的的追求；至少说，这样一种态度不会直接地让我们**不要**投奉于对它的追求。但是，一种刻意冷淡的态度（即更愿意对一个目的之可能性"没有任何看法"，或者绝不对此事做出任何思考）似乎与"尽我们所能去促成它"的做法毫不相配。这样一种冷淡诱使我们去指责那些采取如是一种态度的人是虚伪的，即那些人声称达成自己的目的——他对这一目的的可能性没有任何看法，也根本没有做出过任何思考——对他来说是至关重要的。因此，尽管怀疑论在最低限度上与对至善的追求相容，但它还远远不是道德 *32* 之人所要持有的最为适当的与最为理性的态度。对于他来说，远为更好的——并且更为真诚的——做法是要承认，自己在选择去追求至善时，以及选择去坚持对上帝与来生（它们是使这个目的之实践可能性变得可设想的条件）的真正信念时，就采取了一种积极投奉的态度。

然而，宗教怀疑的问题还有另外一个方面。尽管康德确实声称，这些道德论证证成了一个"无可置疑的信念"（*zweifellosen Glauben*），但他也承认，一种真正真诚的信仰或许会"动摇不定"[44]。康德似乎十分清楚地意识到，一种"意识到在客观上不充分的"信仰，一种紧握住客观上的不确定性、在七万英寻的深水之下保持自身的信仰，这样一种信仰并不是（正如蒂利希［Tillich］所提出的那般）怀疑的对立面，相反，怀疑是信仰本身中的一个"要素"。[45]因此，康德赞扬这样一种信仰，它勇于哭喊道："我信。但我心不足，求主帮助。"[46]"怀疑"不只是一个概念。"我怀疑它"这句话可以以诸多不同的方式、在诸多不同的环境中被用于表达"我害怕"。[47]怀疑作为信仰的一个要素，无疑有别于冷漠的宗教怀疑论者之蓄意的、习惯性的与自鸣得意的怀疑；而且，前一种怀疑无疑以一种与后一种怀疑截然不同的方式相容于一种持久的、充满关怀的与为之献身的对至善的追求。

我们已然尝试过——而且，我相信，已然较为成功地——以一种十分准确而合理的方式陈说这些道德论证，现在，让我们回到它们所要证成的那种信仰之个人的与"主观的"特性这一问题之上。康德自然知道，对信仰的一种理性的**辩护**无法替代信仰本身，它也不能彻底排除信仰中的情感性的与个人性的特性。这些道德论证的目标并不单单是要为我们对某些思辨命题的赞同提供证成，更为根本的是要采纳一种看待道德行动本身所处之世界的世界观。这些论证本身并不能充分地描绘或者呈现这一世界观，而是只能表明其证成性，并指明其种种一般性的特征。如果我们看不到这一点，就会如 C. C. J. 韦布（C. C. J. Webb）一般得出结论说，尽管康德的这些论文是"前后一致的"，但却是"刻意为之"与"无法产生确信的"[48]。在我对这些论证本身做出一个全面处理之后，我将尝试在第五章中对道德信仰的世界观做出更为具体的描述。目前来说，无论如何，我们能够看出这些道德论证本身何以仅仅证成了一种性质上主观的与个人的信念。

无论这些道德论证具有何种力量，都依赖于我把如是一个结论看作一个不受欢迎的与不可接受的结论，并且把它看作实践背谬，即"我是（或者投奉于成为）一个恶棍"。如果我愿意忍受这个结论，如果我坦率承认自己是一个冷酷的恶徒，完全只顾自己的私利，既不关心促进正义，也不关心发展自己的道德品格，那么，康德的这些论证想要劝服我，就会是徒劳无功的。康德承认这个事实，并且强调说，道德信仰是"自由地"与"自愿地"被采纳的，而且，这些道德论证"唯有对道德存在者"才具有约束性。[49]因为，唯有当我自由地选择去过一种与道德法则相符的生活，并且去追求它为我设定的种种目的时，我才会被"我是一个恶棍"这一结论在实践上的荒谬性所威胁。按照这种方式，这些道德论证的影响力就取决于我个人的道德决定，并且唯有当我凭借选择要符合自己的义务而行动，从而允许这些道德论证来证成与要求道德信仰时，它们才能做到这一点。它们的"绝对充足性和对每个人都有效"取决于义务的诚命本身的普遍有效性，而不能以任何方式改变如是一个事实，即唯有**履行** 34 一个人的义务"的个人决定才能使对信仰的一种主观证成得以可能。*①因此，这些道德论证就确乎证成了一种"主观的"信仰，因为它们并不是建立在客观的证明或证据之上，而是建立在要采纳一种道德上正直的生活历程的个人的（但却在理性上颁布诚命的）决定之上。

自由的道德论证

　　到目前为止，我们的讨论忽略了康德对自由的道德论证，仅仅讨论了

---

　　* 但是，我们绝不能（和阿德勒［Adler］一样）把这些道德论证的"主观性"等同于第三批判中的"先天主观的"，也就是我们必须"在所有人身上都可以预设的感性上主观的东西"（《判批》，第 290 页［德］，第 132 页［英］；Adler, *Das Soziologische in Kants Erkenntniskritik*, 203ff.）。对于后者来说，根本就没有任何"证明根据"，它也不是"通过概念和规范来规定的"（《判批》，第 283 页［德］，第 125 页［英］）。但是，这些道德论证确实使用了概念性的推理，而且（如果有效的话）也确实为信念提供了一个真正的（道德的）根据。

　　① 星号注中的内容是作者对自己观点的进一步说明，由于不便置于正文中，故以脚注形式置于正文下方。现有两个问题，译者恳请读者注意：首先，星号注与置于原书 pp. 256-272 的"注释"（notes）不同，注释的主要功能是说明书中诸引文的来源。其次，在原书 pp. 281-283 的"索引"（index）中，星号注被标记为"n"，而不是"＊"。例如，此处注释就被标记为 34n，请读者切勿与"注释"部分混淆。——译者注

对上帝与不朽的论证。由于自由的公设并不是康德宗教哲学中的一个恰当组成部分，我们并不会像在处理其他两个公设时那般详尽地来处理它。但是，自由与上帝和不朽的公设密切相关，因此，它也值得我们予以考虑。实际上，康德本人赋予自由的公设一种根本的重要性，甚至把其他两个公设建立于其上：

> 自由的概念，就其实在性通过实践理性的一条无可置疑的法则得到证明而言，如今构成了纯粹理性的、甚至思辨理性的一个体系的整个大厦的拱顶石，而作为纯然的理念在思辨理性中依然没有支撑的其他一切概念（上帝和不死的概念），如今就紧跟它，与它一起并通过它获得了持存和客观的实在性，也就是说，它们的可能性由于自由是现实的而得到了证明，因为这个理念通过道德法则而显示出来。[50]

这个段落诱导我们认为，我们对"我们是自由的"的信念，相比我们对上帝与不朽的信念，不管怎样都以一种更为强有力的方式而是确定无疑的。我们很可能会认为，正如康德在第二批判与其他许多地方都曾说过的那般，自由是作为"纯粹理性的事实"而被知晓的。而且，我们甚至有可能被诱导着认为，自由是通过一种特殊种类的经验，或许就是通过一种主观的经历（*subjectives Erleben*）而被直接地知晓的，正如阿迪克斯所主张的那般，根据《遗著》，我们觉知到上帝。[51]当然，无论是在《遗著》还是在其他任何地方，康德都从未有过此类说法。[52]但是，以为我们能以这种方式觉知到上帝，这在根本上就是一种非康德式的观点。因为，即使存在着一种上帝在人类精神中的内在性（*Immanenz Gottes im Men-schengeist*）[53]，或者存在着一种对自由意志的经历（*Erleben*），如果没有一种理智的直观，我们也无从得知这些古怪的感觉就是上帝或自由的证据；但是，批判时期的康德在任何时候都不认为我们能够具有这样一种知识。

只要看一眼康德讨论"纯粹理性的事实"的文本——无论他用这个表述来意指什么——就会知道，这个"事实"通常根本就不是指自由，而是指道德法则，或者我们对它的理性觉知。[54]康德有时候确实会把自由与道德法则说成是"等同的"，而且，似乎正因为如此，他才在第三批判中把自由置于实际之事（*res facti*）的范畴之下（而且，康德十分小心地强调这一"事实"的独一无二性与非理论特性）。[55]但是，如果说除了"自由和道德法则是相互暗含"的之外，这些言论还有意要表达出更多的东西，那么，康德未曾支持过这种进一步的主张。[56]①

　　因此，对自由的道德论证必须依赖于它与道德法则"相互暗含"的方式。但是，康德不能主张说，道德法则的**有效性**依赖于自由的客观实在性，正如他也不能主张说，它依赖于上帝与不朽的客观实在性。　36

> 　　要问：我们对无条件实践的东西的**认识**……是从自由开始，还是从实践法则开始。从自由开始是不可能的……我们既不能直接地意识到自由……也不能从经验推论到自由……如果不是在我们的理性中早就清楚地想到了道德法则，我们就绝不会认为自己有理由去假定像自由这样的东西。[57]

　　正如前文所言，并且亦如我们稍后所见，道德法则要求我们追求至善。但是，更为根本的是，它要求我们按照某种方式来"**愿意**"（will）。它要求我们**自律地**"愿意"，要求我们用自己意志的准则之立法的形式来**规定**它，而不是用我们所采纳的目的来规定它。但是，康德说："它的表象作为意志的规定根据就不同于按照因果性法则的自然中的种种事件的一切规定根据。"[58]因此，一般而言的道德意愿唯有在如是一种情形下才能被设想为可能的，即一个存在者的意志能够被种种**压根**就不属于自然中的事件的根据所规定。但是，这样一种意志就是一个**自由的**意志。[59]如果想要把一般而言的道德意愿设想为对我们来说是可能的，那么，自由就必须

---

　　① 　此处引文页码有误，原注为科学院版第 28 页，据查实为第 29 页。伍德在正文中使用的是刘易斯·怀特·贝克的英译本，原文为 Thus freedom and unconditional practical law reciprocally imply each other。译者出于对伍德与贝克的尊重，将 reciprocally imply 译为"相互暗含的"，但其德文原文实为 wechselweise auf einander zurück。因此，邓公晓芒先生将这句话译作："所以，自由和无条件的实践法则是交替地相互归结的。"参见康德：《实践理性批判》，邓晓芒译，杨祖陶校，37 页，北京：人民出版社，2004。相应地，吾师秋零先生将其译作："因此，自由和无条件的法则是彼此相互回溯的。"参见康德：《实践理性批判（注释本）》，李秋零译注，28 页，北京：中国人民大学出版社，2011。这两种译法，似乎都比贝克的英译更为贴切。——译者注

被假定为、被预设为以及被相信为我们自己的意志的条件。因此，自由的公设就在如是一种意义上赋予上帝与不朽的理念一种"稳定性与客观实在性"，即唯有一个自由的意志才能自律地愿意，从而真正把至善当作它的目的。因此，在对道德法则的服从中去促进这一目的的做法就预设了如是一种意愿，即一种唯有在自由的公设之下才能设想其可能性的意愿。

因此，康德对自由的论证可以按照一种类似于对上帝与不朽的道德论证的方式来陈说：假设我否认自己的意志是自由的。如果我否认这一点，37 我们就必须否认自己能够设想"我自律地愿意"的可能性。但是，为服从道德法则，我就必须自律地愿意。因此，如果我否认自己的意志是自由的，我也就投奉于否认自己服从（甚至能够服从）道德法则。但是，我在理性上觉知到自己无条件地有责任要服从这种法则。因此，如果我否认自己是自由的，我也就投奉于否认自己能够做我无条件地有责任去做的事情。这个结论想必是一个实践背谬，一个我无法忍受的关乎作为一个道德行动者的自己的结论。因此，我公设并相信自己是自由的，哪怕我既不能演证自己是自由的，也无法为自己是自由的提供任何证据。因此，对自由的道德论证也是个实践的归谬法，并且在本质上与对上帝和不朽的道德论证类似。然而，它又毕竟与它们不同，因为这个论证并不需要至善学说，但至善学说无论对于上帝还是对于来生的"**实践背谬**论证"（*absurdum practicum* arguments）来说都至关重要。

第2章　有限的理性意愿

我们已然看出，康德的道德论证需要两种重要的——但却未经考察过的——前提。第一个前提是，对道德法则的服从促使有限的理性存在者把至善当作他的目的；第二个前提是，唯有承认一个上帝与一个来世的现实存在，他才能把至善设想为实践上可能的。在这一章与下一章中，我将考察其中的第一个前提，并且在康德伦理学中为它找寻到一个基础。

康德道德论证的几乎所有批评者们似乎迟早都会对至善学说产生兴趣，把它当作康德对道德信仰的辩护中的薄弱环节。实际上，这个学说不仅时常被指控为哲学上不足的，还时常要承受道德上的指责。埃里希·阿迪克斯的结论，即康德在《遗著》中"否决了"这些道德论证，这在极大程度上是依据他的如是一个见解，即至善学说代表了享乐主义对康德伦理学的一种侵入，康德本人后来才发现这是不可容忍的。[1]赫尔曼·科恩（Hermann Cohen）得出结论说，如果康德想要坚持自己的基本原则，就必须彻底拒斥至善学说。[2]在弗里德里希·保尔森（Fredrich Paulsen）看来，康德把幸福引入道德理想的做法使得第二批判以一种如此昭然若揭的方式"内在地不一致"，以至于"大概在哲学思想史上难以复见"[3]。认为至善学说与康德基本的道德原则"不一致"或"不相容"，这种批评在有关康德的研究性文献中随处都可以找到。这一学说被描述为"与康德的道德原则不一致，并且对它们极其有害"，还被描述为"无论是从一种道德的还是从一种宗教的视角看来都是灾难性的"[4]。

我们绝不能对这些批评掉以轻心；它们代表了诸多学术上的意见，并且涉及批判的道德哲学中的基本问题。然而，康德在这一点上所遭受到的"不一致"的控诉，却很少被讲述得如我们所希望的那般清楚明白。至善学说更为经常地遭遇到的是愤慨的拒斥，而不是有理有据的反驳。最为清楚的批评通常都主张说，康德的至善学说与他"出自义务的缘故"的伦理学相矛盾，通过给道德意愿引入了一个"败坏的"动因（motive）①，以承诺奖赏而不是对道德法则的敬重来推动道德行动。当然，有时候人们也会注意到，康德频繁且强烈地否认，他的至善学说使得幸福成为道德意愿的一个动因。但是，这样一种申明无法糊弄康德的那些狡猾的批评者。即便康德并未如此昭然地自相矛盾，至善学说也依然可以被认为是隐秘的道德败坏的一个最高范例。以叔本华的生动话语来说，幸福可以在至善中被发现，"就好比一个秘密条款，它的出现使得其余一切都成为一份假契约。它并不真的是德性的报酬，但却依旧是一种自愿的赠品，德性在工作完成之后偷偷对它伸出了双手"[5]。

康德本人认为，至善对于阐明批判哲学来说极其重要。他甚至把对这40 一理想的阐述与追求看作一切哲学的"主要目的"，并且把至善本身的概念看作表象了"道德所要创造的世界"[6]。因此，如果这一概念真的与他

---

① 康德伦理学中有两个重要的概念，即"动因"（*Bewegursache*）与"动机"（*Triebfeder*），前者是行动的客观根据，后者是行动的主观根据。在许多康德伦理学著作的早期英译本与研究性著作中，它们通常无差别地被译作 motive，并且因此导致了诸多理解上的问题。近几十年来，英语学界逐渐用 motive 来翻译"动因"（*Bewegursache*），用 incentive 来翻译"动机"（*Triebfeder*）。尽管如此，英语学者大多保留自己语言的一些特殊用法。例如，在康德的著作中，"动因"（*Bewegursache*）的意思比较明确，但"动机"（*Triebfeder*）却有广义和狭义之分：广义的"动机"意指包含"动因"（*Bewegursache*）在内的一般而言的行动根据，狭义的"动机"则仅仅意指主观上有效的行动根据。相反，在英语中，更为明确的概念是 incentive，而不是 motive，后者既可以在狭义上特指客观上有效的行动根据，也可以在广义上意指包含 incentive 在内的一般而言的行动根据。也就是说，只有在狭义上，motive 与 *Bewegursache*、incentive 与 *Triebfeder* 才有严格的对应关系。对于这个问题，可参见：Henry Allison（亨利·阿里森），*Kant's Theory of Freedom*（《康德的自由理论》），Cambridge University Press，1990，pp. 186ff；Sally Sedgwick（萨丽·塞奇威克），*Kant's Groundwork of the Metaphysics of Morals: An Introduction*（《康德的〈道德形而上学的奠基〉导读》），Cambridge University Press，2008，p. 50n。在本书中，译者将根据德英术语在狭义上的对应关系，将 motive 译作"动因"，将 incentive 译作"动机"。当然，如此一来，读者就必须根据语境来判断"动因"一词的意思。——译者注

的道德原则不一致，或者被它们判定为"败坏的"，那就可以得出，康德本人在阐明这一概念时，对他自己的整个道德哲学的意图产生了一种根本性的误解。有鉴于此，我们似乎有理由认为，真正对康德的伦理学负有一种根本性误解的是他的批评者们，而不是康德本人。我以为情况就是如此，而且，对康德在道德哲学中使用的一些概念的一个简要考察可以表明，康德把他的至善概念看作"纯粹实践理性对象的无条件总体"的做法是合理的。[7]为了能看出这一点，我们必须首先转向有限的理性意愿的观念，它构成了康德对道德推理之批判的基础。

动因、目的与准则

我们在导论中就已注意到，批判哲学无论是在其理论的方面，还是在其实践的方面，都是一种关于自我知识的哲学。就一种理论理性的批判而言，这种自我知识所采取的形式就是要揭示出人类知性能力的来源、范围与种种限制。就其实践的方面而言，它所采取的形式就是要为种种适用于我们对从一个有限的理性行动者的视角出发的道德行动的推理的**实践概念**做出一番详细的说明。人类意志服从于作为一种**命令式**的道德法则，它身处被当作义务而责成于自身的法则之下。对于理解有限的理性意愿的本性来说，"命令式"与"义务"的概念是基础性的概念。但是，我们必须给予密切关注的还有其他三个同样重要的概念。它们是"动因"、"目的"与"准则"。

有限的理性意志总是依据一个**动因**，或者说依据一个规定根据 *41*
（*Bestimmungsgrund*，*Bewegungsgrund*）而行动，而且，正是这一实践根据的本性使得善的、自律的意志有别于道德上恶的、他律的意志。因此，人类行动有两种根本不同的动因。康德以多种方式对它们做出了区分，但它们全都表现为相同的区别。善的意志是"理性""道德法则""对法则的敬重""其准则的立法形式"所规定的意志。他律的、恶的或不纯粹的意志则是"偏好""自爱""我们自己的幸福的原则""其准则的质料"所规定的意志。康德在《宗教》与《道德形而上学》中把这一点表述为：意志，或者选择能力（*Willkür*［任性］），要么是由理性的意志（*Wille*）

所规定的，要么是由偏好（Neigung）所规定的，取决于行动者把哪个动机（incentive；Triebfeder）纳入他的准则。[8]

同样，有限的理性意志总是拥有一个目的（Zweck）或对象（Object [客体]，Gegenstand [对象]）。[9]正是出于这一理由，康德也把意志叫作"欲求的能力"（Begehrungsvermögen）或"目的的能力"（Zweckenvermögen）。[10]因此，从一种实践的视角来看，人类行动就既是**被推动的**，也是**合目的的**。然而，一般而言的"意愿"（willing）可以说也是如此。对于康德来说，"意志"的概念以某种方式既包含推动力（determination [规定]），也包含合目的性。通过比较有限的理性意志的概念与属神意志的概念，这一点能够得到很好的说明。尽管属神意志是无限的、全足的、全然没有感性的条件与主观的偏好，但也被康德说成是拥有种种动机，并且导向种种目的——"因为没有哪个意志全然无需一个目的。"[11]

42　　一个属神的神圣意志的概念就是如是一种意志的概念，它单单且唯独为客观上实践的东西所必然规定。康德有时候会说，这样一个意志也要"服从客观的法则"，尽管并不是作为命令式的法则。[12]然而，这其实是陈说其见解的一种具有误导性的方式。正如上帝（他的知性是直观的）并不需要"原则的能力"来获得对一切事物的认知，因此，一个其意志或欲求能够仅仅在于如是一个事实，即"神的知性规定了它要造成那些它所表象的对象的活动"①——这样一种存在者无须法则来规定其意志。属神意志的动机只能是其知性的对象的客观善，其合目的性仅仅是上帝从其直观的知性的直接产物中获得的"愉悦性"（Wohlgefallenheit）。[13]

一个属神意志的概念就是如是一个意志的概念，其规定根据——必然的、独一无二的并且不为需要或偏好所反对的规定根据——总是**绝对的**，而不是如人类意志一般并非纯然**无条件的**。上帝的选择（Wahl）不是挑选（Auswahl）。[14]有限的理性意志之所以要服从于作为一种命令式的道德法则，仅仅是因为义务与偏好**都是**自然而然地被纳入它的准则的，并且构成了有限的理性行动的种种实践概念的一个必然部分。[15]这也正是康德

---

①　此处引文未注明出处，据考当出自《神学》，第 1065 页（德）。——译者注

的如下说法想要表达的意思，即幸福"必然是每一个有理性但却有限的存在者的要求，因而也是他的欲求能力的一个不可避免的规定根据"[16]。因此，人类意志中的善与恶之间的区别不能系于任何动机的在场或缺席（因为，在这种情况下，人就总是**同时**是善的与恶的）；它毋宁是系于一个动机与另一个动机的主从关系，"即他把二者中的哪一个作为另一个的条件"[17]。

人类意志的合目的性与属神意志的合目的性也截然不同。上帝从不**采纳**目的，或者"使一个对象成为他的目的"，出于相同的理由，他也绝不会在种种行动的动因**之间**做出选择。但是，此外，我们也绝不能认为上帝为一个目的而**奋斗**。他是全足的（*allgenugsam*）。神的知性直接有效地造成其对象。因此，上帝没有对任何对象的"需要"，也不对任何对象"感兴趣"![18]上帝没有任何未能实现的目的，后者被设定为合目的的**努力**的对象。但是，人的有限性——他的种种能力的种种限制，他的凡尘性的条件——为他**朝向**一个目的的行动施加了负担。　43

借助**准则**来研究动因与目的对于其行动的关系，可以发现有限的理性意愿的独有特性。康德把作为"主观上实践的原则"的准则与"客观上实践的原则"或"实践的法则"区别开来：

> **准则**是行动的主观原则，必须与**客观原则**亦即实践的法则区别开来。准则包含着理性按照主体的条件（经常是主体的无知或者偏好）所规定的实践规则，因此是主体行动所遵循的原理；而法则是对每一个理性存在者有效的客观原则，是主体**应当**行动所遵循的原理，也就是说，是一个命令式。[19]

准则既展示出了人的理性也展示出了人的有限性，既展示出了他的自由也展示出了他对感性的种种条件的屈从。它们都是"理性所规定的"，但却是"按照主体的条件"被规定的。准则的前一种特征使得人类意志有别于亚理性的动物意志，后一种特征则使它有别于属神的神圣意志。通过在准则中区分出一种"形式"与一种"质料"，康德以另一种方式提出了这一点。一个准则的形式在于它（**一般来说**）作为一个原则或规则的特性。人类行动总是依据一个规则来实施，它就其本性而言就具有这种程　44

度的有理性。如果我决定今晚要去参加一个哲学讲座，这个决定无疑是由诸多环境所促成的。我是否有足够的时间？这个讲座是否吸引人？讲座的主题是否会令我感兴趣？所有这些问题的特定答案，对于我的决定来说都是一个重要部分。但即便如此，唯有我们认识到我的决定中有一个当某些相关事实确乎成立时以这种方式（参加讲座）行动的规则或策略的时候，我的决定才会考虑这些特定的事情，并且是一个依据它们而为"理性所规定"的决定。这种规则确实在许多事例中都难以阐明，但以一种精确的方式阐明它常常也并不是必需的。不过，康德的洞识依然在于，无论如何我采取一个有意识的与意向性的行动，就必定使用了这样一个规则。

> 但是，人及其（也许还包括所有尘世存在者的）实践理性能力的不可避免的局限性之一，就是无论采取什么行动，都要探寻行动所产生的结果，以便在这一结果中发现某种对自己来说可以当作目的的东西……在实施（*nexu effectivo*［效果的联系］）中，目的是最后的东西，但在观念和意图（*nexu finali*［目的的联系］）中，它却是最先的东西。[20]

一个准则还必须具有一种"材料"或"质料"（*Materie*）。任何准则的材料都是意志依据那个准则而采纳的一个欲求能力的目的或对象。有鉴于此，康德也把意志所采纳的这个目的叫作"欲求能力的质料"。这样一个目的必定会出现在准则之中，只要这个意志是合目的地为它所规定的。正如我们已然看到的，每个意志（甚至这个属神的神圣意志）也必须具有一个目的或意图。在人的身上，这种目的表现在他的行动的准则中，并且对于他规定一个行动的能力来说是必需的。

45　　人的有限性责成于他的任务，就是要在他的一切行动中**表象**目的，就是要为达成他的种种目的而**奋斗**。在尘世中为达成其种种目的而努力奋斗是人的天职，而且，正是他的有限性把这个任务责成于给他的。表象行动的目的是有限的理性意志之主体性的一个本质的部分，也是一种有意识的、有意图的行动的生活的一个本质的部分。人从不单单在抽象中追求金钱、权力、正义或者自尊。他们致力于从一种特定的冒险中获得利益，或者凭借一种特定的计谋在一个给定的社会秩序中获得权力。他们有意要纠正一些特定的不正义，或者至少让自己以一种特定的"质料实存"（mate-rial existence）① 去改革社会秩序。他们在自己作为其中一个部分的感官世界中表象自己的目的。

在任何有限的理性意愿中，无论是自由还是本性（自然性），人类行动无论是形式的还是质料的方面，都是立即被给出的。人类行动是合目的的，而且，每个人类行动都为自己表象一个特定的目的。但是，对一个目的的这种表象是凭借一个准则、一个规则而做出的。这个意志总是依据种种规则来做出选择，决不会仅仅选择一些特定的行动。²¹ 按照一个准则的行动总是一个有限的理性行动，是由服从于有限的质料实存的种种条件的理性所规定的行动。一个准则并不是思维中编造出来的一个抽象原则，而是在人类行动中体现出来的一个原则，"一个主体据以行动的原则"。对于康德来说，人类习惯（*Gewohnheiten*）是由主体行动的种种规则组成的，从而是准则的体现。²²

准则与自律

一切人类行动，无论是善还是恶，无论是自律的还是他律的，都依据准则而发生。对于道德性来说，任何行动的准则都是这个行动要服从的实践概念或实践规则。因为，唯有当我们理解到准则的本性及其对有限的理性意愿的根本重要性之后，我们才能对善的意志的本性，或者自律的与他律的意愿之间的差异有一个充分的理解。康德的伦理学理论是基于如是一个主张之上，即当且仅当一个意志的准则具有一种普遍的或立法的形式，

46

---

① 此处没有如在本书中的其他地方一般，把 existence 译作"现实存在"。这是因为，将 material existence 译作"质料的现实存在者"显得有些不知所云，容易增加读者的理解障碍。不过，与其他地方一样，existence 在此是一个具有生存主义（存在主义［existentialism］）色彩的术语，它不仅意指理论意义上的"存在"或"有"，即某个概念有一个现实对象，而且也意指实践意义上的"存在"或"有"，即某物的现实活动，这种现实活动是理论意义上的"存在"或"有"的标志。因此，material existence（质料实存）无非就是指一个人在经验世界中的现实活动。——译者注

以及这一意志为这个准则的立法形式而不是其质料所规定或推动时，它才是一个**善的**意志。根据其立法的形式而被采纳的准则就叫作"形式的原则"，并且本身就代表了主体对客观上实践的法则的一种服从。²³相比之下，一个"质料的原则"就是一个凭借其准则的目的或质料来推动意志的原则，就是把一个目的预设为采纳这个准则的一个动因的原则。由于后一种原则预设了意志与一个作为其规定根据的对象（或目的）之间的一种直接的关系，而且，由于一个有限的理性存在者的一切此类关系只能通过感性（直观）被给予，质料的原则就"全都是经验性的，不能充当任何实践的法则"²⁴。因此，依据这样一种原则的意愿就是"感性地被规定的"或"感性上有条件的"。

因此，对于康德来说，自律与他律的根本差异就在于这个意志的**动因**，以及其准则的形式的普遍性。可以肯定，每个准则都有一种质料，并且代表了一个主体现实欲求的与努力要达成的目的。但是，这种质料**无须**且**不应当**是采纳准则的动因，从而也不是要达成其自身的动因。考虑一下如是一个案例。一个生活在贫民窟的人致力于改善他与周遭之人居住于其间的不正义的与不体面的住房条件。历经多年的辛勤努力，最低住房标准法得以通过，并设立了民事机构在他所处的社区强制执行，这都要感谢这个人与其他一些如他一般的人。作为其行动的一个结果，而且无疑是它的一个有意的结果，他自己的住房条件也得以改善。现在，我们要追问，这样一个改革者应该获得怎样一种道德赞誉？他的许多邻人什么都没做，没有付出任何努力，并且安于被一种不正义的住房体系所压迫。但是，这个人却没有。现在，他与他的那些更为被动的邻人之间唯一不同的地方可能仅仅在于他们各自的喜好，仅仅在于他们更喜欢什么。对于这个人来说，提高住房条件可能会给予他充分的愉快与满足，以至于值得为达成它们付出多年的努力，然而，他的邻人并不认为社会正义对他们的影响值得付出时间与辛劳的代价。诚若如此，那么，根据康德的看法，我们这个改革者就绝不值得任何道德赞誉，就跟他的那些邻人一样。可以肯定，他的行动的准则是一个可普遍化的准则，即纠正一种社会的不正义的原则。但是，如果这个准则是根据"增加他自己的福利"而被采纳的，或者甚至是根据"增加他为之感到一种自然怜悯的人们的福利"而被采纳的，那么，按照康德的术语，他的行动就仅仅具有"合法性"，没有道德价值。

当然，认为这样一个人不过是为了他自己的福利就承担起如此艰难而不确定的一项工程，一项付出如此巨大的努力却只能收获最低满足的工程，这似乎是不大可能的。实际上，更为可能的是，最为艰辛的努力并不会为了这样一些理由而被付出，而是还要求某种除了他自己的幸福之外的动因。而且，如果他的行动并不是由他事实上因此而获得的东西所推动的，而是由如是一个事实所推动的，即他的行动的原则（他的准则）是一个为道德理性的诫命所允准的原则，这个行动就会具有真正的道德价值。不正义**为何**应该得到纠正的**理由**在于：他作为一个有限的理性存在者无法意愿一个不正义肆虐于其中的体系。而且，根据康德的看法，唯有当他的行动是为了**这个**理由而做出（应该做出这个行动的**客观的**理由）时，它才会具有道德价值。

那么，我们假设我们的这个改革者是为其准则的立法形式所推动的。在这种情况下，他的行动就具有道德价值，并且构成了对道德法则的服从。现在，他的准则把提高他所处的社区的住房条件当作其质料，而且（毫无疑问）还包含了他自己生活于其中的种种条件。他的行动具有道德价值，他本人将会获得某种"理智愉悦"或"自我满意"[25]；但是，这样一种意识自身并不能提高住房条件，后者毕竟是他为自己设定的目的。而且，这种意识以任何方式都无法**代替**对这个目的的达成，因为唯有他持续地出自"纠正不正义的住房条件"的准则而**行动**，他对自己行动的道德满意才能持续地正当成义。换句话说，他的自我满意之所以正当成义，是因为他持续地欲求作为准则的质料的这一目的，并为之努力——也就是说，现实地纠正不正义。[26]这种意识与自我满意无非就是对如是一个事实的理智认知，即他的行动具有道德价值。显而易见，康德**无意**用行动来**代替**一个道德目标，仿佛他正在劝诫的东西并不是一种道德上的奋斗，而是一种自以为是与伪善的道德慵懒。

但是，我们现在要转向这个改革者与他的目的的关系本身。假如他的目的得以达成，并且在历经多年的努力之后，他所处的社区的住房条件得到了提高。由此可以预期的是，他本人的情况也将多少有所改善，而且，他无疑从一开始就意识到了这一点。但是，他并不是为自己的福利**所推动**

49 的，也不是为其行动的**目的**的任何其他方面所推动的。因此，他现实地提高了自己的境况，这无所谓不道德或"他律"。实际上，恰好正是这样一个人格才**配得上**其物质条件的提高。

我认为，我们现在能够看出叔本华的批评（本章开头曾指出的）到底意味着什么。就我们这个案例而言，叔本华必定会主张说，改革者自己的福利是其行动目的的一个部分的事实"使得其余一切都成为一份假契约"，而且，他对自己的道德事业的成功所带来的好处的享受中，存在着一些"偷偷摸摸的东西"。当然，现实的情况可能**就是如此**；而且，我们的改革者很可能会说服别人（甚至说服自己），他是为道德所推动的。然而，事实上一直都是他自己的幸福在推动他。但是，正如康德所主张的，如果纯粹理性自身就**能够**是实践的，并且不考虑一个人的行动的任何后果就**能够**推动意志，那么，情况就**未必如此**。对于康德来说，欲求没有任何"偷偷摸摸的东西"，只要一个人的意愿的动机是纯粹的。理性也没有任何"狡诈"，它完全知晓正当与错误之间的区分，也并不为自己尚未做过的事情而居功。

针对康德的至善学说的许多相似的批评，严格说来都是对行动的**动因**与其**目的**的混淆。西奥多·M. 格林就这个话题的言论在许多方面都很典型：

> 道德被说成是一个纯粹自律的意志的关注对象。因此，康德把幸福引入这个计划之中的做法与他本人的原则不一致，并且对它们极其有害……

50
> 一种对康德的辩护企图说，他想让个体追求自己的德性，仅仅为他人追求幸福。但是，即便康德的意思就是如此，他的立场也不会得到更多的辩护。因为，他从不倦于坚称，任何诉诸经验性的动因的做法（例如，幸福）都是对道德性的玷污，都是对善的意志的一种损害。而且，如果幸福绝不能是行动的动因，为什么他人的幸福应该是一个例外？……如果道德法则真的要保持其纯洁，它就必须与幸福无关，无论是我的幸福还是他人的幸福。于我而言，为他人促进一种我们必须严格避免为自己追求的东西，怎么可能是正当的？[27]

考虑到这样一种针对康德至善学说的批评频繁出现，注意到康德本人于 1793 年的一篇论文中对此类批评的回应将会是十分有趣的，那篇论文就是《论俗语：这在理论上可能是正确的，但不适用于实践》。康德在那里为自己辩护，反击克里斯蒂安·伽尔韦（Christian Garve）的反驳，后者很可能是第一个注意到康德的伦理学与他的至善学说"不一致"的人物。伽尔韦（与格林以及其他人一样）以为，如果幸福构成了纯粹实践理性的无条件对象（目的）的一个部分，那么，它就必定以某种方式构成了道德的动因，并且成为义务的"支持和稳固性"（*Halt und Festigkeit*）。康德针对伽尔韦指出，至善在任何情况下都不能被看作道德意志的一个动因或动机（*Triebfeder*），而是其理想**客体**（ideal Object）。[28] * 显然，在前面的段落中，格林也混淆了道德行动的目的与其动因。格林用"把幸福引入这个计划之中"的说法来意指康德把幸福纳入至善的做法。但是，这种说法是有歧义的。因为，正如我们在前文所见，幸福（无论是我们这个改革者的幸福还是他的邻人的幸福）可以作为行动的一个**目的**或对象"引入这个计划之中"，但不意味着它是作为行动的一个**动因**被"引入这个计划之中"的。现在，康德明确表示，至善是一个目的，但不是道德行动的一个动因或动机。然而，格林在发现幸福被"引入这个计划之中"时，得出结论说，这必定就是在求助于"经验性的动因"。然

51

---

　* 贝克详尽论证说（pp. 242ff），康德唯有在如是一个意义上才能合法地说至善是意志的一个规定根据，即对道德法则的服从（至善的最高条件）就是这样一个规定根据。参见：《实批》，第 110 页（德），第 114 页（英）。他的论证大体上是正确的，尽管它们根本就不足以表明，至善并不是——正如康德所主张的那般——纯粹实践理性对象的无条件总体。然而，米勒（Miller）（Chap. IV）和哈格斯特龙（Hägerström）（pp. 515ff）似乎相信，把至善作为意志的一个规定根据是必然的，并且为这个主张提出了详尽的证成。米勒主张说，至善由于是"意志的一种扩展的规定"被包含在道德行动的动机之中；哈格斯特龙则论证说，尽管幸福不是意志的一个"客观的"规定因素，却能被合法地看作一个"主观的"规定因素。这些辩护不仅是错误的，而且也是相当不必要的，因为康德本人只是想强调至善是意志的一个必然客体，他既不能也不需要提出进一步的主张。参见：《实批》，第 109 页（德），第 113 页（英）。康德把至善说成是意志的"规定根据"的段落仅仅是为了确立如下一种观点，即至善的最高条件是意志为道德法则所推动，而且，至善是任何如此被推动的意志的必然客体。

后，格林说道德法则"必须与幸福无关"，这个说法同样也是有歧义的。康德的理论主张说，唯有当一个意志是由其准则的立法形式，而不是其质料所推动或规定时，它才是一个善的意志。因此，幸福（或者任何其他目的，就此而言）如果成为意志的动因，就会导致他律的行动。因此，幸福必须与意志的**动因**"无关"。但是，无疑这并不是说，幸福必须与道德上善的人在对法则的服从中为自己设定的种种目的或对象"无关"。

52　　伽尔韦（与格林一样）如此诠释康德，他说道德上善的人必须放弃（*entsagen*）或"完全不考虑"幸福。因此，伽尔韦把康德的见解描述如下："有德者依据那些原则，持之以恒地致力于使自己配享幸福，但**只要**他是真正有德的，就绝不致力于使自己幸福。"[29]康德本人注意到了伽尔韦的说法的歧义性，并回应如下：

> "只要"这个词在此造成了一种歧义，必须事先消除这种歧义。该词可以意指：在他作为有德者服从自己的义务的**行为中**；而这样，这个命题就与我的理论完全吻合。或者它意指：只要他一般而言是有德的，因此甚至在不事关义务且与义务不相抵触的时候，有德者也根本不应当考虑幸福；而这样，这就与我的主张完全相矛盾。[30]

康德在做出如下解释时，他把这一点阐述得更加清楚，即他的伦理学并没有说，人

> 在遵循义务时，应当**放弃**其自然目的，即幸福，因为就像一般而言任何有限的理性存在者一样，他做不到这一点；而是他在义务的诚命出现时，必须完全排除这种考虑，他必须绝对不使这种考虑成为遵循理性为他规定的法则的条件。[31]

对于康德来说，决定性的道德问题乃"动因"问题；在他看来，必须"完全排除"的东西就是把**任何**经验性的对象或质料方面的考量（无论是一个人自己的幸福，还是任何其他东西）当作意志的无条件动机。当然，一切"意愿"（willing）都是合目的的，而且，一切有限的意愿都为其自身表象一个目的。但是，这样一个目的无须（实际上就**不应该**）成为意志的动因。

"幸福" 与理性意愿

人类意愿的一种批判的进路表明，一切人类意愿都是被推动的与合目的的，并且把它的**动因**与它的**目的**同时包含在其准则之中。此外，康德的 53 道德理论还主张说，自律的意愿（对道德法则的服从）就是依据一个具有立法形式的准则而意愿，由于那个形式（被它所推动）而意愿。现在，我们在这里的任务（追寻康德至善学说的一个基础）必须通过如是一种方式来进行，即阐明自律的意愿与一般而言有限的理性意愿的合目的性之间的特殊关系。人的有限本性（自然性）强加给他某些自然的欲求，或者说是"自然的目的"。这些欲求使他们感受到人身上的种种偏好。从这些自然目的出发，理性创造了一个"一切偏好都结合成一个总和"的理念。康德把这一理念叫作"幸福"（*Glückseligkeit*）。[32]

由于"幸福"长久以来都在康德伦理学的研究中扮演着恶棍的角色，我们最好要注意到一些问题，它们关乎这一观念在康德道德理论中的地位。首先，幸福是一个**理念**，从而需要理性来构想它。幸福甚至不能被等同于有意识的偏好本身，更不能被等同于盲目的自然冲动。其次，幸福是一个被构想为一切自然目的之最大值的理念，被构想为"全部福祉和对自己的状况的满意"[33]。因此，任何具有这样一些目的的存在者（以及有能力构想出对它们的一个总体的理念的存在者）都把幸福当作一个自然目的。当康德指出，"成为幸福的，这必然是每一个有理性但却有限的存在者的要求"[34]，他想说的就是这个意思。当然，如果我们想要就一些特定的人格构想出一种"何为幸福"的确定观念，我们就必须持有关于那些人格的偏好、气质以及其他等等东西的经验性的知识。幸福就是经验中给予的种种目的（任何有限的受造物的需要与欲求）的总体。幸福的任何确定概念都无法先天地形成。然而，我们可以先天地说，每一个既理性又有限的存在者都把其种种自然目的的总体当作其欲求能力的一个必然 54 对象。因此，虽然任何给定事件的状态是否能够让一个给定的人格幸福始终是一个经验性的问题，但是，我们无须任何经验就可以告诉自己，一个有限的理性存在者把幸福当作他的自然目的。这一点即便不是一个先验的命题，至少也是一个先天的"形而上学的"命题。[35]

但是，尽管有限的理性存在者必然把"幸福"当作一个自然目的（一个由作为有欲求的存在者的有限本性［自然性］给予他们的目的），这样一种存在者还具有一种更高的圣召，并且有能力自己为自己给出目的。

> 当然，在我们的实践理性的评判中，绝对有很多东西取决于我们的福和苦……人是一种有需要的存在者，而且就此而言，他的理性当然在感性方面有一个不可拒绝的使命，即照顾感性的利益，并给自己制订实践的准则，为了……幸福……但是……如果理性仅仅为了本能在动物那里所建树的东西而为人效劳的话，那么，人具有理性这一点，就根本没有在价值上把人提高到纯然动物性之上；……但他拥有理性还为了一个更高的目的。[36]

正是这两种确定行动目的的不同方式，使得实践理性的种种目的有别于纯粹实践理性的种种目的。人的有理性在他在对自己的种种自然目的的追求中，不可避免地与适得其所地既通过向他推荐其行动的种种手段，也通过形成幸福的理念为他提供帮助。但是，仅仅"实践的理性"并不是纯粹的，因为它要求先行给定行动的种种目的，以便有可能找出获取它们所需要的种种手段，或者形成一个关于它们的总体性的理念。然而，道德理性是"纯粹实践理性"，因为它有能力且唯有它有能力给出一些原则，使得种种目的**应该**据以而被采纳。实践理性是"机智的"理性；唯有纯粹实践理性才确切无疑地是道德理性，才能是行动的种种目的的一个自律的（自治的［autonomous］）规定根据。

55 现在，如果（正如我们已然看到的）康德的见解并不是要把幸福排除在道德性的种种目的之外，排除在纯粹实践理性的对象之外，而且，如果幸福是纯粹实践理性的无条件对象的一个组成部分，那么，就必须有一种系统的方法，使得自然的种种目的（人身上有限的欲求给予的种种目的）能够被包含在道德性的种种目的（纯粹实践理性的对象）之中。无疑，就我们的案例而言，这个住房改革者把许多人的（包括他自己的）福利与幸福当作自己的目的。现在，我们的问题就是要看出，康德的道德理论如何考虑其合目的的行动的这样一个方面。

首先，我们必须记住，对于康德来说，善的意志以其动因为特征，那是它采纳与遵循其准则的根据。对道德法则的服从就在于，意志的动因来自其准则的立法形式。显然而重要的是，对法则的服从必须具有主观性，这是一切有限的理性意愿的性状。也就是说，对法则的服从就是要基于一个具有立法形式的准则的形式而遵循它。因此，实践的"纯粹理性"也就是**行动者**的理性，并且表现在他的准则本身的形式普遍性之中。在遵循我为服从法则而选择的准则的主观行动中，能够发现我的意愿的合法则性。这一观察所得的重要性在于，行动者的准则（他赖以行动的原则）在他对道德法则的服从中的决定性作用。因为，人的有理性与其有限性，他的种种动因与其种种目的，正是体现在这样一些原则之中。而且，正是凭借这样一些原则，使得那些构成了意愿之自律性的**种种动因**与作为自律的意愿之性状的**种种目的**彼此关联起来。

无论何时我由于一个准则的立法形式而遵循它，我就由此把那个准则的质料（无论它是什么）当作我的目的。如果我参与到矫正不正义的住房条件的事业之中，我追求的种种目的中就会包含一个"为一些给定的人格（或许也包含我自己）现实地改善这些条件"的目的。因此，纯粹实践理性的对象就是如是一种准则的**质料**，即它具有一种立法的形式，并且基于这种形式而为行动者所遵循。康德想要强调的正是这一点，所以才回应伽尔韦说："义务无非就是把意志**限制**在一种普遍的、因一个被采纳的准则而可能的立法的条件上，不管意志的对象或者目的如何（因而也包括幸福）。"[37]

人们通常都认为，由于康德断言，一个人自己的幸福绝不能是一个直接的义务，那么，一个人自己的幸福就绝不能是纯粹实践理性的一个对象。[38]但是，如果我们看出康德何以做出这样的断言，那也就能清楚地看出，他的见解无论如何都并不包含如是一种不相容性，即一个人自己的幸福和对种种道德目的的追求之间的不相容性。康德**并没有**说，一个人自己的幸福之所以无法成为一个直接的义务，是因为对幸福的追求必然会被看作"败坏的"。正如我们已然所见，唯有对动机与目的的一种混淆，才会导致对康德伦理学的这样一种诠释。康德主张，一个人自己的幸福不能是一个直接的义务的真正理由十分清楚：

> 因为**自己的幸福**虽然是一个所有人（由于其**本性的**冲动）都具有的目的，但这个目的却永远不能被视为义务而不自相矛盾。每个人不可避免地和自动地想要的东西，就不属于**义务**的概念；因为义务**强制**具有一个不乐意采纳的目的。[39]

因此，幸福之所以不是义务的一个对象，是因为对它的要求是多余的，而不是因为对它的追求将是一种"败坏"。人自然而然地把自己的幸福当作一个目的，而不是**被强迫着**去把它采纳为一个目的。当然，这个规则有一个例外，而且，康德本人也注意到了它。正如我们所见，幸福是一个理性构想出来的理念，而不是一种直接的或盲目的感性冲动。因此，康德指出，时常出现的一种情况是，"一个唯一的、就其许诺的东西而言确定的偏好"就会"比一个游移不定的理念更有分量"。在这种情况下，一个人就不会自然而然地把自己的幸福当作一个目的，而是要被强迫着去把它当作自己的目的。[40]因此，唯有就一个人自己的幸福已然被设想为是行动准则的质料的一个组成部分而言，"促成幸福"才无法成为一项义务。

总而言之，有限的理性意愿必然地把自己的幸福（作为其一切自然目的的总和）当作一个目的，而且，这个目的必然地包含在其一切准则的质料之中。纯粹实践理性的一个对象就是任何具有一种立法形式，并且由于这种形式而被遵循的准则的质料。但是，由于幸福是一个有限的理性存在者的每个准则的质料的一个组成部分，那么，它必定就是那些其形式就是立法的准则的质料的一个组成部分。因此，幸福必定是纯粹实践理性的每个对象的一个组成部分。当然，这同样并不意味着，幸福必须始终是（或者永远是）有限的理性意愿的动因。然而，前文的论证依然令我们感到不满意。因为，它虽然确乎一般性地告诉我们**为什么**应该期待发现人的种种自然目的包含在他的种种道德目的之中，却不能说明这是如何发生的。而且，自然赋予人的种种目的（其总体构成了他的幸福）如何被包含在作为理性的与自律的存在者的人给予自身的种种目的之中，依然可能会令人感到惊讶。

前文曾引用过的康德的一个说法（他在其他地方也多次重复过），可以为回答这一问题提供一个线索，即义务是"意志依据立法的普遍形式的**限制**"。人类意志自然而然地具有某些由其有限本性（自然性）赋予的目的，而且，这些目的的总体就是其自身的幸福。其较高的圣召（道德　58性）就在于自我约束，它自身对仅仅根据如是一个条件而允许对"追求这些自然目的"的准则的服从，即这些准则也同等地允许去促成其他一切有限的理性存在者之相同目的。正是这种普遍性的限制形式（应用于由人的有限的、感性的本性给予的种种质料的目的）构成了自律的行动的自我约束。康德在第二批判中，就他在这个问题上的基本的伦理学观点做了一番阐释：

> 因此，一个限制质料的法则的纯然形式，必须同时是把这质料附加给意志的根据，但并不以质料为前提条件。例如，这质料可以是我自己的幸福。如果我把这种幸福赋予每个人（就像我实际上在有限的存在者那里可以做的那样），那么，它就唯有在我把别人的幸福也一并包含在它里面的情况下，才能够成为一个客观的实践法则。因此，"促进他人幸福"……产生自：理性当作给自爱准则提供一个法则的客观有效性的条件所需要的普遍性的形式，成为意志的规定根据，因而客体（别人的幸福）并不是纯粹意志的规定根据，相反，唯有纯然的法则形式，才是我用来限制我的基于偏好的准则，以便使它获得一个法则的普遍性，并使它这样适合纯粹的实践理性的；唯有从这种限制中，而不是从一个外在的动机的附加中，才能产生出把我的自爱准则也扩展到别人的幸福上的责任的概念。[41]

在此，道德法则的应用（对它的现实服从）显然预设了行动者的种种自然的、感性的需要与欲求。纯粹理性制约与限制了他对自己的福利的追求，而不是禁止了对它的追求。相反，由于道德原则的一切应用都预设了行动者自身的种种需要，这种应用又涉及其他人的种种需要，因此，这　59些特定的需要（受制于一个有效的准则的立法形式）是作为道德奋斗的种种有条件的对象与目的而被系统地、必然地包含于其中的。事实上，如果它们并非如此被包含于其中，就会有悖于一个人的准则的普遍性要求：

> 我愿意任何他人都对我有善意，因此，我也应当对每个他人有善

意。但是，既然在我之外的所有**他人**不会是**所有人**，因此准则不会具有一个法则自身的普遍性……所以，善意的义务法则也将在实践理性的命令中把我一同理解为这一法则的客体。[42]

因此，无论是一个人自己的幸福还是他人的幸福（有限的理性存在者的本性赋予他们的这些目的的总体）也都系统地包含在这样一些存在者在对法则的服从中赋予自己的种种目的之中。然而，它是**有条件地**被包含于其中的，受到把这些目的当作质料的准则的普遍的与立法的形式的限制和制约。

为了更为具体地阐明这一点，我们再次回到我们这个住房改革者的案例中。他与他的邻人遭受到不正义的待遇，给他们造成了痛苦与不幸，但也为少数房东与他们的代理人带来了极大的收益。我们这个改革者认识到，纵容这样一种住房条件的继续（出于懒惰而对它们无所作为）就是一个使如是一种体系，即一些人通过剥削其他人来获取巨大利益的体系永久化的原则。他不愿意这样一个体系永久化，这不单单是因为它造成了他个人的窘境，而且是因为它建立在如是一个原则之上，即以牺牲他人为代价来增益一些人的境况。他本人理解到这一点，是通过他自己的痛苦，通过他自己对一种更好的生活的欲求，以及其他，等等。他个人对这些需要

与偏好非常熟悉，它们给被剥削者造成了痛苦，并且推动了剥削者的行为。然而，正是他的理性告诉他，当前的体系是不正义的（也就是不公正的），而且，他作为一个人类存在者与那个社区的公民一样有义务把对它的改革当作自己的目的。这一点并不是由他的种种偏好来告诉他的，因为，它们只能指导他去改善自己的处境（无论通过何种他可能使用的手段），或者可能也包括那些其条件改善能为他们带来一些个人满足的人的处境。但是，作为一个改革者，他交给自己一项艰巨的任务，让自己面临那些其利益将会因为他的改革而受到威胁的人的报复，以及其他，等等。因此，即使他自己的幸福以一种系统的方式包含在他的道德行动的种种目的之中，他实际上很有可能会在追求改革的过程中大大地牺牲自己的幸福，而且，他就不会出自对自己的福利的关怀而被驱使着去行动。

　　但由此并不能得出，一个准则的质料中预设且系统地包含一个人自己的幸福，意思就是说幸福是行动的**动因**；也不能得出，一个人行动最终必然地有助于一个人的幸福。实际上，由于道德法则具有限制与制约一个人对他的种种自然目的之追求的作用，我们很难期待道德行动自身能够对幸福有所增益。但是，依此类推，一个人自己的幸福（因而是有限制的与有条件的幸福）必然地被包含在有限的理性存在者在对道德法则的服从中所追求的种种目的中。

无条件的善

　　正如我们所见，自律的行动是由行动者的准则的立法形式，而不是其质料所推动的行动。

　　鉴于这一事实，自律的行动者自己理性地规定了其准则的质料，*61* 并且给予自己种种目的，而不是纯然从本性（自然性）中接受其种种目的。我们刚才已然注意到，这一事实绝不会把人的种种自然目的从他作为一个自律的行动者而给予自己的种种目的中排除出去，相反，他的种种自然目的将作为其内容而被包含在纯粹实践理性的种种对象之中。而且，我们还看到，这些目的唯有在受到一个道德上立法的准则的形式普遍性的限制与制约时，才能被包含于其中。因此，可以得出结论：人的种种自然目的仅仅具有一种有条件的价值，而且，人类幸福也并不被当作其**本身**就是有价值的，或者**就其自身而言**就是有价值的。这也正是康德在《奠基》开头的著名陈词的意义之所在："在世界之内，一般而言甚至在世界之外，除了一个**善的意志**之外，不可能设想任何东西能够被无限制地视为善的。"[43] 或者，正如他在其他地方所说的，"如果某种东西应当是绝对（在一切意图中并且无须进一步的条件）善的……或者应当被认为如此，那么，它就会仅仅是行动的方式，是意志的准则"[44]。

　　因此，一个行动的善性并不依赖于其目的，而是依赖于其动因。因此，唯有当一个目的是一个与道德法则相符的行动准则的质料时，它才会是一个善的目的，才会是纯粹实践理性的一个对象。那么，这样一个准则，这样一个主体据以意愿与行动的原则，就是一切善的对象的**条件**。正是凭借这个法则，"（善的对象的）形式先天地得到规定"[45]。因此，作为一切善的目的的形式条件，善的意志具有一种"内在的无条件的价值"，并且在它是"一切其他善的条件"的意义上就是"最高的善"[46]。与此同时，善的意志并不是"唯一的与完全的善"。它**制约**一切目的，后者因而以一种"有条件的"（*bedingt*）、"有限度的"（*eingeschränkt*）之方式而是善的。

62　　因此，在康德眼中，一个善意的或者正义的行动之所以是善的，并不是因为它意在人类的幸福或福祉，或者能够赖以获得它们。相反，幸福或福祉唯有是一个其形式就是立法的准则的质料而言才是善的，才是纯粹实践理性的一个对象，从而是善意的与正义的人在对道德法则的服从中为自己设定的目的。这个行动所促成的种种自然目的（人类存在者的福利）唯有基于它们是一个其意志就为善的行动之种种目的的一个组成部分而言才是善的，才是纯粹实践理性的诸对象。

针对康德至善学说的许多批评主张说，康德的道德哲学把善的意志当作纯粹实践理性唯一的真正对象。这种见解无疑包含在伽尔韦与格林对康德的诠释之中，因为他们主张说，其他任何对象（举个例子，人类的幸福）都必须因道德之名而被放弃。但是，人们或许会认为，我们可能会接受此类诠释的一种更为温和的版本。刘易斯·怀特·贝克似乎就提出了这样一种版本，他主张说，根据康德的见解，"投奉于道德上的善并不要求放弃其他善"，而且，"一些欲求与投奉于善是相容的，或者能够成为与之相容的"，但是，他还主张说，对于康德来说，"道德行动自身唯一的意图就是要保障法则的统治"。出于这个理由，他主张说，"我们没有道德上的义务要去促成"至善，而是只有一个"由道德法则的形式，而不是其内容或对象所规定"的义务。[47]* 因此，对于贝克来说，人类的幸

＊ 当然，康德从未主张说，我们促成至善的义务与我们由道德法则的"形式所规定的"义务截然不同。相反，促成至善的义务（把它当作我们的目的）正是我们由法则的形式要求所规定的义务，并且在质料方面表现为纯粹实践理性的对象的一个无条件的总体。

福与道德的种种目的是"相容的"，但绝不是那些目的中的一个组成部分。

如果这种对康德的诠释是准确的，那它就是最不讨人喜欢的。尽管康 *63* 德不是一个残酷的苦行僧（正如格林的解读会使他成为的那般），他也并不是在为道德的人推荐一种十分令人心动的生活。因为，如果道德行动本身无关乎世间的种种现实目的的实现，而是仅仅关乎"法则的统治"，那么，康德似乎就是推荐一种对人类福利的漠视态度，以及一种对我们自身的种种意图之纯洁性的自鸣得意的、故步自封的执念。道德的人"本身"就不会关心种种道德目的的实现，不会关心人类在实践上的改善，相反，他只会满足于其自身德性的"内在微光"。许多时候，人们都批评康德，说他赞同这样一种立场。然而，事实上这与他的主张相去甚远。当然，可以肯定的是，康德赋予道德德性以"无限度的价值"，并且强调说，其价值无论如何都不会由于其结果而遭到减损或改变。但是，这并不意味着，道德上善的人就**漠视**其行动的结果，或者道德行动毫不关心要达成现实的结果。一个善的意志"不仅仅是一个纯然的愿望，而且是用尽我们力所能及的一切手段"在世间达成善的结果。[48]

某种东西令我们猛然意识到，一个唯独关心自己"德性"的人是伪善的，而且，康德的理论本身允许我们十分清楚地看到这样一种执念错在何处。对于康德来说，有限的理性意愿是合目的的。行动的准则总是具有一种质料，它们代表了一个行动者为之奋斗与努力想要达成的目的。善的意志（就像任何有限的理性意愿那般）具有自己的目的，它通过采纳并遵循一个形式上立法的准则为自己表象这个目的，并且努力去达成它。现在，唯有当理性的行动者依据这个准则而**行动**时，唯有当他为之付出努力，并且"尽他力所能及的一切手段"去达成他的准则为之表象的这个 *64* 目的时，他才会具有一个善的意志。仅仅关心自己德性的人就是一个仅仅关心其准则在形式上的有效性的人；但是，他并不现实地就是**有德的**，因为唯有根据有效的准则而**行动**，进而努力去达成作为这样一些准则的质料而被表象于他的种种目的，才能成为这样的人。当然，对于康德来说，在道德推理中，首先且最为紧要地去关心我们的准则在道德上的有效性，这样做是正确的。但是，如果这样一些准则仅仅停留在一些抽象的规则之上，就绝不能变成"主体据以行动的原则"，那么，我们也就无法主张说，我们出自这种关心而配得上任何道德赞誉。贝克未能看到，对于康德来说，一切行动在本质上都包含着一种对种种质料的目的的满怀关切的追求，而且，没有与行动所处的世界之间的一种充满意图的关系，以及一种依据道德性的法则来改变世界的真诚企图，就根本没有什么"法则的统治"。

贝克提出的诠释中的这种"道德上的批评"，与包含在这一诠释中一些严重问题有关。贝克的诠释似乎在两种同样站不住脚的与互不相容的替代性诠释中摇摆不定。他一方面断言，对于康德来说，"纯粹实践理性的对象并不是行动的一种效果，而是行动本身；善的意志把自身当作对象"[49]。当然，完全可以肯定的是，善的意志旨在获得一个善的意志，无论在其准则之自洽的意义上，还是在善的意志自身就是一切善的对象或目的的形式条件的意义上都是如此。但是，我们不能说，善的意志**仅仅**把自身当作对象。毕竟，到底什么才是善的意志？它是依据一个形式上立法的准则而行动的意志。正如我们所见，善的意志的善性就在于其准则。[50]然 **65** 而，有限的理性意愿的准则总是具有一**种质料**，以及依据一个把这种质料当作有限的理性行动者的目的或对象的准则的行动。人们可能会认为，就道德上有效的准则而言，质料就等同于形式，从而可以避免这个问题。* 但是，这是不可能的。人是一种"有欲求的存在者"，而且，这些欲求（他的自然欲求）总是"涉及他的欲求能力的质料"[51]。人是一种感性的

---

* 当贝克说"准则的形式与对象（就对象是道德上的善而言）相符"（p. 134）的时候，他提出的似乎就是这样一种见解。对康德的这种诠释还构成了高齐瓦尔（Gauchwal）在康德的伦理学与《薄伽梵歌》的业瑜伽之间做出的一个有趣的（即使并非完全准确的）比较研究的基础（Gauchwal, "The Moral Religion of Kant and the Karmayoga of the Gita," 394f）。举个例子，高齐瓦尔提到"目的与手段的统一"，其中的"手段"一词无疑是在"准则"或"就其凭借理性的形式规定而言的行动自身"的意义上，而不是在惯常的康德主义的意义上使用的。假如这个比较用到的是斯宾诺莎或尼采，而不是康德的话，它就很可能会被接受，但是，如果梵歌的业瑜伽确如高齐瓦尔在此所阐释的那样，它与康德对有限的理性意愿的合目的性的见解就有着相当大的差异。

存在者，他必须为自己表象种种目的，而且，他的有限本性给予其种种自然目的。他的准则之所以具有一种独特的"形式"与"质料"，仅仅是因为"准则"的实践概念同时表现出了他的有限有理性的"形式的-理性的"与"质料的-感性的"方面。善的意志（就像任何其他有限的理性意志一般）必须在其有限的理性处境中为自己表象种种目的。正如我们所见，道德推理自始至终都预设了其自身的种种自然欲求，而且，这些欲求总是为有限的理性意愿的种种目的赋予一种感性的与质料的内容。正是这样一个事实，使得有限的理性意愿承担起一个任务，那就是表象种种目的，并努力去达成它们。善的意志的无限度的善性同样也预设了人的这些自然目的，它们作为有限度的善，被包含在纯粹实践理性的对象之中。

当贝克（相当正确地）说"每个意愿都具有一个对象，尽管对象自身并不需要是一个无限度的善……定言命令式……总是预设了具有一种质料的准则，并且要支配它"[52]，他本人也承认，一个善的意志的无限度的善性预设了一个有限度的对象。因此，贝克似乎并不总是主张说，道德行动的唯一目的就是善的意志的无限度的善性，但似乎认为，还有其他一些目的（包含在一个形式上立法的准则的质料之中）与纯粹实践理性的对象"相容"，却不是它的一个组成部分。然而，这种立场同样是站不住脚的。因为，如果纯粹实践理性的对象**不过就是**一个形式上立法的准则的质料（或者，正如贝克本人离奇地指出的那样，"一个非质料的原则的质料"[53]），那么，说任何包含在一个形式上立法的准则的质料中的东西不是纯粹实践理性的一个对象，这都是不可能的。

贝克把他对康德的纯粹实践理性对象的观念的诠释置于第二批判第二章中，这个章节提供了对这样一个对象的概念的定义。在此，康德区分了"善与恶"（*Gut und Bose*）和"福与苦"（*Wohl und Übel*），并且指出唯有前者才是纯粹实践理性的对象，"善"是**欲求**的一个对象，"恶"是**厌恶**的一个对象。[54]现在，贝克认为，康德主张说，善仅仅在于"行动的方式"，或者在于"意志的准则"——也就是说，在于善的意志的无限度的善性。如果康德确乎持有这样一种见解，就可以得出，一个善的意志的

66

无限度的善性就是纯粹实践理性的唯一主体（subject）①，因为"善"在这一章中明显意指纯粹实践理性的**对象**。但是，康德并不是说（无论是在此处，还是在别处），善（纯粹实践理性的对象）就要么单单**等**同于无限度的善，要么就单单等同于行动的方式，要么单单就等同于善的意志。他确实说过，"**善**或者**恶**在任何时候都意味着与意志的一种关系（*Beziehung*）"，以及"善或者恶真正说来和行动相关"，而非和"个人的感觉状态相关"[55]。他之所以这样说，是因为任何目的的善性都是由其目的即由其自身的行动之善性所规定与限定的。因此，任何对象的善性都始终依赖于它所**涉及的**或**与之相关的**一种行动。但是，这并不是说（或者意味着）这种行动的善性就是唯一的善，或者是纯粹实践理性的唯一对象。康德确实也说过，如果某物"应当是绝对——在一切意图中并且无须进一步的条件——善的或恶的"，它就必定是"行动的方式"[56]。但是，这根本无法支持无论何种关于行动的方式就是纯粹实践理性的唯一对象的主张。而且，康德在许多地方都非常清楚地表示，此处所说的善并不单单等同于善的意志的无限度的善性："符合法则的行动是就自己本身而言善的，一个意志的准则在任何时候都符合这法则，这意志就是绝对地、在一切意图中都善的，并且是**一切善的至上条件**。"[57]如果没有任何善以这个至上的条件为条件，这个段落就毫无意义。而且，在第二章稍后的部分，康德更为清楚地表示，他并没有把纯粹实践理性的对象等同于善的意志的无限度的善性。他说，道德哲学中的正确方法首先就是要追求"一个先天地直接规

① 译者曾怀疑，此处"主体"一词可能是笔误或印刷错误，根据上下文，似乎应是"对象（客体）"（object）。然而，本书作者在通信中告知译者，尽管这本著作写于50年前，其中诸多细节他都记不大清楚了，但他相信："'subject'是正确的措辞。我的观点是要把康德在《实批》中的一个主张，即'善'意指'行动的方式'或人格，置于康德善理论的更大的背景之中。人格或行动的方式是意愿的主体，尽管种种善的目的和至善是意愿的对象。我认为，这就是我在那个段落中的意思，它要求使用'主体'一词来提出。"而且，作者还告诉译者："即便它是一个错误，我不确定你是否应该尝试修正它。一个译者的工作是以目标语言呈现原初文本，而不是修正原初文本，或者对它加以改进。修正唯有在如下情况下才是可接受的，即原初文本说不通。我认为，'主体'一词是说得通的，即便我在50年前所说的话是错误的，也是如此。"——译者注

定意志"，唯此才能追求"适于这个意志的对象"[58]。现在，康德说，通过指出善与恶的概念"原初并不与对象（客体）有关"，而是与"因果性的范畴"有关[59]，我们可以知道，为法则所推动的一个意志使纯粹实践理性的一个对象先天地被规定得以可能。

　　这是远在道德法则首先自己得到证明并作为意志的直接规定根　*68*据得到辩护以后，才能对从此在其形式上先天地得到规定的意志表现为对象的一个客体，这件事我们要在纯粹实践理性的辩证论中放胆去做。[60]

当然，此处所说的对象（客体），就是至善。

第3章　至善

　　　纯粹实践理性的一个目的或对象，就是一个形式上立法的准则的质料。正如我们刚才注意到的，基于立法的准则之形式的要求就可能看出，这样一种目的必定有两种成分，即它们必须以遵奉道德法则为条件，它们必须包含行动者本人的种种自然目的，这些目的按照一种系统的方式而是有限制的、有限度的。康德的至善概念是从对纯粹实践理性的种种对象或目的的进一步考察中推导出来的，是从理性把这样一些目的的无条件总体设定为自己的一个目的，设定为深思熟虑的道德劳作与道德奋斗的一个理想的功能中推导出来的。

　　我们已然看到，在对纯粹实践理性的种种目的的规定中，有限的理性意愿的概念发挥着至关重要的作用。康德的"有限的理性存在者就是目的自身"的主张，正是对这种至关重要的作用的一种更为简单的也更为强有力的表述。对这一主张的含义及其基础性意义给予应有的关注，将使我们更加容易地把握康德的至善概念。

　　正如我们所见，康德把道德法则用作规定我们主观的行动原则之唯一
有效的**形式**。服从法则就是要在实实在在的合目的的行动中体现出这一形式，通过一个道德主体据以行动的准则赋予它质料，他凭借这一质料来表象行动的一个目的。因此，道德法则的任何应用都在如是一种行动者的人格中预设了一些质料性的背景，即这种行动者的意愿的本性就在于，他能（通过其行动的准则）赋予法则的形式以质料的体现。这样一种存在者的现实存在（实存/生存）就是任何自律的意愿的一个条件，就是理性对其种种目的的任何规定的一个条件。正是这样一种具有有限的理性意志的存在者，以人格人（human person［人类人格］）的形式，在我们的经验中

构成了这一条件。因此，康德说，这样一种存在者就是"构成某物唯有在其下才能是目的自身的那个条件"①。这样一种存在者的"人格中的人性"就具有一种无可比拟的价值，一种**尊严**。人格是一种"**其实存自身就具有一种绝对的价值**"的东西，"它能够作为**目的自身**而是一定的法则的根据"[1]。

康德伦理学中的"目的自身"这一说法的真正意义，就是在那为自律地给出种种目的的现实存在（生存）中辨识到这一条件，从而找到纯粹实践理性的一切对象之**所在**（locus）。这样一个所在就是有限的理性行动者。因为，唯有这样一种存在者的种种目的才能在事实上被自律地规定，纯粹实践理性的一切对象都具有可被归因于有限的理性意愿这一特性。一切道德的目的都是有限的理性意愿的目的，因此，后者也被称为一个**目的自身**。由于我们的注意力集中在纯粹实践理性的有条件的与无条件的对象之上，以及集中在它们在至善中的结合与总体性的理念之上，我们就必须始终牢记，这些对象自始至终都要被放在有限的理性意愿的背景中来理解，并且充当另一种形式的道德的自我知识，它们是批判哲学致力于在实践领域来处理的知识。

道德善

道德法则（表现为有限的理性行动者的形式上立法的准则）为道德 71
行动者规定了不止一种目的，而是两种目的：其一是无条件的与无限度的目的；其二是受到第一种目的的限制与制约的目的。无限度的善是从人的道德有理性（moral rationality）、自由能力、自律的意愿中派生出来的。有条件的善则是由人的种种自然目的所构成的，它们系统地、普遍地被包含在一个形式上立法的准则的质料之中。有时候，康德会在"道德善"（moralisches Gut）与"自然善"（physisches Gut）之间做出区分，旨在澄清纯粹实践理性之对象的这两种成分的特性。考察这两个概念及其在康德道德理论中的基础，我们能够看出至善的两种成分如何被设想出来，以及

---

① 此处引文未标明出处，据考当出自《奠基》，第 435 页（德）。——译者注

它们如何彼此相关。

对于康德来说，道德善就等同于德性（*Tugend*），并且被认为是一种限制了、限定了"对福祉（*Wohlleben*）的偏好"的善。[2]正如我们已然看到的，道德善（德性的无限度的善）不能被等同于"对道德来说善的"（the good for morality）——也就是说，不能被等同于纯粹实践理性的对象。这样一种对象不仅必须包含这种无限度的与无条件的善，还必须包含有限的理性意志的种种有限度的与有条件的目的或对象。

目前来说，我们已经把道德善（无条件的善与一切善的条件）等同于善的意志，并且等同于这个意志的形式上立法的准则（凭此它才是善的）。然而，对道德善的这种处理方法是不完备的，也并未允许我们把道德善考虑为合目的的行动的一个对象或目的，考虑为一种人格之善（其所在即为一个有限的理性行动者的人格）。我们在前面引用了康德在第二批判中的一个重要说法，即"绝对（在一切意图中并且无须进一步的条件）善的"东西只能是一种"行动的方式"（*Handlungsart*），或者只能是意志的**准则**。[3]但是，针对这两种描述"无条件的与无限度的善"的方式，康德马上又补充了第三种，我们现在准备着手来处理它。无限度的善或恶不仅仅是行动的一种方式或意志的一个准则，它还是"作为善人或者恶人的行动着的人格本身"[4]。由于准则与"行动的方式"都是有限的理性意愿给予的，那么，一切道德上的善恶也都必须恰当地被归因于行动着的人格本身。因此，根据康德的见解可以得出，如果无限度的善就存在于一种准则之中，或者存在于一种行动方式之中，那么，无限度的善就该被归因于行动着的人格。

但是，道德善如何被归因于行动着的人格？对于这个问题，我们被诱导着回答说："是由于他的准则，或者他的行动方式。"然而，这个答案是不充分的。当然，可以肯定，正是任何行动的准则规定了它的道德性或不道德性，而且，正是基于其行动，这些人格才被判定为道德上善的或恶的。但是，一个人格并不单单基于他的个别行动而被判定，还要基于他在这些行动中所展示出来的道德特性而被判定。康德通常用"特性"（*Character*）一词专指一个人格的种种能力或性质（例如，自制或勇气），它们既可以是善的，也可以是恶的，这有赖于它们如何被使用。但是，他并不在任何时候都这样做。在《道德形而上学》中，康德也把德性说成是"一个人在履行**其义务**时意志的道德力量"或"意志的一种道德力量"①。一个人格的道德特性（或者他的道德力量）就是他采纳善的准则或恶的准则的根据，从而构成了他的道德人格性（可归责性）。[5]

当我们把无限度的善仅仅当作一个给定行动的善性来处理时，我们就会注意到，其无限度的或无条件的善性乃出自如是一个事实，即一个形式上立法的准则（根据其形式而被采纳的准则）就是一切善的目的的形式条件。然而，道德善不单单是一个形式条件，还是一个无限度的善的目的。道德善就是我们要为之**奋斗**的东西。如果道德善（它被看作任何特定行动之目的的一个必需成分）仅仅被当作**那个行动**的一个形式上立法的准则，那么，道德善就具有如是一种特定性质，即如果它不是出自一个"我们已然完全达到它"的分析命题，我们甚至都无法追求它。因为，对纯粹实践理性的一个对象的追求，恰好就是依据具有一种立法形式的准则而行动，被那种形式所推动。但是，如果我确实这样做了，我们就由此达到了道德善，只要道德善仅仅被视作讨论中的行动的准则。这种（被视作如此的）道德善无法成为我们要为之奋斗的东西，或者成为我们为达到它而不断进步的东西。因此，为了在恰当意义上成为道德行动的一个目的，道德善绝不能仅仅意指讨论中的特定行动所具有的一种形式上立法的准则。相反，它必须意指某种**可以**为之奋斗的东西，并且被采纳为行动想要促成的或达成的一个目的。

因此，道德善不能是种种目的的一个纯然形式的条件，而是必须存在于一个无条件的与无限度的目的之中，一个其促成直接地出自一切善的目的之形式条件的目的。这一目的就是德性，是人的意志的道德力量，它就存在于使义务（或者他的准则之立法形式）成为行动的一个充足动因的意念之中。唯有当每个道德上善的行动都确乎通过按照其形式上立法的准则而使这种努力成为实例，通过贡献出"道德重建的努力"和履行每个人发展其自身之道德完善性的义务而促进了这个目的时，它才是一个善的

---

① 此处引文未标明出处，据考当出自《德性论》，第 405 页（德）。——译者注

行动。[6]

特性的善性（道德德性）并不是采纳种种目的的一种纯然形式的条件，而是其自身就是一种质料的目的，因此，它既包含感性，也包含理性。作为一种目的，它把理性存在者包含在他的道德总体性中。正是出于这一理由，康德把人的道德进步叫作"其感性（*Sinnlichkeit*）的一种逐渐的改良"①。通过有德的行动获得一种有德的特性，这就是一种持续的"自我克服"（*Selbstüberwindung*）②。根据康德的见解，这样一种特性是通过对我们的种种偏好的一种持久而稳健的规训来获得的，因此，履行我们的义务的坚定决心也要通过"持续的劳动与成长"才能成为一种习惯。[7]再者，获得这种特性还涉及"人类本性"中的动物性的、人性的与人格性的"心灵禀赋"的发展，尤其是那些构成了"心灵对义务概念的审美易感性"的自然特性。[8]

如果道德善就是纯粹实践理性的无限度的对象，并且可应用于一切作为目的自身的有限的理性存在者，那么，我们追求这种善的义务就应该不仅包含在我们自己的道德善中，而且包含在一切人的道德善中，这似乎就是显而易见的。但是，康德本人似乎在一个段落中提出，促进他人在道德上的完善并不是我们的义务。

> 同样，使一个他人的**完善**成为我的目的，并认为我对促成这个完善有义务，亦是一个矛盾。因为另一个人作为一个人格，其完善恰恰就在于这一点，即他**自己有能力**按照他自己关于义务的概念为自己设定自己的目的，而且要求（使之成为我的义务）我应当做除了他自己以外没有别的人能够做的事情，这是自相矛盾的。[9]

75

但是，我并不觉得，这个段落既不符合康德的道德理论，也不符合他本人在其著作中的许多其他地方所表达出来的道德态度。而且，与这个段

---

① 此处引文未标明出处，据考当出自《宗教》，第48页（德）。原文为："对于感官方式（感官方式为革命设置了障碍）来讲，逐渐的改良必定是人所必要的，因而也是可能的。"——译者注

② 此处引文未标明出处，据考当出自《神学》，第1075页（德）。原文为："因为德性准确说来就在于自我克服。"——译者注

落相反，我想要主张，他人的道德善恰恰是康德的至善观念中的一个重要成分。

我们首先来考虑这个段落本身。康德企图在这个地方对人的种种义务加以分类。他企图把一切对自己的义务建立在"一个人自己的完善"之上，同时把一切对他人的义务建立在"他人的幸福"之上。我们已经论证说，由于我们不可避免地把我们自己的幸福当作一个目的，从而没有义务要去促进它（这是我们在上一章已经讨论过的问题）。但是，康德的这个简洁的分类方案是行不通的，而且，保持这种分类的欲望使他在这个问题上犯了严重的错误。康德把他的论证建立在一种（极其正确的）观察之上，即"要求（使之成为我的义务）我应当做除了他自己以外没有别的人能够做的事情，这是自相矛盾的"。由此出发，他想要论证，要求我去促进他人的完善是矛盾的，因为他人的完善在于"他自己有能力按照他自己关于义务的概念为自己设定自己的目的"。现在，如果我所要做的事情包括替他采纳自己的目的，那么，康德的论证就是有效的，因为唯有他自己才能做到这一点。但是，这并**不是**我们所要讨论的问题。相反，我们必须要决断的是：我们是否能够以任何方式促进他依据义务采纳其目的的能力（*Kraft*）。换句话说，问题在于：我们是否能够对另一个人的道德特性产生影响。

在这里，考虑一些现实的例子或许是有帮助的，而且，一个负面的例子或许（从一开始就）比一个正面的例子更具有启发意义。监狱官员（或者整个刑罚系统）或许会利用种种残酷的与羞辱性的惩罚方式来对待犯人。而且，这样一些惩罚通常很可能会系统地导致日后更为严重的犯罪，增长对基本的道德标准与法律标准的敌意，并且在遭受这些惩罚的人类存在者身上导致其他种种恶性的或病理性的特性。如果这些效果是这些惩罚的一种**系统性的**结果，那么，认为这些罪犯身上的恶化的特性仅仅是由于这些罪犯自身的道德堕落，就是一种虚伪的诡辩。可以肯定的是，这些罪犯本人要为自己日后的恶行负责。他们依然是自由的与负有责任的人格，而且，主张他们并不为他们自己的特性与行动负责，将是一种不可原谅的侮辱。但是，无法否认，监狱官员（或者这种刑罚系统）积极地促进了这些罪犯的道德恶化，而且，只要它持续地对其看管下的那些罪犯产生这样一种影响，就必须承担部分的责任。然而，反过来说，任何在其公共生活、职业生活或个人生活中帮助教育他人与改善他们的生活的人，以及任何营造了一种使他人的道德特性在其中得到系统提升的环境的人，我们都无法否认他们在促进他人的道德善方面的道德功绩。

我们可以用许许多多的方法——建议、鼓励、榜样、规训、教育或社会发展——对一个他人的道德特性、对他"依据自己的义务的概念来采纳种种目的的能力"产生有益的影响。或许，康德不只为如是一种欲求，即他本人对一种简洁分类方案的欲求所误导，他还为如是一种担忧所误导，即倘若他主张我能对他人的道德特性产生影响，就会免除他人对自己行动的责任。但是，只要我们心中牢记，问题并不在于我们是否能更改他人的自由与自发性（这是他的道德性之所在），而是仅仅在于我们是否能影响他运用自己自由的"能力"，那么，这种担忧就可以被看作毫无根据的。如果康德的论证被用于表明，他人的道德善不能是一种"完全的"或"狭义的"义务（一种不只要促成一个目的，还要现实地达成它的义务），那么，他的论证就会是有效的。因为，另一个人格的自由行动是他的道德善的不可或缺的条件，我们不能单凭运用我们自己的自由来达到他的道德善。但是，正如康德十分清楚地指出的，甚至我们**自己的**道德善也不是一种完全的义务；我们仅仅拥有一种为完善的德性而奋斗的义务，而不是一种要达到它的义务。[10]我们没有义务要现实地实现他人的道德改善，但是，如是一种断言与康德的理论是完全一致的，即我们确实对作为目的自身的他人负有一种义务，那就是尽我们所能地在他们自己的道德进步中提供帮助，并且心怀如是一种欲求对他们采取行动，即他们应完成其理性本性为他们选定的高尚使命。事实上，康德在其著作中的许多地方都给出证据以表明，他确乎相信，人能够并且应该帮助他人在道德方面发展，而且，他还指出，他曾为"如何才能最好地做到这一点"做出过大量的思考。康德的第二批判与《道德形而上学》都包含一种"方法论"，其意图就是要公然明确，"这种方法论被理解为人们如何能够使纯粹实践理性的法则进入人的心灵并影响其准则，亦即使客观的实践理性也在主观上成为实践的那种方式"[11]。

在这两本著作中，康德在解释这种"方法论"时，都处理过教育儿童的问题，以及这种教育如何才能达成上述目的的问题。道德教育是康德极为关心的一个话题，而且，他还主张，这种教育对于人的道德改进来说是一个必需的前提条件，甚至是冀望人类道德进步的唯一根据。[12] 从康德的论著《教育学》中，我们可以找到他对道德教育这一话题之最为详尽的与实践上的处理。在这本著作的导论中，康德论证说，唯有人（作为人）是教育（*Eriehung*）的产物，而且，没有他人的帮助，个人不可能完成自己的道德使命。[13] 在康德看来，实践的教育（*praktische Erziehung*）构成了教育者的种种任务中的一个重要组成部分，而且，康德为培养儿童的道德特性的最佳方法提出了许多建议。[14]

在康德看来，不只教育机构，还有组织化的宗教，都是人与人之间的道德改进的一种系统手段。根据康德的见解，一个教会组织所必需的理性证成就在于：这个组织在一个其"法则本来完全是旨在促进行动的道德性"的"伦理共同体"（*ethische gemeine Wesen*）中表象了"上帝子民"（*ein Volk Gottes*）的理念。[15] 人与人的道德特性凭借教育与宗教共同体的相互改进，在康德对人的道德使命的总体见解中发挥了如此重要的一种作用，以至于我们根本不可能把前文引用的那个段落，即康德否认我们能够促进他人的道德善的那个段落，当作他最佳的思想。相反，把批判的道德哲学（以及康德的种种最为深厚的道德确信）看作如是一种主张，即一切有限的理性存在者的道德善都是有限而理性的道德行动者的无限度的与无条件的目的，这样做似乎才是完全正确的。

自然善

我们在前一章中看到，对于康德来说，道德推理不仅在"纯粹实践理性的对象"中预设了人的种种自然目的，还系统地把它们包含于其中。康德被认为是在论证，理性限制与制约了我们对自己种种自然目的的追求，并且要求他人对种种自然目的的追求服从普遍的理性意愿这一相同的条件。正是从这些有限制的与有条件的自然目的出发，康德推导出了至善的第二个方面的、有条件的成分，他有时将其称作"自然善"。如果我们想要就这种有条件的善，以及它在定义至善概念中的作用获得一个充足的

78
79

观念，我们就必须进一步考察人的种种自然目的以何种方式受到理性的限定，以及它们以何种方式被包含在"纯粹实践理性的诸对象"中。

正如我们已然看到的，康德论证：追求他人的种种自然目的，这对于每一个有限的理性存在者来说都是一种义务，以便能赋予他自己对幸福的欲求以一种为道德性所要求的理性的普遍性形式。因此，康德似乎把"任何自然目的"与"他人对种种自然目的的相似追求"之间的**相容性**，当作把那个自然目的纳入"纯粹实践理性的对象"之中的标准。但是，如果我们把这当作唯一的标准，或者当作一个自然目的的客观善性的最高条件，就会得出如是一个极其令人厌恶的结论：即便所有人都心怀一种自私自利的专心致志来追求他们自己的幸福，只要碰巧——或者，可能有一只神秘的"看不见的手"——他们种种自私的追求由于现实地相互干扰而遭遇阻碍，这种幸福在道德看来就是善的。对于康德来说，这个结论是不可容忍的。他说，我们的道德使命"并不仅仅是我们应该成为幸福的，而且是我们应该"通过理性的道德行动（它旨在以一种正义而仁慈的方式促进普遍的人类幸福）"使自己幸福"。[16]一个自私自利的人（仅仅着眼于他自己的益处而行动之人）由于自己的行为而不配享幸福，即便他的行为事实上没有对任何他人造成现实的伤害。

80

正是出于这个理由，康德才会说：

> 一个有理性且无偏见的旁观者，甚至在看到一个丝毫没有纯粹的和善的意志来装点的存在者却总是称心如意时，决不会感到满意……看起来善的意志就构成了配享幸福的不可或缺的条件本身。[17]

我们应该记住，康德在论证"促进他人的幸福是一种义务"时，他始终都只是在处理行动的准则，以及我们的种种自然目的（作为这一准则的质料）在理性上的普遍性。因此，即便在这里，把一个自然目的纳入"纯粹实践理性的一个对象"之中的条件，也不单单是这一目的与他人对相同目的之追求的相容性。毋宁说，这样一种相容性在我的行动准则中展现出来。因此，把种种自然目的纳入"纯粹实践理性的对象"之中的条件，就是出自这样一个准则而行动，它要求每一种自然目的都服从"理性的普遍性"这一条件，而且，唯有当它们是一种有效的**此类**行动的目的时，这些自然目的才能包含于其对象之中。因此，正是这样一种行动，从而是某些人格的一种道德状态，成了把种种自然目的纳入"纯粹实践理性的一个对象"的最高条件，一个"配享幸福的不可或缺的条件本身"。

纯粹实践理性的一切对象的形式条件，就是一个人的准则的道德有效性，从而也就是其人格的道德善性。因此，道德善就不仅是无条件善的，并且也是其他一切善的东西的最高条件。正是由于它的这一作用，即为人的种种自然目的之善性与道德有效性提供条件，康德才把德性（道德善）称作"我们配享幸福的条件"。[18]

每个有限的存在者都是一个有欲求的存在者，一个因其特殊本性　*81*（自然性）而具有种种偏好与感性欲求的存在者。这些欲求为一个有限的理性存在者提供了种种自然目的，这些目的可以推定为是他先于理性对其意志的任何规定而拥有的。我们应当记住，"作为机智的理性"（reason as prudence）把这些目的统一在"**幸福**"的理念之中。理性在形成这一理念时，使人的种种自然目的相互限制与制约，因此，对这样一个目的的追求不会妨碍对其他目的的追求。理性权衡对种种自然目的的追求，形成一个作为稳定整体的理念。这样一个理念并非出自纯然的冲动，而是基于理性。因此，关于"对一些目的的追求有助于我自己的幸福（或自然的善）"的判断，在康德看来，就不只是一种感情上的判断，而且是一种**理性上的**判断。

举个例子，可以使这一点更为清楚。一个可以在工作中接触到大量金钱的人，他被诱惑着想要贪污。现在，在回应这种诱惑时，他有可能会在一时冲动之下，悄悄地把一卷钞票塞进自己的口袋，然后离开办公室。但是，他的理性不止于此。在他仓促屈从于一时的冲动之前，他会考虑自己的贪污能否长远地有助于自己的幸福，并且有助于他个人作为一个整体的种种欲求。也就是说，即使他并没有考虑自己行动的道德性，他也要从**机智**的角度出发，理性地深思自己的行动。他要考虑自己是否能够，以及如何能够逃脱对他的盗窃行为的侦缉。他将会认识到，如果他携款潜逃，他就必须离开他所生活的城市，放弃自己的工作与迄今为止的安定生活。他要么必须让自己的妻子与家人来面对他的盗窃行为，要么就必须带着他们一起离开。如果我们这个遭到诱惑的贪污者是机智的，就必须仔细地权衡

82　所有这些考量。他要用自己对维持安定生活的欲求来限制他盗窃金钱的冲动，享受家人与朋友的敬重，保障他在自己的社区中确立起来的地位。在权衡了这些东西之后，他很可能就会断定，贪污行为根本就无助于他作为一个整体的幸福。另一方面，他或许会断定说，他的工作、他的家庭、他的安定生活，对他来说并不是那么有价值，他值得为贪污一大笔金钱铤而走险，并乘坐首班飞机逃往巴西。但是，无论在哪种情况下，他都需要仔细且机智地权衡那些使他做出决定的种种欲求与环境。他的决定将会是一个理性的决定。

　　因此，先于任何道德上的考量，作为机智的理性为人规定了一种自然善。就某人为一个出于自己个人的幸福或不幸福的行动之种种后果做出权衡而言，他并不关心自己行动的道德性。因此，尽管自然善是被作为机智的理性所规定的，从而具有一种实用的善（*bonitas pragmatica*），但它并不具有一种道德善（*bonitas moralis*）[19]；在第二批判的"分析论"第二章中所规定的那种严格的意义上，它根本就不是一种善（*Gut*）。它不是纯粹实践理性的一个对象，不是道德的一个对象，它仅仅是作为机智的理性的一个对象。自然善单单就其自身而言并不是一种善（*Gut*），而是一种福祉（*Wohl*）。[20]

　　无论如何，在给定的事例中，人类的幸福、福祉，或者自然善，要么被包含在纯粹实践理性的对象之中，要么被排除在外。一个在自己的工作中获得愉快的人，或者一个享受其劳动的公正成果的人，无疑配得上他所享受的幸福，而且，那种幸福包含在他的道德行动的目的之中，正如我们在那个住房改革者的案例中所看到的一样。如此一个配当之人的幸福，对于道德来说就是一种善，就是道德要求我们去追求的东西。另一方面，一

83　个冷酷无情的贪污者的幸福，他（不顾他对自己家人与社群的职责）盗窃了一大笔钱，舒适地生活在里约热内卢，这样的人根本就不是道德上善的。因为，由于他的行为，这样一个人使他自己不配享幸福，并且取消了那个必须与他的幸福相伴随的必要条件，倘若他的幸福想要具有道德价值的话。事实上，在康德眼中，他的幸福远不是一种道德善，反而是一种道德恶，对于每个不偏不倚的旁观者来说，它都是道德厌恶的一个对象，甚至对于这个人自己来说也是如此，只要他依据自己的良心来考虑自己的处

境。作为一个道德存在者，他不得不承认自己的行动在道德上是恶的，而且还能看出，他有可能从自己的贪污行为中获得的幸福，将会是一种自己不配享有的幸福。在认识与限制"他自己对幸福的追求"中，我们首次看到了如是一种可能性，即他为自己赢得一种道德上的幸福（*gesittete Glückseligkeit*），赢得一种不只是自然善，同时也是纯粹实践理性的一个对象的幸福的可能性。[21]

因此，人的种种自然偏好不仅受到作为机智功能的理性之限制，也受到道德理性的限制。而且，正是通过后一种限制与制约，一般而言的自然目的才被包含在纯粹实践理性的对象之中。那么，人的种种自然目的的单单作为感性偏好给予的对象，就不能成为纯粹实践理性的对象与至善的成分，它们即使通过作为机智的理性之规训而相互限制和限定，也不能成为这样的对象与成分。相反，它们能够被包含在纯粹实践理性的对象之中，只是因为它们受到道德理性的限制与制约，受到一种有德意念的限制与制约，受到配享幸福的限制与制约。那么，幸福的道德价值就是一种实在的但却有条件的价值。没有这个条件，幸福无疑依然是一种福祉，是一种自然善，并且具有实用的善（*bonitas pragmatica*）；但是，它就不会是纯粹实践理性的一个对象，不会是**道德**奋斗的一个对象。当康德把幸福纳入至善时，他以如下告诫作为补充说明，以表达幸福是一种有条件的价值：

> 幸福则始终是某种虽然使拥有它的人惬意，却并非独自就绝对善并在一切考虑中都善的东西，而是在任何时候都以道德上的合乎法则的行为为前提条件。[22]

对康德文本的仔细留心将表明，以一种相同的方式，康德在把至善的两种成分等同于"德性"与"幸福"时，总是小心谨慎地指出，第二种成分唯有在受到第一种成分制约时，对于道德来说才是一种善："因此，幸福只有与理性存在者的道德性精确相称、理性存在者由此配享幸福时，才构成一个世界的至善。"[23]还有："在尘世中可能的、应当尽我们所能当作终极目的来促进的自然之善，就是**幸福**：其客观条件就是人与**道德性**亦即配享幸福的法则的一致。"[24]在《伦理学讲义》中，康德告诉我们：

> 道德与幸福是至善的两个要素……它们在种类上不同，并且……尽管它们必须被区别开来，相互之间却依然有一种必然的关系。道德法则……告诉我，如果我让自己的行为配享幸福，我就可以对幸福有所希望。[25]

而且，在《宗教》中，康德如此定义至善：

> 一个客体（对象）的理念，这个客体既把我们所**应有的**所有那些目的的形式条件（义务），同时又把我们**所拥有的**一切目的与此协调一致的有条件的东西（与对义务的那种遵循相适应的幸福），结合在一起并包含在自身之中。[26]

85 　　纵览这场关于康德至善观念的讨论，道德善与自然善之间、一个准则的立法形式与指示其质料的种种自然目的之间，以及配享幸福的德性与人类幸福之间的有条件的关系，都被给予了相当大的重视。我们已然看出，一个形式上立法的准则（从而一种有德的意念）就是一种无条件的善，它必然且无限度地是纯粹实践理性的一个对象；而且，一个有限的理性存在者对自身状态的满意（对他的种种自然偏好与需要的满足）对于道德来说是一种善，但仅仅是有条件善的，并且唯有就其受到有限的存在者所拥有的道德配享性的限定（*eingeschränkt*）与制约（*bedingt*）而言才能是纯粹实践理性的一个对象。这个话题值得我们给予极大的关注，因为它构成了康德的道德目的论中最为重要的一个方面。它还使康德能够解决好由"单一的至善概念"，也就是"一切人类道德行动的一个单一的终极目的"的概念所提出的难题。如果我们从一个与我们迄今采用的视角略微不同的视角出发，来考察一下德性与幸福的关系，我们就能看出它如何能做到这一点。

　　对康德来说，道德善与自然善（德性与幸福）是**两种**不同的善，它们"在种类上彼此有别"，这一点是十分清楚的。遵照康德的说法，约翰·西尔伯把这一观点贴切地称作"善的异质性"（heterogeneity of the good）[27] 康德在否认道德善与自然善之间（德性与幸福之间）的关系是一种分析的关系时，他就以另一种方式指明了这一点。从一个人人格是有德性的这一事实出发，无法分析地得出他就是幸福的；幸福也没有分析地

包含道德上善的特性。康德批评古代斯多亚学派与伊壁鸠鲁学派，说它们
企图"通过力图把原则中的根本的和绝对无法统一的区别转化为词句之 *86*
争来取消这些区别"。对于这两个学派的错误，康德以如是一种方式加以
描述：

> 斯多亚学派主张德性就是整个至善，幸福只不过是对拥有德性的
> 意识，属于主体的状态。伊壁鸠鲁学派主张幸福就是整个至善，德性
> 只不过是谋求幸福这个准则的形式，也就是说，在于有理性地使用达
> 到幸福的手段。[28]

现在，如果这两种立场都是正确的，就将得出："追求德性"的准则
与"追求我们自己的幸福"的准则是同一回事。我出自这两个准则中的
任何一个而行动的事实，都分析地包含着我出自另一个准则而行动。对于
斯多亚学派来说，道德原则并不纯然是为追求我们自己的幸福而提供的，
正如在康德伦理学中一般。相反，由于斯多亚学派把幸福定义为"对德
性的意识"，他们使幸福也成为一种无条件的善，成为一种其现实存在就
等同于"对德性的意识"的善，从而使道德的最高原则等同于"追求我
们自己的幸福"的原则。按照一种相似的方式，伊壁鸠鲁学派也通过单
单把德性定义为"获得幸福所必需的一种行动"，把这两种原则等同起
来。现在，康德在第二批判的"分析论"中指出，道德原则与"我们自
己的幸福"的原则并不是等同的，而是彼此相悖的。[29]由此可以得出，德
性与幸福绝不能是等同的，它们其中之一的现实存在无法分析地从另一个
的现实存在中得出，正如古代学派所主张的一般。

然而，这两种善还在另一种意义上是不同的。道德善与自然善是人类
欲求的两种分离的对象。因此，它们以截然不同的方式而是可欲的，它们
回应了人类本性中截然不同的兴趣。一个人类存在者（既是有限的又是 *87*
理性的存在者）既有种种关乎其物理状态的自然目的，又有种种关乎其
道德意念与人格完善的道德目的。这两种目的都包含在纯粹实践理性的对
象之中，根植于作为一个目的自身而现实存在（实存/生存）的有限的理
性存在者。由于这两种善回应了截然不同的兴趣，它们在各自所要满足的
种种欲求或需要方面无法相互替代。超额幸福无法代替一种善的道德特

性；一个人对自己的道德德性的认知，也不能取代他对自己种种自然欲求的一种正义的满足。人类本性对这两种善中的任何一种的需要，都截然不同于它对另一种的需要，因此，这两种善的**价值**根本不可能有任何共同的尺度或等价物。

善的异质性为康德对至善的定义提出了一个问题，这个问题对于古代哲学家们来说根本就不会出现。至善就是人类道德奋斗的一个单一的终极目的的理念。对于古人来说，从根本上讲，人类欲求的对象就只有唯一的一个（它叫作德性或幸福），因此，在定义至善时，他们唯一的任务就是要为这个唯一的目的命名。（这一点在《尼各马可伦理学》第 1 卷中得到了十分清楚的阐释，尤其是在第 7 章。）然而，对于康德来说，存在着两种不同种类的善，道德善与自然善。假如善不止一种，而是有两种，那么，康德该如何为道德奋斗形成一个单一的至善理念呢？

针对康德在这一点上所面临的问题，我们来尝试梳理出一个更为清楚的见解。一种常见的情形是，我们在自己每天的种种决定中，必须权衡种种不同的考量，在那些把我们引向不同方向的不同目标中做出平衡。举个例子，一个人想要自己的家庭幸福，但他同时也想在事业上有所进展。在这里，他拥有两个不同的目标，这两个目标必须得到调和。但是，在这种情形中，我们极有可能把他的这些目的看作性质上同质的，能够用一个单一的尺度使对其中一个的追求和对另一个的追求和谐一致。这个人或许能够基于**机智**，在他对家庭与事业的种种需要之间做出一个既定决策，在他对"自己家庭的幸福福祉"与"他的职业野心"的关切和自豪感中做出权衡，让每一种欲求都受到另一种欲求的限制，以便就满足他自己对幸福的个人欲求而言，达到一个最大的整体。或许，他会看重自己对家庭的道德义务，多过于对其职业、同事以及他在自己的工作中为之服务的那些人的义务。在这里，他"让一种欲求受到另一种欲求的限制"，康德把这种情形描述为"广义的"义务。[30] 同样在这里，他所关心的是要就种种性质上同质的（*homogeneous*）善形成一个最大的整体。在这两种情形中，他对两种目标中的任何一种的兴趣，都可以被化约为一些共通的标准，这些标准允许他对其中一种善的缺乏（一种幸福或一项义务）通过较大数量的另一种善得到补偿。

但是，康德不能采取这样一种解决方法，来处理道德善与自然善之间的关系。无论以任何方式，它们中任何一种善的缺乏都无法通过另一种善的达成来得到补偿，它们在种类上不同的善性根本没有共同的尺度。正如康德所言，这两种善不能"掺杂"在一起。[31]

康德面临的难题是，要为两种殊为不同的善形成一个综合统一体，要把两种种类上不同的善性系统地统一在一个单一的终极道德目的之中。"必然地结合在一个概念之中的两个规定，"康德说，"必须作为根据和后果联结起来。"[32]它们的价值没有共同的尺度，因此，除非它们中的一个构成了另一个的价值的根据，并且为它的价值提供了**条件**，否则它们无法统一成一个单一的对象。用以解决这两种种类上不同的善之间的冲突的其他任何方法都是杂乱无章的，无法依据一个一般的规则或原则为这一冲突提供一种系统的解决方法。我们有时候会追求一种善，有时候会追求另一种善，但这种多样性无非就是心血来潮与反复无常。另一方面，两种善之间的一种有条件的关系，确乎允许两种善在行动的一个单一目的中的系统统一。两种善都是要被追求的，一种是要无条件地与无限度地被追求，另一种是要在它和对前者的追求相符并受其制约的情况下被追求。

因此，当康德阐明了道德的最高原则，并且以一种定言命令式的形式将其应用于理性而有限的存在者（同时具有道德理性与感性的欲求和需要的存在者）的意愿之中，他就已经在一个"把有限的理性本性当作一个目的自身"的至善概念之中，为纯粹实践理性的对象提供了这种系统的统一。种种自然目的的道德价值包含在一个受制于其立法形式的准则的质料之中，幸福的道德价值以一种配享幸福的有德特性为条件。康德的道德哲学是为人类本性的道德的与感性的两个方面提供的，并且规定了同时考虑到它们两者的道德奋斗的一个对象：

> 这两种善，即**自然的**善和**道德的**善，是不能**掺杂**在一起的；因为，这样的话，它们就会相互抵消，根本不能致力于真正幸福的目的。而处在相互斗争之中的过舒适生活的（*Wohlleben*）偏好和德性以及后者的原则对前者的原则的限制，构成了文明的、一方面是感性的另一方面又是道德上理智的人的全部目的。[33]

纯粹实践理性的一个无条件的对象的理念

90　　　康德认为，自己是在为哲学恢复至善的概念，它早在古代就被引入哲学之中。[34]他说，古代哲学家们把他们全部的伦理研究，都奉献给了这个人类奋斗之最高对象的本性。他们意图通过定义这样一个对象，为人类的正当举止给出一个完备的解释。我们已然看到，康德如何批评了善的同质性，在他看来，他们的伦理学体系就建立在这种同质性的基础之上。但是，在古人的多种努力之中，康德还看出了第二种共有的与相同的严重错误。由于他们把一个最高的**目的**的概念当作自己道德研究的主题，这些古人无法令自己考虑到如是一种可能性，即道德的最高原则，以及人类行动的正确**动因**并不在于一个对象或目的，而是在于一种形式的法则。康德在第二批判的"分析论"中的论证就旨在表明，唯有当道德性的最高原则作为一个法则得到阐明之后，一个最高的目的的概念才能获得正确的定义。然而，这些古代哲学家虽然有着种种缺点，对于他们在定义人类的一个最高目的的努力中所表现出来的洞识，康德还是怀有极大的敬重。但是，康德说，这个概念在实践上的定义

　　　　就是**智慧学**（*Weisheitslehre*），而智慧学作为科学又是古人理解这个词的意义上的**哲学**，在古人那里，哲学曾是对至善必须在其中设立的那个概念和至善必须借以获得的那个行为的指示。[35]

　　　康德的至善概念规定了理性神学在他的伦理学中的作用，并且通过为一切道德奋斗规定一个无条件的目的，通过为人类行动规定一个终极的意*91*图，完成了对理性的实践运用的一项批判的工程。至此，我们已经在道德动因的方面处理了康德伦理学的基础，处理了道德法则为人所规定的那种目的。我们把纯粹实践理性的一个目的或对象，看作不过是一个形式上有效的准则的质料。这是唯一正确的做法，因为，正是道德法则及其对准则的理性普遍性的形式要求，为一切善的目的提供了条件，为纯粹实践理性的一切对象提供了条件。但是，道德法则一经阐明，就会对其种种对象提供一种**系统的**处理，并且为人类行动规定一个终极目的，这一终极目的与

道德法则相类似，并且充当"道德法则的诫命在这个世界上的具体体现"的理念。正如第一批判中的理论理性一般，纯粹的实践理性

> 同样为实践上的有条件者寻找无条件者，而且不是作为意志的规定根据，而是即便这个规定根据（在道德法则中）已经被给予，也以至善的名义寻找纯粹实践理性对象的无条件总体。[36]

对于康德来说，一个无条件者的理念是如是一个理念，即理性为确保一种"服从于种种原则之下的统一性"的功能所形成的一个理念。至善（作为这样一个无条件者）就是一种"种种目的的系统统一"，并如此而是纯粹实践理性的全部对象。但更为重要的是，至善的理念是一个无条件者的理念，唯有它"才使得种种条件的总体性成为可能"[37]。康德以如是一种方式表达了有关至善的这一事实，即他把至善称作一个终极目的（*Endzweck*），一个"无需其他任何东西作为其可能性的一个条件的意图"[38]。因此，至善也被设想为**第一**目的，被设想为由道德法则所规定的**源始的**目的，一切其他的目的都是从中**派生而来的**。因此，在一种"纯然集合"的意义上至善并不是种种目的的一个统一体；它在理性上先于我们在服从法则时所采纳的每个特定目的，作为这样一个理念而现实存在，并且被设想为纯粹实践理性的一切对象的目的论条件。 *92*

想要看出在批判的道德哲学中，至善的概念如何被定义为"一切善的目的的条件"，我们就必须诉诸道德法则本身。如果我接受这种法则对我的约束力，我也就致力于仅仅把如是一种准则采纳为我的义务，这种准则的形式对于一切理性存在者来说都是立法的。当我在依据任何准则而意愿时，我都是在把如是一种对象，即通过成功地运用旨在达成种种目的的手段将会导致的无论何种对象当作我的目的，这些目的则是由那种准则的质料所规定的。因此，一切道德奋斗的**最终目的**（它正是我们有义务要采纳的）就是所有那些构成了"其形式即为立法的准则"之质料的目的的一个无条件总体。

我们已经详细地看到，这种准则的质料是由两种成分所构成的：道德善（我自己的或他人的一种有德的意念）与自然善（我自己的或他人的一种与"配享幸福"相称的幸福）。因此，至善就是对这两种成分的一种

完备的与全部的达成。最高的善，或者道德上的至善，就是"完善的德性"这一目标，就是"意向与道德法则的**完全适合**"[39]。这也正是一切道德进步的最终目标，并且构成了康德所说的"意志的神圣性"。然而，这种"神圣性"不可与一种属神的神圣性相混淆，前者是以客观上实践的方式对意志的一种绝对的与必然的规定。这种作为有限的理性存在者的无条件的道德完善性的神圣性，康德也把它叫作理想的"上帝之子"或"上帝所喜悦的人性的理想"①。这样一种理想的本性

93

> 被设想为属人的，以至于他和我们一样具有同样的需求，从而也具有同样的苦难，具有同样的自然偏好，从而也被同样的越轨行为的诱惑所纠缠，但他的本性毕竟可以被设想为超人的，因为意志的那种并非获得的而是天生的不可改变的纯洁性，使他绝对不可能做出越轨行为。[40]

至善的第二个成分就是幸福，就其与"配享幸福"相称而言——幸福之为完备的与完善的幸福，乃以那个构成了至善之最高条件的意志的神圣性为条件。康德在某些地方，通常是在他对自己的道德论证做出一个简要解释之时，会把至善的成分说得仿佛仅仅是指某一特定的道德行动者的德性与幸福。康德的这种表述方式致使他遭到误解，并且给人留下诸多错误印象，以为在康德看来，行动者必须全神贯注于自己的德性——以及，更为糟糕的——与自己的幸福，而毫不关心他人之道德善与自然善。我们煞费苦心就是要指出，批判的道德哲学既把我们自己的道德善与自然善，也把他人的道德善与自然善，当作纯粹实践理性的对象。那么，康德何以如此经常地单单用道德行动者自己的德性与幸福，来表达自己的主张呢？[41]

赋予纯粹实践理性一切目的的那个条件，就其自身而言是一个目的的存在者的现实存在（实存/生存），也就是有限的理性人格的现实存在（实存/生存）。正如我们所看到的，纯粹实践理性的一切目的都是针对人

---

① 此处引文未标明出处，据考当出自《宗教》，第 61 页（德），第 67 页（德）；《宗教》，第 129 页（德）。——译者注

格而被阐述出来的。所有此类目的都是**众人格**的（负有责任的与可允许的）目的。因此，康德在许多地方，都采用了针对一个人格（这一行动者本身）来阐明至善的方法，并且把这一理想扩展成一个完全由这样一种存在者所组成的世界，扩展成一个目的王国。当康德急于阐释自己的主张时，他并不总是像在第二批判的如是一个段落中那般做出这种扩展。他在那里说："如果德性和幸福在**一个人格**中共同构成对至善的拥有，但此处……与道德成正比来分配的幸福也构成一个可能**世界**的至善，那么，这种**至善**就意味着**整体**，意味着**完满的善**，但德性在其中始终作为条件是至上的善。"[42]在《宗教》中，康德把这一点表述得尤为明确，他在讨论对一个由人所组成的"伦理共同体（道德共同体）"的需要时说："有理性的存在者的每个物种（*Gattung*）在客观上，在理性的理念中，都注定要趋向一个共同的目的（social goal；*gemeinschaftlichen Zwecke*），即促进作为共同的善的一种至善（*des höchsten als eines gemeinschaftlichen Guts*）。"[43]

因此，在承认道德法则对自己具有约束性时，道德行动者也就投奉于承认，道德善与自然善的结合就是道德奋斗的最终目的。但是，如果像西尔伯所说的那般，康德把"要去**达成**至善"看作一项义务，那就是错误的。[44]对于康德来说，法则要求我们"去做（去完成）的事情"与它要求我们"去**追求**（当作我们的目的）的事情"是有区别的。如果法则要求我们去达成至善，那么，至善就会是一种"狭义上的"或"完全的"义务，就会是我们有责任要**去完成**的事情。但是，康德指出，至善的两个方面的成分都只涉及"广义的"或"不完全的"义务，即一些"去出自某个准则而行动"的义务，去采纳某个目的却并不必然要获得或达成那个目的的义务。[45]当然，这并不是说，至善的现实达成无关乎道德。因为，如果这个行动者被要求把至善当作自己的目的，那么，严格说来，他就是在被要求去追求至善的达成。如果某人对至善的达成无动于衷，但坚持认为，他恰当地履行了自己要"尽其所能地促进它"的义务，那是非常荒谬的。"追求（而并不必然要达成）至善的义务"或许就是西尔伯的如是一种说法想要表达的意思，即"一种去**达到**至善的范导性的责任"[46]。据我所知，康德从未用过"范导性的责任"这种说法，尽管这种说法以一种常见的康德式的方式来使用这两个术语，但它并没有什么道理。因此，这句话至多是以一种含糊不清的方式来提出一种康德本人的著作中更为清楚的观点。

康德在宗教方面的哲学思想建立在如是一种关系，即"对道德法则的服从"与"把至善采纳为一个目的"之间的关系之上。如果我不是让自己投奉于"不要服从道德法则"，我就无法否定，或者严肃地怀疑，这个对象能够被设想为可能的。因此，把至善看作任何道德行动者在服从道德法则时所投奉的一个**目的**，这对于康德的 *absurdum practicum*（实践背谬）论证来说，对于他的整个宗教思想来说，都是至关重要的。

当然，至善是一种**哲学上的**观念，而且，尽管它也在"普遍的理性道德"中发挥作用，但康德并不打算让"一个无条件的道德目的"的理念混淆于一种普通的"德性的义务"，混淆于一个同时也是义务的目的。然而，贝克却似乎陷入了这样一种混淆，他否认至善有"任何实践上的结果"，并且认为，那是因为它在《道德形而上学》中没有被列入"德性的义务"的清单之中，以至于我们"根本就没有"追求至善的义务。[47]在这里，贝克的错误就好比这样一个人所犯的错误，他否认剑桥大学是一个真实的教育机构，因为他未能在校园里的任何一栋建筑中找到过它。至善并不在我们的种种义务之中，它是纯粹实践理性的一切目的的无条件的总体，"它虽然并不增加道德义务的数目，但却为它们造就了一个把所有的目的结合起来的特殊的关联点"[48]。

正因为至善是一个哲学上的理想，它能统一和制约纯粹实践理性的一切目的，并且自身根本不属于"普遍的理性道德"所认识到的那些义务，故而，只要一个人确实为道德法则要求他去促进的一切有条件的目的而奋斗，那么，在道德上指责他没有把至善本身当作自己行动的对象，就是十分荒谬的。从事一项对道德推理的批判，这并不是道德义务。定义一个道德意志的无条件的对象，这也不是每个人的道德义务。这只是一个哲学家的任务。但是，这项任务由于如是一个理由也与道德相关：如果它被很好地完成了，那么，"至善的意志"这一哲学上的理想，就会成为一个对理性的道德行为有效的理想，而且，这样一个意志将要求每个理性行动者都承认，它就是自己全部道德奋斗的最终目的。

但是，有人也许会说，如果至善（在实践上）仅仅等同于由定言命令式所定义的"普遍的理性道德"中的种种义务，它何以能要求这样一种承认？这一学说在实践上会有何种实在的后果？当贝克否认"追求至善的诫命"现实存在时，他就是在强有力地表达这种反驳：

> 作为一个分离的诫命，独立于定言命令式，它无须这个概念就可以得到阐述。因为，假如我尽我所能地——任何道德法令所能要求我的一切——去促成至善，我该怎么做？我们已然知道，要单单出自对法则的敬重而行动。至于依据应得的赏罚分配幸福，我们绝对地无所作为。也就是说，那是一个宇宙的统治者的任务，而不是葡萄园里的一个劳工的任务。[49]

当然，贝克没有注意到，在出自对道德法则之敬重的行动中，我采纳了一些目的，并且努力在这个世界之中实现那些目的，而且，这就是我对道德法则之服从中的一个本质的部分。但是，他的反驳依然有一定的分量。即便我们同意至善就是"道德性想要创造的世界"，那么，相比纯粹实践理性的那些特定对象，即我（纯然作为"葡萄园里的一个劳工"）凭借采纳一些形式上立法的准则而当作自己目的的那些对象，把**这一理想**当作我的一个高于且超乎这些特定对象的目的，这样做的道德价值何在？说起来，道德行动究竟为什么要有一个最终的、无条件的**目的**呢？[50]在康德看来，道德法则给予我们一个必须据以行动的规则，而且，我们依据这一规则来采纳种种目的的做法，或许旨在促成如是一个世界的**理想**，即一个由道德上完善的存在者所组成的世界，他们全都在这个世界中享受着与他们的"配享幸福"相称的幸福。但是，对于我们来说，把这一美好理想的现实达成当作我们的目的，这样做为什么是必需的？如果我们采纳了一些旨在实现这一理想的目的，我们就做到了法则所能期待我们去做的一切。因此，正如我可以**尽我所能地**与象棋冠军比赛而无须期望获胜，我也可以尽我所能地在道德上做到**最善**而无须期望至善的理想通过我的努力而被达成。把"至善"归类到"不可达成的理想"的地位，并不会使之丧失其现实的道德力量，但却可以使我们从如是一种信念，即对"这一理想必定会在这个世界中现实达成"的信念的必然性中解放出来。

唯一令人满意的回应这种反驳的方式，就是要认识到，它在多大程度上表达出了一种和康德截然不同的对待理性的道德与行动的态度。正如我们已然所见，康德引入至善学说的理由在于，人类理性**需要**纯粹实践理性之对象的一个无条件的总体，作为其最终目的。正如上文中的反驳本身也承认的，这**绝不是**一种微不足道的需要。我们在导论的评论中已经强调过，理性始终"追求无条件者"，始终追求把其种种规则统一在一个总体性的理念之下。在第一批判中，理性的这种功能引发了一些辩证困境，这些困境是由理性所必需的一些理念所导致的，这些理念是人类理性无之则无法运作的先验理念，但它们的对象对于人类知识而言是根本无法获得的。我们在前文中看到，对于康德来说，这种辩证是**不可避免的**；它并不是一种纯然的疏漏，而是一种"纯粹理性自身的诡辩术"，人类理性由此被迫认识到其有限的与或然的状况，并且予以回应。

康德在"纯粹实践理性的辩证论"中的计划，还包括展示出有限的有理性之或然状况，提出一些必然的困境与张力，这些困境与张力是一个既有限又理性的存在者在理性的**实践**运用中必定会认识到的。正如理论理性为自身构想出一些理念，这些理念的对象超乎它的认识能力，同样，实践理性也在自己对无条件者的追求中，构想出了它的最终目的的理念，这个目的超乎有限的有理性（独立无助地）达成它的能力。因此，正如第一批判中的理念一般——它们是一些必然的理念，第一批判中的理念都是一些必然的理念，并且不能简单地被当作一些愚蠢的客迈拉①而对其置之不理——有限的有理性的这一理想的目的不能简单地加以忽视，或者被交付给一种"无法达到的理想"的舒适状态。正如在我们对知识的追求中，纯粹理论理性的辩证产生了一种"不断嘲弄和折磨"我们的幻相，同样，我们对纯粹实践理性的这一理想的追求，也必然会把我们引入波谲云诡的幻相之中，我们将在那里遭遇到"一个理想无法达成"的威胁，那是一个我们单凭自己无法确立起来的理想，但是，我们又无法在停止对它的关切的同时，不放弃适宜我们自身本性的有理性。

理性的这一要求，即让我们把至善当作自己的**目的**，实际上就是让我

---

① 客迈拉（Chimeras），古希腊神话中的一种狮头、蟒尾、羊身的喷火怪兽。作者在此用"客迈拉"比喻那种纯然幻想出来的概念。——译者注

们为自己的生活找到一个单一的意图，找到一个最终的意图，我们的理性
授权我们将其视作整个世界的终极意义与目标。[51] 在康德看来，没有哪个
满足于其生活中的种种特定目的与意图的一种纯然集合的人，能够充分地
把他的种种理性能力运用于自己行动的种种意图中。如果理性为自己提出
的这种要求，把自己引入一些辩证困境之中，那么，假装这些困惑只是一
种偶然的与微不足道的蠢事，这并不能使它们得到解决。我们必须在这些
困境之中，认识到我们自身本性的种种必然限制，并且在充分认识到我们
所面临的难题与困境乃有限的有理性本身之张力中的一个本质部分的情
况下，对它们加以回应。

第 4 章　实践的诸公设

　　在第 1 章中，康德对信仰的道德辩护被化约为三个重要的前提。我们在那里注意到，康德的论证是一种归谬（*reductio*）论证——用康德的话说，是一种实践的归谬法（*reductio ad absurdum practicum*）。我们在第 1 章中还注意到信念与行动之间的理性关系，这种关系构成了康德的**实践背谬**论证的三个至关重要的前提之一。在第 2 章与第 3 章中，我们凭借对康德的至善概念及其在道德哲学中的作用的讨论，对这个论证的第二个前提做了一番考量。在我们着手处理包含于其中的第三个至关重要的前提，并由此使得对康德道德论证的讨论丰满起来之前，简要概括一下我们迄今为止的成果，可以说是十分明智的做法。

　　根据康德的见解，任何追求一个目的的人都接受一种投奉，即把他追求这一目的的行动奠基在对这一目的至少有可能达成的信念之上，这是理性的合目的行动的一个要求。此外，根据康德的见解，这一信念必定是某种肯定的与明确的东西，是对行动之**处境**的一种实践的观念。从这一理性要求出发可以得出，如果任何人想要否认（或者以一种严肃的、习惯性的与蓄意的方式来怀疑）一些其达成能够被他设想为有可能的对象（或者事态），他就不会让自己投奉于把那个对

象当作一个合目的的行动的目的。这种投奉构成了这一实践背谬论证的第一个前提。

　　但是，康德还主张，一切道德奋斗都有一个最终目的，他称之为"至善"（highest good；*summum bonum*）。这一目的被设想为纯粹实践理性的无条件对象，道德行动者在服从道德法则的过程中所设定的一切目的都是从中派生而来的。因此，在服从道德法则而采纳任何行动目的的过程

中，有限的理性存在者表象一个目的，这一目的在理性上预设了这个行动者已然把至善采纳为一个目的。因此，任何有限的理性行动者都投奉于对这一最终目的的追求，它是在对道德法则的服从中采纳任何目的的一个条件。但是，由于一切有限的理性意愿与行动都是合目的的，并且要求对一个目的的表象，那么，行动者投奉于对至善的追求就同时也是依据道德法则的任何意愿与行动的一个条件。第二种投奉构成了这一实践背谬论证的第二个前提。

　　从这两个前提出发可以得出，正如我们前面在对实践背谬论证的概述中观察到的，任何否认（或怀疑）自己能够把至善的达成设想为有可能的人，都因此不会让自己投奉于把至善当作他的目的，从而也不会让自己投奉于服从道德法则而行动。而且，正是这种不道德的投奉，这种道德上令人厌恶的结论，构成了这一实践背谬。

　　康德的实践背谬由于一个实践上的幻相而变成了实践理性的一个辩证，这一幻相使得我们似乎必然否认至善能够被设想为有可能的。从这一幻相出发，导致了实践背谬（导致了“实践理性的二论背反”），对这一实践背谬的解决则导致了上帝与不朽的实践公设。有人认为，这些公设单 *102* 独地就能使我们免于否认至善作为有限的理性行动者的一个目的能被设想为有可能的。而且，我们在这里发现了这一实践背谬论证的第三个与最后一个前提，并首次涉及道德概念与宗教概念之间的明确联系。因此，仔细考察康德从实践的辩证到它在纯粹实践理性的公设中的解决方法的推理，就成了我们转向对这些道德论证的第三个前提的考察的第一项任务。

　　对于康德来说，理性的任何辩证都是“从诸条件的总体（因而是无条件者）在显象上的应用中产生的一个不可避免的幻相，好像这些显象就是事物自身似的”[1]。正如我们所见，与纯粹实践理性的对象相关的“诸条件的总体”就被归入道德性的无条件的最终目的之中，也就是被归入至善之中。因此，实践理性的辩证是幻相所导致的，这种幻相则是把至善的理念“应用于显象”所招致的，“好像这些显象就是事物自身似的”。我们尝试把康德的要点表述得更为具体一点。“应用”行动的一个目的的理念，不过就是把这个目的表象为一个人在这个世界中的意愿与行动的一个可能效果。那么，在这种意义上"应用"至善的理念，就是把一个人的行动所处的世界就其总体而言表象为一个可能的、受到道德法则的安排的世界，并且努力造成这样一个世界的现实存在。因此，至善的理念就被"应用于"道德行动所处的世界，也就是道德行动者依据这一理念把它当作自己的目的来加以改造的世界。现在，正如康德所指出的，这个世界要么被当作诸显象的世界，要么被当作物自身的世界。当然，在一般情况*103*下，道德人把他的行动目的表现在诸显象的世界之中，也就是他作为一个有限存在者现实存在于其中的感官世界。他的种种目的涉及他周遭的人与事物、他的家人、他的朋友、他生活于其中的社会、他工作所使用的工具、他的劳动产品。* 他把自己的种种目的表象于感官世界之中，并且把他对关乎种种特定目的的成功与失败的期望，奠基在显象的世界所服从的自然法则之上。

　　实践理性的辩证的产生是由于理性方面的一个自然而然的假定，即至

---

　　* 提到我们对作为道德行动者的诸人格的感性知识，就注定会在心灵中引发令人头疼的关于批判哲学中的一种经验性的（尤其是一种道德的）心理学之可能性的问题。康德在这一点上所遭遇到的问题通常都是以一种含糊的与猜测性的方式被提出的，说康德难以"调和"现象的领域与本体的领域，或者难以"把它们结合起来"（England, *Kant's Conception of God*, 208）。证成了作为超感官世界中的一个实践公设的自由之后，康德并没有进一步探究感官世界中的诸人格的种种动机、意向与意图之道德性的经验判断的可能性的种种条件。康德接受如是一个明显的事实，即我们确乎做出了这种判断，而且，我们对人们的（我们自己的与他人的）种种动机与意图的评价可以是合情合理的。可以肯定，他对这样一种判断保持警惕，并且指出，我们绝不能以"完全的确定性"做出这种判断（《奠基》，第 407页［德］，第 74 页［英］；《宗教》，第 20 页［德］，第 16 页［英］）。可能的情况是，康德混淆了他自己对这种不确定性的特有的认识论根据与在判断他人的意图中的合理容忍程度，后者对于表现出应给予他人对使用他们自己理性的敬重，以避免关乎我们自己种种动机的一种自以为是的自负来说是必需的（《奠基》，第 407 页［德］，第 75 页［英］）。而且，在许多情形中，这样一种一刀切的警告都十分荒谬。（举个例子，如果一个人拿枪指着我的肋骨向我索要钱财，那就不能说，他想要打劫我这件事只有一种较高的概率。）我并不认为，康德在这个方面的问题并不必然就是在批判哲学的范围内无法解决的，但是，显而易见，康德本人并没有解决这个问题，而且，对它做出进一步的讨论无论如何都超出了我们当前讨论的范围。

善（纯粹实践理性的无条件对象）被表象为仅仅应用于诸显象的世界。
康德论证说，我们一旦同意这个假定，就无法摆脱如是一个结论，即至善
的达成是不可能的，或者至少无法被设想为可达成的。而且，我们一旦被
迫接受这个结论，我们就会由于实践理性的这一自然而然的辩证（这一
实践的归谬法）而不会投奉于对道德法则的服从。按照这种方式，就产
生了康德所谓的"实践理性的二论背反"。* 为了能摆脱这种二论背反，
否定理性的这一自然而然的假定（即至善可以作为一个实践的理想仅仅
被应用于诸显象的世界），并且在诸物自身的世界中公设一些条件，这些
条件能够使至善于我们而言可设想得以可能，就是必要的。按照这种方
式，康德提出要证成一种绝不能变成一种知识的对一个上帝与一个来生的
信念，因为诸物自身的世界对于一个有限的理性受造物的理论认知能力来
说依然是永远不可触及的。

　　在开始更为深入地考察实践理性的辩证之前，我们还必须注意到另外
一个预备性的要点。康德似乎在第二批判的"辩证论"的第一节与第二
节中暗示说，"实践理性的二论背反"（或者实践背谬）只有一种。但是，
当我们转向他在第四节与第五节中对这些公设的论证时，他显然给我们提
供了两个单独的论证，它们中的每一个都独自构成了一个实践的辩证，并
且导致一种实践背谬。实际上，它们两者都与那个由于我们把至善看作一
个仅仅应用于诸显象的世界之中的实践理想而产生的幻相有关，而且，这
也正是康德在第一节与第二节中所提出的核心要点。但是，由于由此产生
的二论背反有两个，而不是只有一个，我们就必须单独地处理每个实践的
归谬法（reductio ad absurdum practicum），并且根据它们各自意图要证成
的那个实践公设来考虑它们中的每一个。

────────────

　　* 我们在前文中注意到（chap. 1，p. 27），康德在第二批判中按照一种**理论**冲
突的模式来描述这种"二论背反"，声称它证明了道德法则的"谬误"。但是，正
如我们在前文中注意到的，这里的"二论背反"并不是诸判断中的一种冲突，一
种 absurdum logicum（逻辑的背谬），而是一种 absurdum practicum（实践的背谬），
是一项道德责任与一种明显的不要遵循这项责任的理性投奉之间的冲突。因此，我
将交替地使用"实践理性的二论背反"与实践背谬这两个术语，承认后者是康德
的一个意思更为准确的表述。

实践理性的第一个二论背反

在第二批判的"辩证论"中，康德使用了与他在处理理论理性的种种二论背反时相同的"怀疑的方法"。这种方法包含三个不同的步骤：（1）康德通过暂时地承认一个自然而然的假定，引发了实践理性的这一辩证，即种种有条件的目的的总体（从而是这样一些目的的无条件总体）应用于诸显象的世界，仿佛它就是诸物自身的世界一般。然后，他从这个假定出发，推理出实践理性的一个二论背反，或者实践背谬（*absurdum practicum*）。（2）康德批判地考察了自己提出的这一推理，揭示出它的错误，并且指出这个毫无根据的假定要为此负责。（3）康德通过阐明三个守护我们不受这种辩证之侵害的实践公设，来保障我们不会受到它的种种错误的威胁。康德有意在第二批判的"辩证论"中遵循这种方法，把"辩证论"第二章第一节专用于处理前面所说的三个步骤中的第一个步骤，把第二节专用于处理这些步骤中的第二个步骤，把第四节与第五节专用于处理第三个步骤。相同的模式也可以在第一批判的"辩证论"的第二卷（第二篇）中被发现，它被专用于处理理论理性的种种二论背反。

106 在这里，第一章与第二章构成了第一个步骤，第三章至第七章构成了第二个步骤，第八章与第九章（处理诸宇宙论理念的范导性应用）对应于第三个步骤。然而，在第二批判中，实践理性的两个二论背反中的每一个都被详细陈述，都是在处理相应的实践公设的小节（第四节与第五节）中被给出的。

从对康德在第二批判的"辩证论"中使用的怀疑方法的这一简要概述中，可以清楚地看出，对每个实践公设的论证都产生于对实践理性的一个二论背反的解决。由于这些公设都是作为**避免**辩证错误所必需的手段而得到证成的，对它们的论证（正如我们在前文中所见）都是归谬法（*reductiones ad absurdum*）。再者，两个实践公设中的每一个都产生于对一个单独的二论背反的解决，一个威胁着至善的实践可能性的单独的辩证论的论证。我们应该记住，对于任何给定的人格来说，对至善的拥有都是由完备的道德完善性（或者意志的神圣性）与对幸福的享有（就这种幸福与配享幸福相容，并以后者作为条件而言）的结合所构成的。因此，至善的达成（对于一个人格或一个诸人格组成的世界来说）要求两种截然不同的事态得到实现：（1）他必须达到意志之完备的道德完善性，与（2）他必须就其配当得上而言享有幸福。如果这两种事态都无法被设想为有可能的，那么，作为一个整体的至善就无法被设想为有可能的，并且会导致实践理性的一个二论背反或实践背谬（*absurdum practicum*）。两个对作为实践理性的必然公设的不朽与上帝现实存在的论证，都各自建立在对两种截然不同的事态的可设想性的辩证威胁的解决之上。因此，对第一个公设的论证依赖于对人身上的道德完善性的实践可能性的辩证威胁。在第二批判自身之中，康德对这种辩证的陈述（至少可以这么说）并不令人满意。因为，它仅仅是由如是一个断言所构成的，即意志的神圣性是"没有一个感官世界的理性存在者在其存在的某　刻能够达到的一种完善性"[2]。康德无疑觉得这是一个显而易见的观点，我们的道德奋斗与失败将为之构成充足的证明。而且，尽管他之前就曾（既在第二批判中，也在更早的著作中）提出过这一观点，他在"辩证论"的这个地方为之给出的证成，比在其他任何地方给出的都多得多。[3]但是，无论如何，这一观点与批判的道德哲学的关系都没有这些引文暗示我们的那般随随便便，而且，进一步研究康德提出这一观点的理由，对于我们来说将是十分明智的做法。

　　对于康德来说，"神圣意志"的确定特性就是它与法则相符的**必然性**，也就是这样一个意志无须任何种类的约束就与法则相符的事实。[4]因此，神圣意志不同于我们在"人类人格"（human persons，作为人格的人）身上所看到的那种有限的理性意志，因为有限的理性意志要求的是服从于作为一种**命令式**的法则的自我约束（self-constraint），以便能成为与客观上实践的意志相符合的意志。对于人类存在者来说，德性（*Tugend*）就是一种"自我克服"（*Selbstüberwindung*）（自我的成功管束），战胜反对意志与道德法则之相符的障碍（*Hindernisse*）。[5]因此，康德有时候说（多少有些矛盾的）神圣意志并不是有德性的，因为它缺乏意志与法则相符的种种障碍，而作为自我克服的"德性"则预设了这些障碍。但是，正是出于这个理由，意志的神圣性也是最高的道德上的善（以及**完善**的德性），因为它正是一种使得一切反对这种符合的障碍在其中都不再

108 存在的道德完善的状态。因此，康德有关意志的神圣性对于感官世界中的一个理性存在者来说不可能的观点，意味着如是一种主张，即妨碍意志与法则相符的种种障碍无法**全都**被感官世界中的任何理性存在者所克服。而且，他必须要证成的也正是这个主张，只要他想要成功地为实践理性的第一个二论背反提供辩证的论证。

对这一主张的证成极大地依赖于那些反对有限的理性意志与法则相符的"障碍"的特性。根据对康德的一种诠释，这些障碍仅仅由人的种种自然偏好所构成，人的道德任务就是要持续地出自理性的兴趣去镇压与挫败它们。根据这种见解，这些障碍的必然性是从人的有限的与感性的本性自身之中派生出来的，它们不可调和地与他的理性相对立。这似乎就是格林在前文中所考察的见解，而且，它自然而然地会导致如下一种控诉，即康德伦理学包含着人身上两种相对立的本性的一种站不住脚的"二元论"。

当然，不可否认，阻挠有限的理性意志与法则相符的种种障碍以某种方式包含着偏好与感性。对于康德来说，十分清楚的是，一个没有欲求与偏好的负担（并且仅仅以客观上实践的东西充当其意愿的一个动因）的存在者（例如上帝）必然是一个神圣的存在者。[6]但是，由此并不必然能得出，唯有不以偏好为负担的存在者才能具有神圣性。因为，如是一种情形依然是有可能的，即种种偏好**不足以**产生对意志神圣性的障碍，哪怕它们对于这样一些障碍的现实存在来说是**必需的**。

对于偏好在构成对人的道德完善性的障碍中的作用，康德似乎并不总是持同一种看法。因为，他承认这些偏好对于这样一些障碍的现实存在来

109 说是必需的，他有时候说仿佛种种偏好本身就是道德的敌人。举个例子，他说："神圣存在者之所以不是有德的，是因为他们没有罪恶的偏好要克服。"[7]他偶尔还会说，理性存在者应该期望从一切无论何种偏好中完全解脱出来。[8]但是，除了这种贯穿于康德著作中的相当叔本华式的倾向之外，还有一种更加温和的对偏好的看法。康德批判一切"闷闷不乐"的伦理学，它们"假定生活中的一切舒适与一切愉快都有悖于道德"，并且把它们"对愉快的敌意"叫作一种"错误"。[9]在《哲学的神学讲义》中，康德表达了如是一种见解，即罪恶确实是由"感觉"与"动物性的本能"强

加到人身上的种种自然的"限制"（*Einschränkungen*）所导致的。但是，他在《宗教》中毫不含糊地否定"恶"可以从"我们的本性的限制"中产生。[10]由于康德发展与澄清了他的伦理学见解，这种更加温和的看法（它并不主张单单只有偏好要为"恶"负责）似乎占据了主导地位。人们过于强调康德伦理学中的"闷闷不乐"，过于强调他为人所误信的对偏好与感性的敌意。这种态度既不是康德的特有态度，也不是他最佳的与最为成熟的思想特征。正是在康德对那些反对有限的理性意志与法则之相符的障碍的处理中，我们找到了一个在其他任何地方都找不到的机会，来观察康德对这种闷闷不乐的态度的**拒斥**。

从我们在批判的道德哲学中已然观察到的理性与感性之间的关系出发，乍看起来，我们已经有了一些很好的根据，以怀疑种种偏好单独地就构成了反对有限的理性意志与法则之相符的障碍。从偏好中派生出来的种种自然目的本身并不反对道德，而且，事实上还构成了"对于道德来说善的东西"的一个组成部分，只要它们受到配享幸福的限制与制约。因此，把康德描绘成一个仅仅倡导对种种偏好的镇压与挫败的人是极其错误的。尽管他同时就理性的机智功能与道德功能而言，把理性描绘为对种种自然目的之追求的管束与限制，但它并不专门是一种镇压的功能。康德强烈谴责那种反对一切偏好本身的"僧侣的修行法"（monastic asceticism），推崇一种更加温和的自我管教，这种自我管教"只在于与自然冲动做斗争，这种斗争要达到的程度就是在出现威胁着道德性的情况时能够制服自然冲动"[11]。如果康德认为，一切偏好本身就构成了对道德的一种威胁与障碍，他是否还会这样说，就颇令人怀疑。此外，康德甚至走得更远，以至于在"广义的义务"中，我在道德上有多大责任要"牺牲"我自己的种种自然目的是有一些"界限"的。"这（界限）在很大程度上取决于，对于每个人来说，按照他的感知方式，什么将是真正的需要，这种需要必须听凭每个人自己去决定。"[12]因此，由于道德推理的任务之一就是要为种种自然需要提供有限制的与有条件的满足，而不是反对偏好本身，那么，我们就很难看出，种种偏好本身如何能够构成一种反对意志与法则之相符的永久障碍。

在《宗教》中，康德毫不犹豫地否认，种种偏好单凭自身不能构成

110

对意志与法则之相符的一种威胁。因为，他从人类本性中的种种善的禀赋中同时列举出了种种动物性的偏好与机智的自爱，"它们都促使人们遵循道德法则"。这些禀赋可以"与他们的自然目的相违背地使用"，但是，"企图根据偏好，不仅是徒劳的，而且也是有害的和应予谴责的"[13]。再者，他明确地说，道德的"敌人"不应该在一切感性存在者所共有的"自然的、只不过是未受教化的……偏好中去寻找"[14]。而且，人性取悦上帝（神圣的意志）的理想在那里也被描述为"和我们一样……具有同样的自然偏好，从而也被（偏好）……所纠缠"，但具有一种"意志的……不可改变的纯洁性"，"使他绝对不可能做出越轨行为"[15]。如果种种偏好单凭自身就构成了人何以无法达到神圣性的理由，康德就不会说一个神圣的存在者会受到它们的影响。

111

想要理解那些反对有限的理性意志与法则之相符的障碍的真正特性，我们必须抛弃对康德的一种过分简化的与极不宽厚的解读，这种解读把理性与偏好当作人身上的两种不可调和的"本性"对立起来，并且处理好康德用以发展他对那种既有限又理性的（有能力自律地行动、但其存在就背负着种种不可逃避的道德限制的）存在者之本性的理论的细节。康德告诉我们，任何有限的理性存在者的准则都同时包含着道德理性的动机与感性偏好的动机。

> 因此，人是善的还是恶的，其区别必然不在于他纳入自己准则的动机的区别（不在于准则的这些质料），而是在于**主从关系**（准则的形式），即**他把二者中的哪一个作为另一个的条件**。因此，人（即使是最好的人）之所以是恶的，乃是由于他虽然除了自爱的法则之外，还把道德法则纳入自己的准则，但在把各种动机纳入自己的准则时，却颠倒了它们的道德秩序；他意识到一个并不能与另一个并列存在，而是必须一个把另一个当作最高的条件来服从，从而把自爱的动机及其偏好当作遵循道德法则的条件。[16]

112

我们并不单单由于具有对食物、性、人类伙伴以及其他等等东西的自然欲求而作恶。而且，只要我们的这些欲求依然受到我的理性的管束与制约，并且受到那些被理性规定为具有道德价值的目的的限制，它们就绝不会构成我的意志与法则之相符的一种威胁与障碍。如果我们（举个例子）能够从我们朋友的陪伴中或者从好好工作中获得自然的与十分值当的满足和愉快，道德就根本不会遭受到任何威胁与障碍，除非我们有意地欺骗自己，以为这些由愉快所推动的行动实际上是由理性本身**所推动的**。在这里，威胁着我们的并不是偏好，而是我们自己意志的不纯洁。康德偶尔会说，我们应该期望从这样一些可允许的偏重中解脱出来，这一点与他在《宗教》中的如是一种断言无法相容，即想要泯灭种种偏好是"有害的和应予谴责的"。这样的一些说法，由于康德对人的道德本性的理论在《宗教》中的澄清与发展，必须被看作在表述一些他已然正确地加以放弃的见解。在他关于"欲求从偏好中解脱出来"的说法中，康德（正如斯多亚学派一般）"弄错了他的敌人"[17]。因为，他混淆了"种种偏好对于道德上的恶的现实存在来说是必需的"这一事实与"人身上的种种偏好就是威胁着道德上的完善的来源"的错误见解。

　　因此，我们之所以会变成"恶的"，不是因为我们具有种种偏好，而是由于我们对一个**自由行动的选择**，我们在这个行动中把种种义务的动机置于偏好提供的动机之后。人类本性中的种种道德障碍并不是由偏好所构成的，并不是由人类的有限性或感性本身所构成的，而是由人的自由选择能力（*Willkür*［任性］）的一种特殊性状所构成的。因此，反对人类意志与法则之相符的障碍的永久来源，就不单单是从一个有限的理性存在者本身的概念中派生出来的。严格说来，人类本性的这种永久性状也并不是与"自由"相对立的"本性（自然）"的一个组成部分，倘若真是如此，康德就会仅仅把它归之于感性与偏好。[18]但是，这种性状也不是"为道德立法的理性的败坏"，因为这就会使人全然不能具有任何善性。[19]相反，康德把它设想为人类选择能力中的一种内在的与自然的倾向（*Hang*），一种颠倒行动准则中的种种动机之道德次序的倾向。这种倾向本身并不是一种自然偏好，也不是种种偏好本身的一种性状。因为，诚若如此，它就同样也可以单单在人类感性与有限性中被追溯出来。因此，种种偏好之所以会变成针对我们的一种道德威胁的机缘，就只能是因为我们的**自由意愿**的一种内在倾向，赋予它们超过道德理性的种种动机的优先性。这种倾向本身"败坏了一切准则的根据"，并且构成了康德所谓的"人的本性中的根本

113

恶"[20]。当我在第 6 章中对康德的根本恶的理论做出讨论时，我将对这一理论予以特殊的关注，并且研究康德视之为真的种种理由。我在此处所说的许多内容，都将在稍后获得批判性的考察。因此，我当前的任务并不是要看出，康德**为什么**会认为人具有一种恶的内在倾向；相反，我的任务仅仅是要确定他的立场**是什么**，并且简要考察它何以能支持我们现在正在讨论的这一实践理性的辩证。

当康德说人身上根本恶的倾向"败坏了一切准则的根据"时，他的意思并不是说，我们的一切准则因此都是恶的；相反，他的意思是说，**先行于**我们对每一个善的或恶的准则之采纳，还存在一种把偏好的动机置于义务的动机之上的倾向。出于这个理由，康德说，根本恶是"不能借助于人力铲除的（*nicht zu vertilgen*），因为这只有借助于善的准则才会实现；而既然假定所有准则的最高主观根据都是败坏了的，这就是无法实现的了"[21]。

除了这种恶的倾向，人还具有某些善的禀赋（*Anlagen*），其中最高者就是他作为一个可归责的与自由的存在者的道德人格性。康德把这种禀赋描述为一种"易于接受（*Empfänglichkeit*）对道德法则的敬重、把道德法则当作任性（*Willkür*）的自身充分的动机的素质"[22]①。这种禀赋并不是人类任性（*Willkür*）的一种现实存在的倾向（*Hang*），而是"属于人的本性的可能性"，并且是有限的理性意愿的概念本身的一个组成部分。[23]正是由于这种禀赋，人才具有一种对善的易感性，但是，不像根本恶的倾向，

114

---

① 此处引文直接来自吾师秋零先生的译本，参见康德：《纯然理性界限内的宗教（注释本）》，李秋零译注，12 页，北京：中国人民大学出版社，2011。其中，Empfänglichkeit 被译作"易于接受……的素质"，但在中译本《康德著作全集》的其他更多著作中，它主要地被译作"易感性"。出现两个译法的主要原因是，《宗教》一书的翻译早于《康德著作全集》的其他著作，在整理成集时未能做到完全统一。因此，引文可以改译作："敬重道德法则、把道德法则当作任性的自身充分的动机的易感性"。Empfänglichkeit（易感性）在康德著作中是指情感能力与对象有关的可能性，即"易于受到某个可能对象的影响"，它不是对某物的一种现实存在的情感，而是在现实经验到某物之后产生对它的情感的可能性。此外，在作者引用的英译本中，格林与赫德森将 Empfänglichkeit 译作 capacity，后者显然是一个更为宽泛得多的概念，并且极易引发误解。或许正因为如此，作者才特意在 capacity 后括注德文 Empfänglichkeit。——译者注

这种禀赋并不因其现实存在而使这个人成为善的或恶的。

　　如果这意味着，人被造就成为善的，那么，这意思无非是说，人被造就为**向善的**，人的原初**禀赋**（*Anlage*）是善的。但人还没有因此就已经是善的，而是在他把这种禀赋所包含的那些动机接纳或不接纳入自己的准则（这必须完全听任于他的自由选择）之后，他才使自己成为善的或者恶的。[24]

　　因此，尽管根本恶是"无法铲除的"，但它同时也是有可能被克服的，"因为它毕竟是在作为自由行动的存在者的人身上发现的"[25]。因此，人类本性中存在根本恶的倾向，并不意味着人必然会采纳一些恶的准则，或者他们普遍地不能具有道德上的善性。相反，它仅仅意味着，我们的道德奋斗并不是从一种"自然的天真无邪"开始的，而是必须以一种恶的倾向的形式来预设一种"意志的恶劣性"（wickedness of the will）①，从而必须从"与这种倾向做不停顿的斗争"开始。[26]

　　在这个感官世界中，这种斗争采取了"时间中的道德进步"的形式，采取了一种"克服这种倾向给我们设置的种种障碍"的形式。但是，由于这种倾向本身是"人力无法铲除的"，我们绝不能一蹴而就地消除这些障碍的来源。因为，我们根本没有任何善的准则能够消除一种先行于对一切准则之采纳的倾向，一种"败坏了一切准则的根据"的倾向。因此，我们在时间中与根本恶的斗争"永远只是从一种完善向另一种完善的前进"，这种前进永远伴随着"与一种存在者在时间中的现实存在根本不可分的那种缺陷，即永远不能完全无缺地成为人们在概念中应当成为的东西"[27]。

　　由于道德阻碍的来源（根本恶的倾向）无法在时间中被铲除，人迫不得已就只能通过克服它为之设置的每一种障碍来与之战斗。这些障碍是因我们把义务的动机置于偏好的动机之后所造成的，因此，人在时间中的道德进步始终都包含着一种"对他的感性本性的逐渐的改良"，一种通过

————————

　　①　此处引文的德文原文为 einer Bösartigkeit der Willkür，中译本译作"任性的恶劣性"，原话为："而是必须从任性在违背原初的道德禀赋而采纳其准则时的恶劣性假定开始"。参见康德：《纯然理性界限内的宗教（注释本）》，李秋零译注，36 页。——译者注

管教与限制种种特定偏好来与恶的倾向（这些偏好正是使这一倾向得以表现出来的机缘）相斗争的艰辛的"道德重建的努力"[28]。

现在，我们可以看出，对于那个导致了第一个二论背反的实践理性的辩证来说，康德的根本恶学说何以构成了它的一种真实阐释与根据。之所以说，我们在感官世界中所认识到的那种有限的理性存在者想要达到意志的神圣性是不可能的，这是因为人若想要达到那种层次，不仅需要克服种种特定的道德障碍，还需要克服这些障碍在他自己的道德本性中的来源。因此，它要求的不只是一种德性**层面**上的进步，还要求达到一种截然不同**种类**的道德意愿。但是，由于人自身本性中的根本恶不仅是可归咎于他的（作为他自由的任性［*Willkür*］的一种倾向），而且是他在时间中无法铲除的，从德性到神圣性的转变就是他所达不到的。

因此，导致实践理性的第一个二论背反的这一辩证，就可以表述如下：如果想要达到至善，就必须完全达到道德上的完善（意志的神圣性）。但是，我（知道我自己是感官世界中的一个有限的理性存在者）承认，我自己的道德本性令我永远都不可能达到意志的神圣性。然而，如果意志的神圣性是不可达到的，那么，作为一个整体的至善就也是不可达到的，而且，我就不会投奉于把它当作自己的目的。但是，如果我不把至善当作自己的目的，我就无法理性地依据道德法则的诫命采纳任何目的，因为至善构成了纯粹实践理性的无条件对象，一切其他对象都是从它派生出来的。然而，由于我没有一个目的的表象就根本无法愿意任何事情，这种对至善的可能性的否定，就不会让我投奉于对道德法则的服从。但是，无论如何，我都承认自己无条件地有责任要服从道德法则。理性的投奉与道德责任之间的这种冲突，就构成了**实践理性的一个二论背反**。

不朽的公设

康德用不朽的公设来回答实践理性的第一个二论背反。他主张说，如果我们想要使至善的可能性对于我们来说变得可设想，并且避免道德上的错误（这是这一二论背反用来威胁我们的东西），那么，这个公设就是必需的。现在，我们必须去看看，康德准备如何来证成这一主张。

正如我们方才所见，实践理性的第一个二论背反以如是一种推理威胁到至善的可能性，即从我们对（作为我们在感官世界中所发现的）人的道德本性的知识中得出结论说，对于人来说，意志的神圣性所具有的那种道德上的完善总的来讲是不可达到的。因为，对于任何单个的理性存在者来说，达到意志的神圣性都是他达到至善的一个条件，这一结论还强迫我们承认，至善总的来讲是不可能的，从而是一个 *absurdum practicum*（实践背谬）。在第二批判中，康德在处理第一个公设时，并没有明确地告诉我们，这一论证为什么包含了一种辩证谬误。但是，从他在"实践理性的辩证论"中已然告诉我们的内容出发，我们可以假设，这一论证之所以是一个辩证论证，是因为它从关于"现实存在于显象世界中的人"的一个事实中推理出，对于他们来说，意志的神圣性由于其自身的现实存在（生存）而是不可达到的。唯一能合法说出的事情是，人无法**在感官世界中达到神圣性**；当一个进一步的（不可证成的）主张被提出，即意志的神圣性一般来说是他们达不到的，那么，第一个二论背反就产生了。现在，如果这就是康德用来解决第一个二论背反的方法，我们或许能期待，不朽的公设包含了如是一个断言，即根本恶在某种超感官的现实存在中（一个"来生"）中以某种方式是可铲除的，那么，意志的神圣性就是可达到的。而且，我们或许还能期待，康德对这一公设的任何澄清都系于对这种超感官现实存在的特性的一种分析，它必须被假定具有这种特性，以便履行其实践功能。

但是，康德反对以这种相对简单而直白的方式来阐明第一个公设；他的反对理由似乎主要是道德上的理由。对于那种在人的道德本性中设置一种奇迹般转变的见解，康德持有相当程度的警惕，而且，他对那种"狂热的、与自知之明完全相矛盾的通神论的梦幻"毫不仁慈。[29]* 一种来生

---

*　确实，康德并没有始终看到，冀望从一切偏好中"解脱出来"是一种"狂热的梦幻"，甚至是一种道德上当受指责的冀望。唯有在他的后期著作中（尤其是在《宗教》中），康德伦理学中的这个根本上属于斯多亚派的要素，才被承认为与他的道德哲学不相兼容，并且被加以抛弃。康德似乎始终对斯多亚派的"不动情"持有一种极大的个人尊敬，这种尊敬在他的道德理论本身中并不总是与它的基础相匹配。在这里，正如在其他地方一样，康德倾向于假定他的种种哲学洞识将会

117

118 　的公设，如果可以使神圣性对于人来说突然地、不可解释地变得可能，那么，对于康德来说，这似乎就是一种道德上危险的公设，它更多地类似于一种迷信者的信念，即心怀"上帝能够把他变成更善的人，而他自己没有必要再为此做什么"的希望来颂扬上帝，并与之和解。[30]这样一种公设似乎使如是一种做法成为合理的，即让一个人耐心等待来生的到来，为他揭示出意志的神圣性如何得以可能，而不是把他的时间浪费在今生朝向神圣性的道德进步这一艰难而总是不完备的努力之上。那么，根据康德的见解，这样一个公设就会导致一种与它所要回答的辩证论证完全一样的 *absurdum practicum*（实践背谬）。一个恰当地得到构想的公设，必须赞同今生的道德进步的合理的，并且把它当作达到这种进步之最终目的的正确道路。

　　在这一点上，康德似乎面临一个真正不可解决的问题。他希望把朝向道德完善性的进步公设为追求这种完善性的必要手段；然而，使这种进步变得必要的特定环境，也担保了它绝不能单独地导致其最终目的的实现。在第二批判中，康德想要避免这种窘境的尝试极其复杂、细致，并且因其

119 　简短而含糊不清。康德说，人在自己由恶向善的道德进步过程中无法达到神圣性。

> 　　既然这种完善性尽管如此仍然作为实践上必要的而被要求，所以它就唯有在向着完全适合的一种无限进展的进步中才能被发现，而且按照纯粹实践理性的各原则，把这样一种实践的进步假定为我们意志的实在客体（对象），也是必要的。[31]

　　因此，第一个公设不是为了确保神圣性本身的可能性，而是为了确保朝向它的一种无限进展的进步的可能性而被构想出来的，这种进步就是"意志的实在客体（对象）"。但是，康德为什么认为，这种无限进展的进步

证成自己个人的种种道德观点，但事实上却根本不是如此的（《德性论》，第 409 页[德]，第 70 页及其后页[英]；参见 Matson［马特森］，"Kant as Casuist"，335ff）。对斯多亚主义的某些要素的否定，显然贯穿于他的著作之中，并且在《宗教》中变得相当明确（《宗教》，第 57 页及其后多页[德]，第 50 页及其后多页[英]；但是，亦可参见《实批》，第 126 页及其后多页[德]，第 131 页及其后多页[英]）。

是"意志的实在客体（对象）"？现在，在接受了这个用以指出神圣性在实践上不可能的辩证论证之后，康德看似想要用一个更可达到的目标来代替它成为"意志的实在客体（真正对象）"，并以此来避免实践背谬（*ab-surdum practicum*）。如果这就是他所使用的处理方式，那么，这种方式无疑就该被算作一种极其任意的、专横的处理方式。但是，说康德用"无限进展的进步"来代替"神圣性"以充当至善的内容，这并不是十分准确。因为，他确实说过，神圣性本身要在一种无限进展的进步中"被找到"或"被发现"（*angetroffen*）。[32]现在，康德的意思绝不是说，神圣性现实地就是这一序列中的一个项目或成员，因为这就等于是肯定了神圣性在这种进步中是可达到的，而这是康德早已否定过的。而且，我们也很难说，神圣性是在一个无限进展的进步的终点被达到的。在第二批判中，康德把自己的观点解释如下：

> 唯有从道德完善性的低阶段向较高阶段的无限进步才是可能的，对于无限者来说，时间条件是无，他把这个对我们来说无穷无尽的序列看作与道德法则的那种适合性的整体，而且他的诫命为了在他给每一个人规定的至善份额上与它的公正相符毫不含糊地要求神圣性，唯有在对理性存在者的现实存在的一种理智直观中才可以完全发现。[33]

在康德的一些后期著作中，他更为详细地讨论了这一点，说人的道德 *120*
性状（*Beschaffenheit*）凭借一种持久的由恶向善进步的意念（*Gesinnung*）满足了神圣性的要求。出于第一个公设的意图，他告诉我们，我们要

> 在向终极目的的不断进步中设想一种（在时间中）无止境地前进的变化，而在这种进步中，**意念**（它不像进步那样是一个现象，而是某种超感性的东西，因而不是在时间中可变化的）保持不变，始终如一。[34]

因此，康德视之为"一种无限进展的进步的超感性的（非时间性的）对应物"的东西，正是这样一种意念，它要满足意志的神圣性的道德要求。

但是，我们很难说，康德已然通过诉诸这种意念解决了这个问题。因为，如果这种无限进展的进步本身并不把神圣性当作它的一个组成部分而包含于其中，那么，这种前进的意念（尽管它可以是超感性的）也无论

如何都不能被等同于意志的神圣性。因此，无论在何种情形下，康德都无法主张，意志的神圣性能够作为一种无限进步的一个组成部分而被现实地达到；相反，他似乎是要主张，这种进步（以及对这种进步的超感性"意念"）在上帝看来以某种方式在道德上等同于神圣性，并且构成了对至善的最高条件的充分满足。康德承认，朝向神圣性进步的意念（*Gesinnung*）与现实地达到神圣性的行为（*That*）不是一回事，而且，对于人来说，行为必定始终都是"有缺陷的"（*mangelhaft*）。但是，康德主张，这种意念多少可以"作用于"（*gilt für*）行为①。[35] 然而，十分明显的是，

121 为了构想出一个能够充分地避免第一个二论背反的错误的公设，仅仅公设一种永恒进步的可能性对于康德来说是不够的。他还必须指出，这种进步（或者与之相应的超感性的意念）如何能够作用于神圣性的达成。从康德的多个表述中可以明显看出，除了一种由恶到善无限进展的进步之外，如果人想要实现他的道德意念并达到神圣性（或者它在道德上的等同物），就需要某种属神的合作。[36] 在《宗教》中，康德讨论了"（神圣性的理念的）实在性方面的困难及其解决"，他最为强调的并不是不朽的公设（尽管这个公设似乎确有其作用），而是上帝的理智直观与恩典（Gnade）使我们达到一种道德属性（moral constitution）② 的作用，这种属性将满足作为人的最终道德目的之最高条件的神圣性的道德要求。[37]

因此，第二批判公设一种无限进展的进步的可能性，只能部分地解决由实践理性的第一个二论背反所导致的辩证问题。它确实没能解决**全部的**

---

① 此处"作用于"的原文为 counts for，格林与赫德森用来翻译德文的 gilt für，后者在康德的原文中是 wie die Gesinnung für die That gelten könne，吾师秋零先生译作"意念如何能够对……行为有效"。参见康德：《纯然理性界限内的宗教（注释本）》，李秋零译注，53 页。——译者注

② "道德属性"（moral constitution）一词，可见于《宗教》6：40, 66, 68n, 121, 141, 161, 171n, 197n。德文原文为 moralischen Beschaffenheit，其中 Beschaffenheit 一词的翻译在中译本《康德著作全集》中亦不尽统一，但主要译作"性状"。吾师秋零先生在《纯然理性界限内的宗教》中将其译作"属性"，这也是因为此书的翻译早于《康德著作全集》多年，未尽统一。然而，在康德著作的英译本与本书中，Beschaffenheit 较多译作 characteristic，为突出与 constitution 的区别，姑从吾师译作"属性"。——译者注

问题，因为它并没有告诉我们，这种无限进展（或者与之相应的意念）如何能满足全善的最高条件。在弄清楚这一点之前，我们绝不能认为实践理性的第一个二论背反完全得到解决了。而且，由于康德并没有在第二批判中处理这个问题，因此在这一点上，他对第一个二论背反的讨论必须被看作不完备的。然而，就目前来说，我们的任务仅仅是要考察他对不朽公设的论证，而且，我们必须把解决第一个二论背反中更大的问题推迟到第 6 章来处理。

　　康德对第一个公设的证成在本质上是简单直白的。我们对不朽的信仰是为如下一种需要所证成的，即我们要设想一种趋向意志神圣性的无限的道德进步的可能性："这种无限的进步唯有预设同一个理性存在者的一种无限绵延的现实存在和人格性（人们把这称为灵魂的不死）才是可能的。"[39] 无论这一公设看似何其直白，对于康德的许多读者来说，它似乎并不全然令人满意。格林评论说："康德根本没有就这个来生告诉我们多少东西。"[39] 相反，爱德华·凯尔德（Edward Caird）反驳说，康德容许我们从中推出实在太多的东西，还要面对由这种推理所导致的种种难以应付的困难。凯尔德坚称，通过把不朽想象成如是一种状态，即人可以在其中取得道德上的进步，康德暗示说，今生需要一种时间序列上的延续。但是，凯尔德说，由于这一来生并非感官世界的一个部分，"这就意味着，时间既是又不是我们知觉的一种纯然形式"。凯尔德反驳说，如果康德想要诉诸一种非时间性的意念，而不是诉诸一种时间性的意念来逃避这种反驳，"如果我们这样说的话，那么，不朽就不再是理性的一个公式，而只是我们有责任在其中表象某种我们无法恰当思维的东西，也就是说，只是依据理性的法则来规定自身的理性存在者的意志的善性的永恒实现"[40]。

　　当然，康德确实同意，一切实践公设都意味着，我们通过公设一些条件来假定某种事物的可能性，这些条件单独地就允许我们设想其可能性[41]；因此，这一点是没有问题的。然而，凯尔德似乎竭力主张，除非康德所公设的是一个处在时间序列的种种条件下的实存之物，否则他就根本没有在任何恰当的意义上公设**不朽**。康德在 1794 年的论文《论万物的终结》中讨论了"永恒"或"无限绵延"的问题，而且，他在那里的言论值得我们注意：

122

123 　　我们……说，我们把绵延设想为无限的（设想为永恒的）：不是由于我们或许对它的量有某个确定的概念——因为既然这种绵延完全没有时间作为其尺度，这就是不可能的，而是由于那个概念只是关于永恒绵延的一个否定概念，因为在没有时间的地方，也就没有终结发生。[42]

因此，"无限进展的进步"不能被看作一种无限前进的时间序列，而是必须被看作某种超乎时间的东西。人今生时间性的进步就被思维成包含在这一永恒进步"之中"，一个来生则被思维成我们时间性进步的一种延续——"即使……是在不同的情况下"[43]。当然，如果永恒并不被思维成时间中种种变化的一种无限进展的序列，那就跟被思维成一种无限时期的静止（stasis）与停滞（rest）相差无几。康德说，后一种理念简直"令想象力愤慨"①。由于两个理念都是从我们对感官世界中的现象的表象中派生出来的，它们也不适宜被用于表象超乎感官世界的一个来生。凭借不朽的公设，

　　我们在自己的知识上并没有前进寸步，而只是要被告知，在终极目的的（实践）方面，理性不能在持续变化的道路上得到满足，尽管理性如果凭借世间存在者的状态的静止和不变性原则来尝试，在其理论应用方面同样无法得到满足，而毋宁会陷入完全无思想的状态。[44]

我们应该记得，批判哲学中的不朽概念的全部理论基础，都要在一个单一的与不可摧毁的实体的先验理念中去寻找，也就是第一批判中第一个谬误推理（paralogism）与第二个二论背反中所处理的那个抽象的形而上学观念。这个理念作为道德信念的一个对象，被赋予一种内在的运用，但除了形而上学探究所能告诉我们的极少东西之外，并不能为之增添任何思

---

　　① 此处引文未标明出处，据考当出自《终结》，第334页（德）。英译为 revolts our imagination。科学院版德文为 eine die Einbildungskraft empörende Vorstellung（一个令想象力愤慨的表象）。中译本《康德著作全集》似乎更接近原文，故采用之。——译者注

辨的内容。[45]

我们的实践兴趣单凭自身就允许我们进一步规定这一理念，并且就一 *124* 个来生为我们提供更为详细的描述。对这一来生的思辨，于我们而言没有任何成果。"我们对于未来一无所知，除了道德动机和道德目的合乎理性地结合在一起的东西外，我们也不应该探究更多的东西。"[46] 因为，康德之所以没有就我们的来生告诉我们多少东西，是因为他发现我们很可能只能对此获得极少的知识。这样一个来生完全超乎我们以任何具体的方式去设想或描述它的能力。当我们企图去描述它时：

> 苦思冥想的人在这方面就陷入了神秘主义，在这里，他的理性并不理解它自己以及它想要的东西，而是宁可耽于幻想，而不是像一个感官世界的理智居民理所应当的那样，把自己限制在这个感官世界的界限之内。[47]

对于不朽的公设来说，对一个来生做出任何形象的或引人入胜的描述，这并不重要，重要的是这个概念允许我们设想如是一种可能性的作用，即我们内在的道德奋斗在一种超验的现实存在中得以完成的可能性。对不朽的道德信念并不是"耽于幻想"，而是我们对自己内在的道德奋斗的最终目的的理性追求所要求的一种信仰。唯有就不朽的理念在解决实践理性的第一个二论背反中所发挥的作用而言，康德的**实践背谬**论证才证成了我们公设这一理念的对象的做法。我们对幻想的知识的思辨热望，在康德看来，必定总是会让步于我们在理论上更为谦逊的种种道德兴趣。

实践理性的第二个二论背反

至善为其自身的达成，还要求两种截然不同的事态得以实现：(1) 有限的理性本性必须达到完备的道德完善性（意志的神圣性，或者 *125* 正如康德此刻告诉我们的，它在道德上的某些等同物）；(2) 有限的理性存在者在他们使自己配享幸福的范围内享有幸福。实践理性的第一个二论背反，就是由这两种事态中的第一种事态之实现或许不可能所导致的。第二个二论背反（它为上帝现实存在的公设预备了道路）关乎如下一种威胁，即第二种事态或许不可能。

乍看起来，关于幸福与配享性的恰当的比例分配，似乎不会导致任何辩证。"既然我们只认识这个世界的一小部分"，我们就绝不能有丝毫确定地说，幸福与配享性或许恰好按照严格的比例分配是不可能的。[48]鉴于我们的无知，任何关于幸福与配享性之一致性的主张都只能是猜测，因此，似乎没有任何辩证能够成功地为如是一种**否定**提供根据，即幸福与配享性很可能并不恰好被带入结合之中。

这一处理实践理性之辩证的捷径，并未能把握住为达到至善所需要的那种幸福与配享性之关系的全部特性。康德把道德德性——它们被认为是值得"成为幸福的"——当作幸福的道德价值的条件。那么，幸福就不单单是在它伴随着德性之时，而且也在它与德性结合在一个单一的至善概念之中时，才具有道德价值；正如我们已然看到的，至善的这种统一赋予"道德之善"与"自然之善"的有条件关系以意义与功能。当德性（作为值得"成为幸福的"）与幸福仅仅被看作两种截然不同的善时，它们不过是在一个给定的情形中恰好彼此相伴，如此也就并非至善的内容。相反，这两种善必须"必然地结合在一个概念中"，从而"必须作为根据和后果联结起来"[49]。仅仅由于有德之人也是幸福之人，这并不能使至善的概念得到实现，而是唯有当有德之人被说成是"因其有德而幸福"时才能得到满足。如果至善想要作为一种单一的善、作为两种善的一种**系统统一**得到实现，那就还需要德性与幸福的一种**系统的**联结，这种联结"被置于如此境地，即德性把幸福当作某种与德性意识不同的东西产生出来，就像原因产生出一个结果那样"[50]。

因此，在第二个二论背反中，我们所面对的这个"至善在实践上的可能性"的问题，并不是一个"幸福是否恰好有可能在特定情形中与德性相伴"的问题；相反，问题在于：德性与幸福之间是否有可能存在一种系统的关系，在这种关系中，德性以某种方式构成了幸福的根据或原因。康德说，如果我们把至善看作"一种实践的善，亦即通过行动而可能的东西"[51]，这种系统的因果联系就显得十分显著。当我们在这个世界追求正义之时，我们所追求的就是要在功绩与奖赏之间建立起一种因果联系。我们不单单是要追求使善人幸福、使恶人不幸，而是要因其善良而赏之、因其邪恶而罚之。在追求"自然之善"与"道德之善"的有条件关系时，我们试图把至善当作两种善的一个统一体，当作由一种系统的因果联系所确立起来的统一性来加以实现。

因此，至善的可能性依赖于德性与幸福之间的一种系统的因果联系是否能被设想为现实存在的，或者被设想为有可能达到的。康德确实说过，一个至善或目的王国"通过定言命令式为所有理性存在者规定了其规则的一些准则，**如果这些准则得到普遍遵守**，这样一个目的王国就会得到实现"[52]。但是，康德并不是要断言说，至善因此就是单凭人类的手段就可以达到的，而且，他给出了两个理由来解释为什么不能如此。首先，我们已经注意到，没有人（无论他多努力）有能力完全符合道德法则而行动。尽管他用尽全力努力奋斗以在这个世界之中达到至善，而且，尽管以这样一种努力来构成一个神圣意志之完善性的一种等同物是可能的，但是，人无法（无论是对于个体还是对于集体来说）在现实地造成一个目的王国所需要的行为之中达到道德上的完善。因此，康德强调说，即便"最为善意之人"也既不能指望他人为达到至善付出自己应尽的努力[53]，也不能指望（尽管康德对这一点强调不多）他自己付出的努力能够与自己在实现至善中所获享的部分相等。其次，即使一切人的意志都完全符合法则是可能的（无论是在意念中还是在行为中），由此也无法得出，他们的努力将必然在今生收获成果，并且形成配享性与幸福之间的一种严格的因果关系。一个有限的存在者总是会受到如是一种限制，即他对自己的行动在自然世界中所造成的种种后果的支配能力的限制。人的努力在这个方面始终是"有局限的"（*begränzt*）[54]。

因此，德性与幸福在这个世界的一种严格的因果关系所要求的，远不止人类的合目的性、人类的意愿与努力。康德说，它只能来自"自然王国及其合目的的安排"与人类的道德努力"协调一致"[55]，以便使每个人都能在他们配享幸福的范围之内享受幸福。因此，至善在实践上的可能性依赖于自然之中是否有任何东西足以补偿人类意愿的不完善性与人类种种能力的限制，以便能造成德性与幸福之间的一种严格的因果联系。

但是，康德接下来主张，这种东西毕竟并非显见于自然之中。我们当

127

128

然有望发现配享性与幸福"时而……提供一种偶然的支持",但我们"永远不能指望……一种有规律的、按照恒常的规则来印证的一致"[56]。有时候,我们会看到善人获得幸福、恶人沦为不幸的牺牲品,但是,我们时常也会看到邪恶获胜,善人"由于对此不管不顾的自然……而遭受着贫困、疾病和夭亡这一切不幸"[57]。人类正义有时会在罚恶赏善中取得成功,但与此同时,人类社会由于"好些人从政府的不公正中获得优待……引发了贫富(*Wohlstand*)的不平等"而遭受苦难。[58]因此,自然法则之中或者它们在显象世界的运作之中,根本就没有任何东西为我们提供丝毫的证据,以证明我们对德性与幸福的一种**系统的**因果联结的实践可能性的信念:

> 世界上的任何原因和结果的实践联结……都不是取决于意志的道德意向,而是取决于对自然法则的知识和为了自己的意图而利用这种知识的物理能力,因而不能在世界上通过一丝不苟地遵守道德法则来期望幸福与德性的任何一种必然的和足以达到至善的联结。[59]

129 因此,意向(*Absicht*)的道德性与"自然之善",以及后者在自然世界中的实现有一种合目的的关系。道德上善的人努力想要在这个世界之中带来正义,想要发展其种种自然禀赋,想要促成那些配享幸福之人的幸福,还想要夺走那些特权人士不配享有的东西,这些特权人士赋予自己一种凌驾于他人之上的不正义的优势。拥有善的意志之人也拥有自己的需要与偏好,他把对这些需要与偏好的恰当满足与享受,当作他自己的个人之善来珍视。但是,他自己的努力(以及那些与之相似之人的努力)都受制于且屈从于超乎人类支配能力的自然力量。一个有限的受造物(被投入到感官世界之中,并且无论在道德上还是在自然上都受到如是一种束缚,即他依据其道德意愿之最终目的的理念来改造世界的能力的束缚)必须寄望于自然本身与他的种种努力之和谐一致,以体现出一种道德上的合目的性,使他所追求的正义与他所希望的配享之幸福得以可能。但是,他在自然之中并没有观察到这样一种和谐一致,也没有观察到任何与其道德意图和努力相对应的东西。因此,一个根据感官世界来看待自己最终的道德目的的人,必定会把自己的一切努力与自己的道德意愿本身看作徒劳无功的与无缘无故的，而且，他必定会把达到至善当作不可能的事情而放弃。[60]

因此，我们再次遭遇到实践理性的一个辩证威胁，一个看似证明了至善在实践上不可能的论证。而且，与前一个辩证一样，这个辩证也用一种实践背谬（*absurdum practicum*）来威胁我们，让我们不要投奉于把至善当作自己的目的，从而也不要服从道德法则，正是这个辩证构成了实践理性的第二个二论背反，并且把我们引向了第二个实践公设。

上帝现实存在的公设

康德通过指出一种辩证论的幻相来解决实践理性的第二个二论背反，一个出于我们对显象世界与理知世界的混淆所产生的幻相。第二个二论背 *130* 反成功地表明，德性与幸福之间的一种系统的因果联结无法在感性的自然中被发现。

> 德性意念必然地产生幸福，并不是绝对错误的，而是仅仅就德性意念被视为感官世界中的因果性的形式而言，因而当我把感官世界中的存在当作理性存在者的唯一实存方式时，才是错误的，因而只是**有条件地**错误的。[61]

为了设想至善的实践可能性，我们必须以某种方式，在自然之中公设一种德性与幸福的系统联结，以及这种系统联结与我们的道德意愿之间合目的的和谐一致，正是这种和谐一致确保了这一意愿在这个世界中的现实性与有效性。这样一种联结并不现实存在于感性的自然之中，但它有可能现实存在于作为一个整体的道德行动的世界之中，只要我们对这个世界的观念加以扩展，使之能同时包含理知世界与感官世界。在第一批判中，康德似乎已然把这个世界设想为理知世界本身，把它看作一个不同于"自然王国"的"神恩王国"。"这个世界当然只是一个理知世界，因为感官世界并没有从事物的本性中给我们应许诸如此类的系统统一性。"[62] 因此，在一个"道德世界"中，至善被看作可达到的，我们必须假定"那个世界就是我们在感官世界中的行为的一个后果，而既然感官世界并未向我们呈现这样一种联结，我们就必须假定那个世界是一个对我们来说未来的世界”[63]。

因此，在第一批判中，康德论证说，唯有在一个来生之中，我们才能期望达到配享性与幸福之间的一种系统联结，并且以此既证成了第一个公设，也证成了第二个公设。康德在其全部著作中，继续以这种方式来关联这两个公设，把"一个来生"说成是包含了对善与恶的行为的"奖赏"与"惩罚"[64]；但是，康德并没有继续主张说，**唯有**在这样一个来生之中，我们才能期望配享性与幸福之间的一种系统联结。尽管我们**单单**在感性的自然之中无法觉知到任何道德上的合目的性，但无论如何，这样一种合目的性确实间接地通过理知世界中的一种因果性而现实存在。

> 意向的道德性作为原因，而与作为感官世界中的结果的幸福拥有一种即便不是直接的，也是间接的（以自然的一个理知的创造者为中介），而且是必然的联系，这并非不可能的，这种结合在一个仅仅是感官客体的自然中永远只是偶然地发生的，而且不能达到至善。[65]

康德似乎并没有以一种明确的方式，把第二个公设中的这两种观念关联起来，尽管在其诸多成熟时期的著作中，它们都是紧挨着出现的。[66]但是，这两种观念无疑并非是彼此相容的。一个来世的"奖赏"与"惩罚"只能在这个世界之中构成一种总体上的道德合目的性，假如说它们**成全了**配享性与幸福之间的一种系统联结，这种联结必须被公设为——至少部分地——现实存在于这个感性的世界之中。再者，假定我们已然为理性存在者公设了一个来生，我们就必须既在这一个来生之中，也在当前这一生中公设配享性与幸福之间的一种系统的关系。甚至，这两种观念似乎以这种方式是相互要求的，以便适于第二个公设的种种需要。

然而，对于康德的一些批评者来说，一个来世的"奖赏"与"惩罚"的观念似乎是或然的。格林就谴责康德谈论任何来生中的幸福或不幸的做法。因为，在格林看来，幸福只能被"人的有感觉的本性"所享受，由此可以得出，幸福仅仅是"属于现象世界中的一种小事"，而且，康德无法"前后一致地坚持说，当前这个现象的自我将会在死后继续存在，或者人将会在来生继续欲求他在今生所渴求的幸福"[67]。

当然，康德确实坚持认为，人对幸福的欲求乃由于人的有限性，并且与今生的感性能力相关。但是，如果他（或者格林）想要主张说，幸福**并不是**来生的一个组成部分，他就是在提出一种有关超验的现实存在（生存）的理论知识的主张，一种永远无法得到证实的主张。无疑康德没有否认说，人不会在自己的来生中继续拥有种种需要，甚至，他似乎还在一些地方正面主张说，他将会拥有种种需要。[68] 再者，无论我们是否主张"幸福是人未来的现实存在（生存）中的一个组成部分"，甚至，无论我们是否认为这个问题值得追问，都完全取决于我们对它的**实践**兴趣，并且取决于对这一问题的一个回答是否与任何一个实践公设的确定性有关。关于我们未来的现实存在（生存）的任何思辨，都绝不会产生任何有效的理论主张。

当然，对于康德为"德性与幸福之间的一种系统联结"公设一个理知根据的做法来说，最为至关重要的是，康德主张，我们必须把这一根据设想为一个"通过知性和意志"而是的自然"创造者"，"亦即上帝"[69]。康德最为强调的是，第二个公设要求一个**人格的**存在者，一个"**活着的上帝**"[70]。想要看出康德为什么提出这种要求，我们就必须记住，我们在试图设想"配享性与幸福之间的一种系统的因果联系"之实践可能性时，这种联结本身就被看作合目的的意愿与行动的一个对象。第二个二论背反告诉我们，单纯人类的合目的性并不足以达到这种系统的联结。人类意愿是不完善的，而且，在利用感性自然的种种法则以实现其最终意图的方面，只具有一种有限的能力。因此，我们必须在自然中公设一种合作性的 *133* 行动能力（agency），这种行动能力按照一种系统的方式，一种不会受制于人类的种种限制的方式，具有一种使我们的道德努力产生效果的能力。康德说，"唯有假定自然的一个拥有与道德意向相符合的因果性的至上原因"，这样一种行动能力（agency）对于我们来说才是可设想的。因此，我们就必须公设如是一个存在者，它"能够按照法则的表象采取行动"。康德说，这样一个存在者"就是一个理智（理性存在者），而且这样一个存在者按照法则的这种表象的因果性就是他的意志"[71]。

贝克主张说，康德对第二个公设的论证事实上根本就不是一种道德论证，而是"对目的论论证的一种修订，它纯粹是理论的论证"[72]。贝克承认，康德的论证并不是一种物理神学的论证（physicotheological argument）①，即从自然中的一种可观察的合目的性出发，推出一个合目的的设计者的论

---

　　① 物理神学的论证（physicotheological argument；physiko-theologische Beweis）在中译本康德著作中，大多译作"自然神学的论证"。然而，如此翻译很容易与西方哲学中的另外一个概念，即 Theologia Naturalis 或 natürliche Theologie（natural theology［自然神学］）相混淆。而且，这个概念也曾在康德的著作中出现过。例如，康德1764 年的一篇重要论文的标题就是《关于自然神学与道德的原则之明晰性的研究》（Untersuchung über die Deutlichkeit der Grundsätze der natürlichen Theologie und der Moral）；在《纯粹理性批判》中，natürliche Theologie 也曾在 B71、A604/B632、A631f/B660f、A814/B842 出现过。事实上，physico-或 physiko-出自希腊文的 φυσικς（phusikós），本是"自然"之意，相当于拉丁文的 natura。因此，单从字面上说，把 physiko-theologie 译作"自然神学"并无不妥。但是，无论是在传统西方哲学的术语体系中，还是在康德本人对这两个术语的使用中，natürliche Theologie 和 physiko-theologie 都不是同义词，不是同一种知识的两种名称。具体而言：首先，Theologia Naturalis 最早可能出自马库斯·特伦提乌斯·瓦罗（Marcus Terentius Varro）的著作，后来被奥古斯丁引入基督教哲学之中，并用它来意指一种相对于"启示神学"（theologia revelata）的、纯然基于理性的神学。因此，在西方哲学的传统中，Theologia Naturalis 相当于康德所说的"理性神学"（theologia rationalis），尽管康德对 Theologia Naturalis 或 natürliche Theologie 的使用是更为狭隘的。其次，Theologia Naturalis 或 natürliche Theologie 在康德著作中一般被译作"自然的神学"，是两种不同类型的理性神学中的一种，是一个相对于"先验神学"（transzendentale Theologie）的概念。按照康德的说法："理性神学思维自己的对象，要么是仅仅通过纯粹的理性，完全凭借先验的概念，并叫作先验神学，要么通过它从自然（我们的灵魂）借来的一个作为最高理智的概念，并必然叫作自然的神学。"而且，他更为明确地解释说："自然的神学从在这个世界中被发现的性状、秩序和统一性出发推论到一个世界创造者的属性和存在，而在这个世界中必须假定两种因果性及其规则，也就是说自然和自由。因此，它从这个世界上升到最高的理智，要么是把它当作一切自然秩序和完善性的原则，要么是把它当作一切道德秩序和完善性的原则。在前一种场合它叫作自然神学，在后一种场合它叫作道德神学。"参见康德：《纯粹理性批判（注释本）》，李秋零译注，435 页（A631−632/B659−660），北京：中国人民大学出版社，2011。最后，physiko-theologie 则是上述两种 natürliche Theologie 中的一种，它从物理对象中可观察到的合目的性现象出发，推测出一个合目的的设计者存在的证明。换句话说，这种证明的论证起点是作为显象的自然事物的物理知识。因此，为了避免不必要的混淆，译者依据学界惯例把 natürliche Theologie（natural theology）译作"自然神学"，把 physiko-theologie（或 physicotheology）译作"物理神学"，进而把 physiko-theologische Beweis（physicotheological argument）译作"物理神学的论证"，当是一个较为妥善的做法。——译者注

证。但是，他确实主张说，它是一种"目的论的"论证，类似于物理神学的论证。贝克说，康德对第二个公设的论证"并不是基于讨论中的道德诫命，而是基于要求一个设计师来调节两种全然不同的事物的道德现象"[73]。

然而，贝克的论证远不够清楚明白。他所说的"道德现象"到底是什么，根本就是不清不楚的，而且，同样不清不楚的是，在贝克看来，康德到底如何（在理论上）论证了要求一个设计师的这样一种"现象"存在。然而，康德的论证确实与从自然设计出发的目的论的论证具有一种重要的相似性，这种相似性引导贝克提出了他的主张，即康德的论证实际上是一种理论的论证。无疑，康德确实是从如下一种假定出发，即自然中有一种幸福与配享性合目的的系统联结存在，推出结论说，一个具有理智的、意愿的行动者现实存在，他有能力计划并实施这样一种合目的性。但是，这种推理很难是决定性的，即便在物理神学的论证中也是如此。在考察物理神学的论证时，我们很可能会质疑说，自然的设计是否授权我们把它安排给一个合目的的理智，或者我们很可能并不确定，自己是否真的合法地在自然的运行中发现了一个或多个意图（如果真的有的话）；但是，一旦我们确定自然展示出了一种合目的的设计，而且，自然的运行确实有一个明确的最终目的，那么，我们可能就难以否定一个有能力造成我们假定其现实存在的合目的的秩序的理智现实存在。从某些被设计的东西出发推出一个设计者，这是康德的道德论证和物理神学的论证所共有的推理。但是，即便在这里，康德也只是说，除非我们假定自然有一个理智的创造者，否则我们就无法设想在自然中的一种合目的的和谐一致，可以满足我们的道德抱负；他并没有论证说，我们确实具有"这样一个存在者必定现实存在"的理论知识，以便能带来这种和谐一致。[74]

即便在理论的物理神学的论证中，其关键点也并不在于，一种所谓的合目的的设计是否需要一个合目的的设计者，而是在于，自然能否被说成是包含了一种合目的的设计，能否被说成是理智与意愿的一个产物。而且，康德对**这一点**的论证，无论在任何意义上都不是理论的论证。相反，他论证说，如果我们要设想自己最终的道德目的的可能性，我们就必须在自然中公设这种合目的的合作，以便能使我们的种种道德意向产生效果。如果自然之中没有这样一个最终意图，我们就无法把配享性与幸福之间的

134

这种系统联结，设想为一种可能的合目的的意愿的结果。因此，自然中的最终意图就不是基于一些理论的根据得到证明的，康德也没有为之向我们

135 提供丝毫的理论的证据。清楚的是，对于康德来说，想要在自然之中发现一个最终的意图，这"远远地超过了它（理论）所能提供的"[75]。自然是合目的的设计的产物，这一点并没有在理论上得到证明，而是被公设的、被假定的，以便使道德的最终目的能够被设想为可能的，以及使我们为达到它的种种努力能够被设想为有效的。康德的道德论证是一种"目的论"的论证，一种"出自设计的论证"；但是，它并不是一种理论的论证，因为，它并没有基于一些**理论的**根据而论证说，这个世界包含了一种设计或一个最终意图，相反，它只是基于一些实践上的根据而公设说，如果我们想要把至善当作自己最终的理性意图的对象，那么，自然就必须拥有一个最终的道德意图。

贝克想要指出，道德论证实际上是"理论的"，这似乎是受到如是一种感受的驱使，即第二个公设以某种方式"替代了"追求至善的诫命。通过公设一个道德上完善的自然创造者的现实存在，康德似乎公设了道德性所要求的配享性与幸福之间的系统联结的**现实的存在**，而不仅仅是这种联结的**可能性**。因此，贝克的真正反驳在于：我们一旦公设一个上帝的现实存在，"现在，声称'要追求确立起 summum bonum（至善）'的诫命，就无助于依据'配享性'来分配幸福的观念"[76]。现在，这一言论确实是激起了一种第二个公设难以应付的反驳，但并不是贝克所明确陈说的那种反驳。这种针对第二个公设的反驳最强有力的与富有洞察力的进展，反而是在黑格尔的《精神现象学》中被发现的。黑格尔在《精神现象学》的

136 两个场合中考虑了"道德与自然之和谐一致"的康德式公式：在第五章德性和世界进程（Die Tugend und der Weltlauf）的讨论中，以及他在第六章更为详细的讨论中，他企图用后者来指明"道德世界观"必然深陷于其中的颠倒错位（Verstellung）。

对于黑格尔来说（正如对于康德来说），道德行动是某种合目的的东西，它是"由于意图与实在性之间的现实的（wirkliche）和谐一致"而被实施的。[77]但是，黑格尔说，道德意识就是意识到其种种限制，意识到它在凭借自己的努力造成其最终的道德目的上的无能。因此，这一目的就"被设

定为一种**非现实的**（*nicht wirklich*）、位于彼岸世界的（*jenseits*）东西"①。

> 理性的目的，作为一个普遍的、无所不包的目的，可以当之无愧
> 地称作整个世界。这是一个终极目的（*Endzweck*），远远超出了这一
> 个个别的行动的内容，因此必须凌驾于一切现实的（*wirkliche*）行动
> 之上。②

但是，与此同时，道德意识无法接受其目的的非现实性。"纯粹义务本质上（*wesentlich*）是一个**行动着的**意识。也就是说，人们无论如何都应该采取行动，绝对义务应该表现在整个自然界里面，道德法则应该成为自然法则。"③

黑格尔说，由于绝对义务应当在这个世界之中得到实现，道德意识就被引导着要去公设它。因此，道德意识就催生了"道德性与现实性（*Wirklichkeit*）之间的和谐一致的公设——由道德行动的概念所公设的一种和谐"④。在这一点上，黑格尔注意到了道德意识所经历的"颠倒错位"（*Verstellung*），在黑格尔看来，这是一种必然会挫败道德意识之意图的颠倒错位。

> 因此，如果我们承认这个至善是本质（*das Wesen*），那么意识不
> 可能严肃地对待一般意义上的道德性。因为在这个至善里面，自然界
> 和道德性具有同样的规律。于是道德行动本身消失了，因为只有以一
> *137*
> 个必须通过行为而被扬弃（*aufheben*）的否定（*eines Negativen*）为前
> 提，行动**才会**出现……那个假定已经承认了本质状态（*wensetlich*）
> 是这样一种情形，即道德行动不但是多余的，甚至根本就不存在。[78]

---

① 本书中出自《精神现象学》的引文的翻译，参考了先刚老师所译的《黑格尔著作集 3　精神现象学》（北京：人民出版社，2013）。但是，伍德使用的是1952 年 Felix Meiner Verlag 版的 *Phänomenologie des Geistes*，先刚老师的中译本使用的是 E. Moldenhauer 和 K. M. Michel 整理出版的二十卷本 *G. W. F. Heger Werke in zwanzig Bänden*，故两个德文版页码并不相同。此处引文，可参见黑格尔：《精神现象学》，先刚译，380 页。——译者注

② 参见黑格尔：《精神现象学》，先刚译，381 页。——译者注

③ 同上。——译者注

④ 同上。——译者注

在第五章中，黑格尔把因道德意识而产生的处境表述如下：

> 事实上，德性的捍卫者发现，他的**行动**（*Tun*）和斗争实际上不过是一种虚张声势，他**不可能**认真地进行，因为，他已然把自己真正强大的实力置于**自在且自为的**善的存在之上，亦即使之完满实现——他绝不能允许的一种虚张声势，才能变成认真的。[79]

因此，在黑格尔看来，道德意识既要求它自己的行动对于至善的实现来说是**必需的**，又要求把至善公设为已然现实存在的，从而使道德行动成为**多余的**。而且，黑格尔隐晦地暗示，在这种颠倒错位中，存在着某种十分不真实的进程，道德本身就是极其卑劣的行为。事实上，黑格尔所呈现出来的更像是一种窘境：至善要么现实存在，要么就不存在。如果它不存在，道德行动者就不能寄望于凭借自己有限的努力达到至善，由此导致的结果是，他就必须把自己的道德性看作毫无道理的与徒劳无益的，把他的最终目的看作实践上不可能的。但是，如果至善确乎现实存在，他的道德行动还是毫无道理的，因为它就不再要求达到至善。道德行动者要么必须把自己的行动当作多余的（当作一种"虚张声势"［*sham-fight*]），要么就必须陷入道德绝望，并且（更加危险地）陷入一种实践背谬（*absurdum practicum*）。

黑格尔发现，道德意志中的"颠倒错位"之所以是一个可疑的 *Verstellung*（颠倒错位）在于：对他来说，道德意识似乎以某种方式是自相矛盾的，是对道德行动的两种**不可兼容的**见解之间的"颠倒错位"所导致的自我欺骗（并且试图欺骗我们）。同样，这种窘境之所以出现是在于：我们似乎无法既坚持说，配享性与幸福之间的系统联结要求我们为实现它而实施道德行动，又坚持说，这种系统联结是上帝创造的世界秩序的一个组成部分。但是，如果我们能够无矛盾地同时坚持这两种见解，那么，黑格尔对 *Verstellung*（颠倒错位）的指控，以及这种道德窘境所带来的威胁就是毫无根据的。因为，**除非我们坚持**，配享性与幸福之间的系统联结是在上帝的计划中被实现的，否则，我们就可以不坚持自己追求这种系统联结的道德行动。但是，如果我们还能够主张说，我们的行动是为达到配享性与幸福之间的这种系统联结所要求的，那么，我们就不能主张自己的道德行动是多余的。而且，我们将尝试，通过坚持道德行动的这两种立场无须是互不相容的，把康德从黑格尔的反驳中营救出来。

我们再来看看，这两种立场准确说来究竟是什么。"上帝现实存在"的公设就是"世界之中的一种系统的道德合目的性"的公设。一切事件都是——从一种立场看来——上帝的因果性的效果。上帝是 *ens originarium*（元始的存在者［拉丁］），是 *Urwesen*（元始存在者［德］），是一切其他事物的可能性的根据或根源。[80]与此同时，一些事件也被看作人类行动的效果，是自由而有限的理性意愿的效果。这些事件都是人类合目的性的后果，而且，人当能被要求为它负责。"意志自由"的公设就是"世界之中的一些事件是人类因果性的后果，并且能够被归咎于人"的公设。因此，世界之中的一些事件必须**同时**被看作属神因果性的后果（看作上帝的最终道德意图在这个世界中的实现）与人类因果性的后果（促进人类的种种目的）。

让我们再略为仔细地来考察一下这两种立场之间的差异。康德把上帝　*139*设想为凭借其直观的知性创造了作为一个整体的世界。这种知性并不是一个时间性的事件，从而对作为一个整体的世界秩序的创造也不是一个时间性的事件。康德说，对于上帝来说，"没有什么过去未来；因为，他根本就不在时间之中。他直观地（即刻［*auf eimnal*]）知晓一切事物，无论它们是否对我们呈现为表象"[81]。因此，上帝的意图根本就不是某种在实践中得以现实化的东西，而是被公设为在全部的时间中甚至在一个理知世界中获得的意图。康德说，时间是与世界一道为上帝所创造的。[82]因此，当黑格尔把第二个公设叫作"道德性与现实性（*Wirklichkeit*）的和谐一致的公设"时，他就错误地描述了这个公式。上帝的世界秩序也不是一种"现状"（*status quo*），正如黑格尔似乎有时候会认为的那般。[83]这一世界秩序并非现实存在于一个时间点上，而在另一个时间点上则不存在。因此，它既不是"现实的"（*wirklich*），也不是"不现实的"；因为，这些备选项都暗示，它是某种可以在时间中被造成的东西，从而要么已然在时间中被造成，要么（尚且）还没有在时间中被造成。康德把上帝说成是最高的"**源始的善**"，按照一种能够使最高的"**派生的善**"，也就是"纯粹实践理性的对象之无条件的总体"得以可能的方式来安排这个世界[84]，因此，幸福与配享性之间的系统联结**并不是**作为某种时间中"已然实存"的东西而被公设的，而是无关乎时间就可获得的一种道德上合目的的世界秩序。

然而，从人类行动的立场来看，这种系统联结是一种**人类**意图，是有限的理性意愿的一个对象。尽管人类自由被康德公设为属于理知世界，但无论如何，说**有限**的理性意愿的种种对象（它的种种目的）都被表象为某种未来的东西，某种在时间中得以实现的东西，也依然是正确的。[85] 因此，黑格尔正确地说，至善被道德行动者看作"不现实的"。但是，由于第二个公设并没有说这个对象是现实的，即它"已然现实存在"或已然在时间中被造成，那么，坚持认为，世界秩序把这种联结当作它的最终意图**包含于**其中，以及人类**意愿**通过有限的合目的行动来**实现**这种联结，这就并没有什么矛盾。

对于康德来说，为了能够主张说，配享性与幸福的系统联结是人类意愿（它只能不完善地与软弱地追求这个目的）与上帝对一个善的世界的创造活动的一种合作所产生的效果，他就必须能坚称，这两种立场并非是互不相容的。也就是说，他必须主张说，配享性与幸福在这个世界之中的一种系统联结既涉及自由的人类行动的合目的性，也涉及一个自然的创造者的合目的性；他还主张说，属神行动与人类行动之间的"契合性"并不是不可能的。[86]康德认识到了这一问题的相关性，他说：

> 作为一个造物，以及作为自然存在物，仅仅服从自己创造者的意志，尽管如此却作为自由行动的存在物……有责任能力，同时把他自己的行为也看作一个更高本质的作用；这就是我们必须在一个作为最高的善的世界理念一并思维的……各种概念的协调一致。[87]

但是，人类行动的自由与世界的合目的秩序都被公设于理知世界之中。因此，无论它们是否彼此相容，而且，诚若如此，无论它们彼此背负着什么样的关系，都远远超越了我们知晓它们的能力。我们不能把"上帝的世界秩序包含着自由的人类意愿及其效果"看作不可能的，也不能把"其中的一些效果同时归因于属神行动的能力与属人的行动能力"看作不可能的。[88]但是，我们也无法看出，自由的行动如何能够是世界中的合目的的秩序的一个组成部分。因此，这两种立场的相容性"只有达到超感性的（理知的）世界的认识才能认识……这是一种任何必死的人不能达到的认识"[89]。在康德看来，理性宗教的一个"奥秘"就在于："存在者应如何被创造得能够自由地运用自己的力量。"因此，尽管这两种立场"无法凭借我们的理性洞见得到调和"，它们也难以被表明是彼此相容的，但对于我们来说，同时主张它们两者都成立也依然是可能的。[90]

记住这些以后，我们转向黑格尔的主张，他认为，对于康德来说，道德行动必须是"多余的"，并且必须"根本就不存在"。当然，作为道德行动者，我们意识到，道德的诫命被强加到我们身上；而且，我们还意识到，道德行动（意志凭借其准则的立法形式所规定的行动）可以有容身之处，哪怕它是"多余的"。即便人无所作为或者不需要有所作为就可以实现道德行动的种种目的，那个为义务所推动的意愿也依然可以对他颁布诫命，并且依然具有其无条件的价值。但是，黑格尔很可能依然会论证说，如果道德行动（被认识到是"多余的"）对于其最终目的的达成并不是必需的，那么，忙于道德行动就毫无意义，因为采纳一个**无论是否**有所作为地去促成它都会得到实现的目的是毫无意义的。因此，黑格尔的论证似乎本身就是一种实践背谬（*absurdum practicum*）。他的论证并不是说，如果假定了第二个公设，道德行动就会根本不存在，而是说，道德行动在这个假定之下毫无意义，并且（在理性上）应该根本不存在。因此，黑格尔嘲讽地评论说，"绝对目的意味着道德行动根本不存在"[91]。这似乎也正是贝克的意思（尽管远远没有黑格尔说的那么清楚），他说第二个公设 *142* "替代"了道德诫命。[92]

现在，如果对于我们来说，坚持认为这个世界中的一些效果应该**同时**归因于人类的意愿与上帝的最终合目的性的合作是不可能的，那么，我们对由一个全能的世界统治者所带来的配享性与幸福之间的系统联结的公设，也就包含着对这种联结不能归因于人类的意愿，也就是人类行动是"多余"的承认。而且，由此，第二个公设就会把我们引向一种实践背谬（*absurdum practicum*）。但是，由于坚持认为（甚至在道德上必然地坚持认为）这种联结**同时**是上帝的创世活动与人类意愿在这个世界中造成的结果是可能的，那么，就不会有这种实践背谬（*absurdum practicum*）。

但是，我们很有可能从一个截然不同的角落引入实践背谬论证。即便承认这个世界上的种种事件的属神因果性与人类因果性之间的相容性，第二个公设也依然有可能被说成是，由于假定了**人在这个世界上无论如何行动都无法获得配享性与幸福之间的系统联结**，从而使我们的道德努力成为"多余的"。无论我是否促成了至善，这个公设都担保了我们一定能在这个世界上发现配享性与幸福之间的一种系统联结。因此，我的一切行动（无论善恶）都同等地有助于这种联结。我的**道德奋斗**（至少说）就成了多余的，因为我无论是追求正义还是追求不正义，都同等地有助于至善的实现。因为，第二个公设仅仅是说，这种系统联结**将会**获得，而不是说，**我的**善的意志为它所要求。但是，我们在此（首先）忽略了，康德的道德论证自身根本上针对人（*ad hominem*）① 的特性。康德的这些论证并不

143 是一些客观上的证明，而是一些主观上的"为了道德的存在者而充足的论证"[93]。唯有当我把自己看作要追求对道德法则的服从，我才能被要求接受这些公设。因为，如果我不这样做，那么，我就无疑不需要让至善成为我的目的，也不需要设想这个目的在实践上的可能性。因此，一个毫无道德观念的人就无须把自己的行动看作如是一种世界秩序的组成部分，即一种可以在其中获得德性与幸福之间的系统联结的世界秩序。实际上，对他来说，这样做将会是**非理性的**，因为那就是要**公设**他的恶行将会以某种方式遭到惩罚。因此，这些道德论证针对的乃道德上善的人自身。而且，这也就预设了，任何能够被要求接受对第二个公设的论证之人都已然把自己的行动看作朝向至善的行动；因为，如果他没有这样做，对第二个公设的论证就无法适用于他。

　　无论如何，有人可能会说，道德的人**自身**很有可能想弄明白，他到底要付出多少朝向至善的努力，才能有助于配享性与幸福之间的系统联结的达成。而且，如果他已然在如是一种世界秩序中公设了这种系统联结的现实存在，即他自己的行动在其中充当一个组成部分的世界秩序，他难道就不会发现，自己的努力由于他所假定的这个实践公设而成为多余的吗？在康德看来，他肯定不会。实际上，由于他仅仅是根据**自己的**行动对至善有

---

　　① ad hominen（或者 argument ad hominen），字面意思就是"针对人的论证"，一般译作"人身批判"或"对人不对事情"。——译者注

所贡献才公设了这种世界秩序，因此，他完全可以说，自己的贡献对于这种世界秩序的现实存在来说是必需的。但更为重要的是，要发现他的行动是"多余的"，就要求他知晓自己的努力**如何**对他所公设的世界秩序中的这种系统结合有所贡献，以及为了达成他所假定的这种配享性与幸福之间的系统联结，这些努力要**如何**与这个世界上的其他种种事件相关联。或许，上帝会具有这样一种知识，但有限的道德行动者肯定不具有这种知识。他并不也无法**知晓**自己的努力是否或者如何为一个善的世界之现实存在所需要；他知晓自己的义务、自己的目的，并且使用他从经验中获得的自然知识，尽其所能地为这一目的而做工。这样的一个人 *144*

> 发现自己被引向了对一个道德的世界统治者所做的协助或者安排的信仰，只有借助他的协助和安排，这一目的才是可能的；于是，关于上帝在这方面会做什么，是否可以一般地把**某种东西**归之于他，以及可以把**什么**特别地归之于他（上帝），在人面前就呈现出一个奥秘的深渊。不过，人在每一种义务中所认识的，无非是为了能够配享那种不为他所知、至少不为他所理解的襄助，他自己应该做些什么。[94]

想要知晓在这一点上黑格尔的反驳是否对康德有效，我们就必须有能力采取一种上帝的立场[95]，以便能看出人类自由是否与神的全能相容，还要看出一个合目的的世界秩序是否能够及如何从我们能够经验到的种种行动与事件中产生。但是，从人类的立场出发，这是（正如克尔凯郭尔必须要向黑格尔的追随者们所指出的）处于我们的一切立场背后的立场，在一个人为趋向其最高的道德目的而做出的道德行动和他的如是一种信念之间，即这种行动的种种效果是合目的地把这一目的包含于其中的世界秩序的组成部分，根本就没有任何不相容，没有任何虚伪的颠倒错乱（*Verstellung*）；而且，他对于为这个世界带来配享性与幸福之间的一种系统联结的道德欲求，以及他对于自己的努力（如它们所是的那般不完善与脆弱）的希望与信赖，确实构成了整个合目的秩序的一个组成部分，在这一秩序中，配享性与幸福的系统联结确乎可以获得。相反，正如实践背谬论证所指出的，如果我们想要成为始终如一的合目的的道德行动者， *145*

就需要这样一种信念、希望与信赖。

这些公设与它们的实践功能

正如我们所见，康德论证说，假如我们要设想作为行动的一个目的的至善之可能性，从而逃脱一种实践背谬（*absurdum practicum*），我们就必须公设一个上帝与一个来生的现实存在。因此，唯有就我们能借助上帝与不朽的理念来设想至善之可能性，并且没有它们就无法设想这种可能性而言，他对这些公设的论证才是有效的。但是，我们依然可以怀疑说，康德是否令人信服地论证这些要点中的任何一个。首先，康德如何能够否认，有可能还会有其他的理念，也同样适宜于设想至善之可能性？或许，康德证成了**某些**形式的道德信念，但是，我们可以严肃地质疑，他是否证成了对传统基督教的上帝观念与不朽观念的信仰，尽管他无疑假装这样去做了。

在阿尔贝特·施韦泽（Albert Schweitzer）1899 年的就职论文中，他正确地论证说，对上帝与不朽的理念（以及对自由的理念）的选择依赖于一些**形而上学的**考虑。[96]在解决实践理性的诸二论背反时，康德清楚地表示，实践的公设必须是对一些超感官的实存物的公设。因此，道德信念所要求的是对一些超验理念的对象的信念。现在，在第一批判中，康德试图对形而上学的"起源、范围和界限加以规定"，这不仅涉及那些可以先天地**被知晓**的东西，也涉及那些可以被思维的东西。因为，超感官的东西对于人类的知识能力来说是不可通达的，甚至我们思维或设想超感官对象的能力在根本上也是受到限制的。在第一批判的"辩证论"中，康德系统地研究了我们所能形成的对超感官实存者的明确概念的数量，并且把这样一些概念的总和描述为"先验理念的体系"。尽管我们可以按照许多种方式来看待这一体系，但康德指出，"形而上学仅仅以三个理念为其研究的真正目的：**上帝、自由和灵魂不死**"[97]。由于实践的诸公设必须从这些超感官的实存物中产生，所以，这些公设就仅仅受到对这三个理念的有限的理性思维之本性的制约。康德没有假称"理性能够在**客观上**决定"上帝与不朽的理念是否为至善的可能性所需要；但是，他确实主张说，这些理念是"我们能够设想"至善的可能性"在理论上可能的唯一的方式"。[98]

因此，康德确实始终如一地论证说，如果我们想要逃脱一种实践背谬（*absurdum practicum*），我们就必须公设一个上帝与一个来生。对于我们来说，依然可以追问，康德本人对这些实践公设的解释是否足以为我们提供一个令人满意的世界的观念，一个我们道德行动身处其中的世界，至善作为一个整体在这个世界中具有一种实践上的可能性。康德主张说，唯有当我们公设一个来世，道德上的完善才能被我们设想为可能的。但是，对于一个来生如何使这样一种完善得以可能，他并没有为我们提供任何确定的解释。正如我们已然看到的，他甚至否认说，对于一个来生，根本就无法给出任何确定的解释。同样，他主张说，唯有当我们公设一个上帝，配享性与幸福之间的一种系统联结才能被我们设想为可能的。但是，同样，他并没有告诉我们上帝如何使这种联结得以可能，而且，同样，他甚至否认说，我们绝不能准确地知晓上帝为此贡献了**什么**。那么，究竟是在什么意义上，上帝与不朽的理念允许我们去"设想"至善的可能性？

当然，这个问题无法挑战道德论证的有效性。因为，无法否认，如果 *147* 我们想要逃脱一种实践背谬（*absurdum practicum*），就必须公设上帝与不朽；而且，这也正是这些道德论证所要指明的一切。但是，直到我们知晓这些实践公设如何现实地履行了康德为它们所指出的那种必须履行的功能之前，这些论证还无法完全令我们感到满意。想要看出我们的问题如何才能得到解答，我们就必须弄清楚上帝与不朽的先验理念的理性起源与它们作为一些实践公设的功能之间的关系。上帝与不朽的理念没有也无法构成对至善的可能性的一种理论上的**解释**。这些公设绝不能在如是一种意义上允许我们去"设想"至善的可能性，即这些公设构成了其可能性的**客观条件**。可以肯定的是，在公设一个上帝与一个来生的现实存在时，我们做出了一种理论上的投奉，一种对于**某些**适宜于至善的可能性的超自然实存物的实在性的信念，它们唯有凭借上帝与不朽的先验理念才能获得明确的形式。正是出于这个理由，康德才说，道德信仰的问题"既是理论的也是实践的"问题，而且，正是理论理性假定了一个上帝与一个来世的现实存在。[99]但是，由于这些实践公设要担当对至善的可能性提供理论解释的功能，除了它们的纯然先验的概念所能给予我们的东西之外（这是理论理性所能给予我们的一切），我们还会要求更多关于这些对象的知识。因此，上帝与不朽的公设必须允许我们按照某些截然不同的实践的方式来"设想"至善的可能性，这种方式不至于使我们陷入一些理论上的主张，这些主张将是我们必须诉诸某种超乎这些先验理念（当它们被给予我们时）的东西来予以证成的。康德说，这些公设"也不是对这些理念的客体的理论知识，而只是说这些理念一般而言具有课题"[100]。

一个先验理念并没有给予我们任何关于其对象的理论知识（即便那个对象被假定为是现实存在着的）。对于理论理性来说，这些先验理念都"只是一些理念"；一个理念"只是一个理念（*focus imaginarius*［想象的焦点］）"[101]。但是，这并不意味着，如汉斯·费英格（Hans Vaihinger）在其《"仿佛"的哲学》（*The Philosophy of As – If*）中所主张的那般，一个先验理念就是一个"幻想"（fiction），一个**没有**与之相应的对象的理念，"也就是说，只是一个没有对象的表象"[102]。康德的意思，绝不可能是要做出这样一种断言。因为，"先验理念**没有**对象"的主张，与"它们有对象"的主张一样，都是关于超感官者的一种理论主张，一种永远没有任何理论上的根据能够予以证成的主张。而且，康德最为明确地说过，想要证明没有任何对象与这些理念相对应，这超出了理论理性的能力。[103]因此，费英格把诸如"只是一个理念"这样的说法，当作是在谈论理念与其对象的关系，这是错误的。相反，这样一些言论应该被看作属于这些理念本身（作为思维的对象）的理性起源。

一个**经验性的**概念就是一个其对象是一个（现实的或可能的）显象的概念，而且，其对象也因此能够在某些可能的经验中被给予。这样一些概念通常都源自对它们的对象的经验，而且，每个经验性的概念都能被证明有一个与之相应的实在的或可能的对象。[104]相比之下，种种纯粹概念或先验理念是绝不能从对它们的对象的经验中产生的（因为，这些对象不能在经验中被给予，即便它们确乎现实存在），这些概念的对象甚至也无法被证明是可能的（正如它们也无法被证明是不可能的）。因此，种种先验理念在理性中的起源与这些理念的**对象**没有任何直接的关系（即便这些对象确乎现实存在）。我们之所以要**思维**这些概念，绝不是因为它们的对象。相反，理性自身凭借推理，就是这些概念的来源。[105]理性从任何诸条件的序列出发，推出作为这个序列的一个无条件者的理念，以便从总体性上思维这个序列。[106]但是，由于任何序列都只能在经验中被给予一个有限的部分，因此，每个理念在本质上都是"不允许有任何解答的问题"[107]。理性为它自身提出了这一难题，从而产生了一些其对象无法在经验中被给予的理念。这样一种理念（由于其**起源**并不直接与其对象相关）被说成"只是一个理念"——也就是说，一个**思维**中的无关乎是否有一个与之相应的对象的理念。康德在这个问题上的见解，尤其是关于上帝的理念的见解，已看作笛卡儿在《第三沉思》中提出的见解的一个精致替代品。但是，不管怎样，它都无关乎如是一种主张，即这些先验理念是"虚构的"，那些与之相应的对象**并不**现实存在。

　　由于先验理念并不是从关于它们的对象的经验中产生的，而"仅仅是一些理念"，我们就绝不能主张一些关于这些理念的对象的理论知识，即便（基于其他一些根据）我们承认这些对象现实存在。因此，康德断言说，"没有任何综合命题"凭借这些公设"而成为可能"。[108]当然，如下一种说法以一种明显的方式是错误的："上帝现实存在"是综合命题。但是，康德的意思仅仅是说，**超乎**这个命题，**关于**上帝或者他与这个世界的关系，没有任何进一步的综合的主张能够得到证成。我们可以断言说，上帝是一个最实在的存在者（*ens realissimum*），"他"是简单的、有限的，是一个实体，诸如此类；但是，所有这些谓词都包含在上帝的**理念**本身之中，从而用它们中的任何一个来谓述上帝，都只是在提出一种分析的主张。甚至那些适用于上帝但却派生自经验的"自然的"谓词（他的知性、意志以及其他等等），在康德看来，也是些出自一个最实在的存在者（*ens realissimum*）本身的概念。我们只能以**类比**的方式，用知性、意志以及其他自然性质来谓述上帝，并且只能就这些性质是一种"纯粹的实在性"而言，就它们与一个最实在的存在者（*ens realissimum*）的本性相容，并且实际上是这种本性的后果而言，才能这样做。[109]

150

　　显而易见，康德感觉自己强烈地投奉于一种与莱布尼茨理性主义中的上帝十分相似的**理念**。但是，我们绝不能让关于这个上帝的先验理念的事实，遮蔽这个理念作为一个公设的**实践功能**。"宗教，"康德说，"并不需要对上帝的一种思辨研究。"[110]甚至上帝的理念也仅仅是就它满足了一种道德上的功能而言才与实践公设有关：

> 我们感兴趣的并不是知道上帝就其自身而言（就其本性而言）是什么，而是知道他对于作为理性存在者的我们而言是什么。虽然我们为了这一关联必须这样思考和设想上帝的那个本然属性，即对于这种关系来说，在为贯彻他的意志所要求的完善性中是必要的（例如作为一个不变的、全知的、全能的存在者等等），而且离开这一关联，我们在他那里就不能认识任何东西。[111]

因此，我们要追求的东西是，上帝与不朽的理念在允许我们设想至善的可能性方面的实践功能。我们想要知晓的是，这些公设"在实践的意图中"或"为了实践的意图"究竟是什么。[112]对于这些先验理念的"实践的意图"，以及它们在理论中的**范导性**意图，康德做出了比较。他论证说，尽管这些理念的对象对于理论来说无须被预先假定，并且始终都是超验的，但是，就它们的实践意图而言，这些理念就变成了"内在的与建构性的"[113]。面对这样一种解释，我们会为上帝与不朽的理念（其对象超越于一切经验的理念）被说成是"内在"于什么东西，以及它们对任何东西来说如何能够是"建构性的"而感到诧异好奇，这似乎就是合情合理的。但是，在我们把这些言论当作无望的密语与故弄玄虚而不予理会之前，或者在我们企图从中看出对一种根本上全新的学说（例如，一种"人的精神中的内在的上帝"[*Immanenz Gottes im Menschengeist*]）的拥护之前，我们应当考虑一下如是一种可能性，即康德在这里所说的（尽管使用的是他自己的密语）其实很有可能是某种十分简单直白的东西。

我们先前已经看出，合目的的行动使一个理性行动者（作为这一行动的组成部分）投奉于相信并且设想他的目的是有可能达成的。道德法则的"主观效果"，康德说，"即与法则相适合并且通过它也是必然的那个促成实践上可能的至善的意向，毕竟至少预设这种至善是可能的"[114]。这一**预设**在如是一种意义上，可以说对于道德意愿而言是"内在的"与"建构性的"，即包含在对至善的实践可能性的信仰中的一种态度或世界观，就是（或者在理性上应当是）道德行动者本身的意向或心灵框架的构成要素，或者暗含于其中（作为道德法则施加于他的"主观效果"的一个组成部分）。现在，对上帝和不朽的理念的超验对象的**信念**，就其对于这种态度（以及它的建构性的组成部分）来说是主观上必然的而言，这些理念（作为这一信念的确定对象）同样也可以说，对于道德意愿来说是"内在的"与"建构性的"。因此，单单由于一种包含着道德信念的世界观，对于康德来说就是道德法则的"主观效果"的组成部分，他才会说，上帝和不朽的**理念**就其"实践的意图"而言是"内在的与建构性的"。

如果我们想要揭示出康德对于作为道德信念的对象的上帝和不朽的真正观念，那么，我们就必须超乎上帝和不朽的先验理念，并且超乎**实践背谬**论证本身，去考虑内在于道德行动者的心灵框架之中的道德信念、道德信仰所要履行的功能。因此，这些理念仅仅是作为**道德信仰的对象**，被引入实践之中，并且使它们的对象得到公设，而且，我们仅仅把它们当作"对于我们道德存在者而言"的信仰对象，那么，我们现在就要转向康德对道德信仰的解释。

第 5 章　道德信仰与理性宗教

153　　　到目前为止，我们的研究处理了康德"**实践背谬论证**"中细微而复杂的推理，以及它们在批判的道德哲学中的基础。我试图表明，这些论证能够以一种相当准确而合理的方式得以陈说，而且，它们不失融贯地出自康德的批判学说。在澄清这些论证的过程中（如我已然所做的那般），我从有限的理性行动的无条件的最终目的的理念，到因我们对这一目的的追求所导致的种种二论背反的道德困境，追查了实践理性的自然辩证法，而且，我们已然看到，有限的理性发现自己身处一种或然处境之中，对上帝与来世的信念正是作为对这种或然处境的一种回应的组成部分而被要求的。但是，我们在上一章的结论中看到，康德对这种信念的证成在某种意义上依然是不完备的。因为，为了准确地看出对上帝与不朽的信念如何为这一"**实践背谬论证**"所要求，相比对一个"最高存在者"和一个"单一的与不可毁灭的实体"的理念的纯然思辨的解释，我们还需要更多的东西。我们必须理解那种凭借我们对这些理念之对象的信念而被满足的独特的实践功能，以及这些信念以何种方式"固存于"道德意愿本身之中。

　　　在康德对道德信仰的证成中，他并没有打算要重塑思辨的形而上学的
154　种种主张，它们在第一批判中就被揭露为"辩证的幻相"。相反，他试图阐明一些终极的难题，它们是人类的现实存在（实存/生存）因其有限的有理性的辩证法而面临的种种难题，并且为这些必然的难题提供一种理性的回应。从对"**实践背谬论证**"的一个检视出发，我们可以看出，这种论证所证成的信仰**并不**首要地是对某些思辨命题的赞同。为了服从道德法则，我们必须把至善当作我的目的。如果我要把至善当作我的目的，我就

必须把至善设想为有可能达成的。那也就是说，我们必须持有一些信念，它们关乎我们道德行动作为一个整体的**处境**，我们还要以如是一种方式来看待这种处境，即至善于我而言可以被设想为具有一种实践上的可能性。因此，道德信仰首要地是作为对人类处境之辩证困境的一种回应而得到证成的，作为对如是一种或然条件的**世界观**（outlook）或**态度**而得到证成的，即人赖以在理性上持续追求理性所选定的目标的那些不确定条件。正如黑格尔所见，道德信仰是一种道德的世界观（*moralische Weltan-schauung*），是一种"实践的世界观"（*praktische Weltauffassung*）。[1]

因此，如果得到正确的理解，道德论证就不仅仅是一些旨在接受某些思辨命题的论证；在康德看来，它们是对一种思辨信念在其中具有突出作用的"道德的世界观"的论证，是对一种"道德信仰"的论证。为了理解这种作用，我们必须进一步考察康德的如是观念，即"有限的理性行动发现自身身处其中的或然处境或辩证处境"的观念，并且更为明晰地弄清被看作对这种处境的一种理性回应的世界观的特性。这样一种考察将有助于我们对上一章结尾提出的问题做出进一步的回答，而且，它将通过为我们提供一些由"**实践背谬论证**"所证成的这种世界观（这种信仰）的更为详尽的描述来补充康德的这些论证。

在这个问题上，我们的任务将变得更加艰难，因为康德本人仅仅以散　*155*
见于他全部著作的一些零星言论来为这种道德信仰的"世界观"给出具体的表述，并且通常在他的一些更为流行的著作中表述得最好，但那些著作对道德论证本身的陈说却最不严格。康德似乎认为，这种信仰的态度与情感内容是一件过于"个人的"事情，以至于无法在一种抽象的哲学化的语境中加以处理，而且，这也部分地解释了他为什么不愿意以一种精确的方式来讨论上帝与不朽的理念如何"固存于"道德意愿之中。但是，我认为，我们必要要求康德的道德信仰对自身做出更清楚的解释，而且，在我们根据有限理性的道德行动的或然条件，对道德信仰的世界观获得一种更好的理解之前，我们不能得出结论说，自己已然真正领会到了"**实践背谬论证**"的论证力度。

我认为，对这些道德论证的一种同情的考察（正如我所提供的那般），以及对康德有关这一信仰的言论的细心关注，将就康德所推荐的这种道德的世界观，给予我们一种十分清楚明确的解释。如果我们能对这种世界观获得一种更好的理解，我们就可以对康德的"宗教哲学"，对他的基于这种理性的世界观的一种宗教的观念，以及这种"纯粹的宗教信仰"与人类社会中发现的"教会的信仰"的多样性之间的关系展开一个简要的讨论。

道德绝望

康德在许多地方都曾明确指出，道德信仰不是一种唯有哲学的心灵才能通达的世界观。这种世界观可以通过这些道德论证获得哲学上的证成，但它要想成为对普通人来说可理解的，则并不要求这些论证。因此，康德在第三批判中评论说："这种道德的证明不是一种新发明的证明根据，而至多也不过是一种新得到讨论的证明根据；因为它早在人类理性能力最初萌芽的时候就已经存在于这种能力里面了。"[2]康德把道德信仰当作普通人的道德态度中的一个组成部分，当作"道德上的思维方式"（*moralische Denkungsart*）的一个组成部分。[3]在康德看来，道德上善的人在习惯上**坚持**、在理性上**应该**坚持对上帝与不朽的信仰，把它们当作适宜于道德意愿的心灵框架的一个组成部分。他说，道德信仰"与我的道德意念是如此交织在一起，以至于就像我没有丧失后者的危险一样，我也同样不担心前者在某个时候从我这里被夺走"[4]。

如果我们想要弄清作为一种世界观（作为一种"思维方式"）的道德信仰的特性，我们就必须尝试看出，道德生活的何种日常处境、问题及事实，与康德在其"**实践背谬论证**"中所呈现出来的哲学的推理思路相符合。我认为，只要我们对这些道德论证做出片刻的反思，正如我们在前面章节中对它们的检视那般，就能发现这样一些类似之处。我们看到，在康德看来，善人并不仅仅关心他自己的种种意图的善性，而且，善的意志本身还包含一种对"在这个世界中确立善性"的积极关切。此外，我们还看到，道德的人对种种道德意图的关切并不局限于要去追求他时不时地为自己设定的种种特定目的；除此之外，道德的人还要为确立一个**善的世界**，为实现一个作为一切特定道德目的之总和与根据的最终目的而合目的地行动。

　　至于"在这个世界中确立善性"的种种可能的方式，其中的一些是这个道德行动者力所能及的，另外的则不是。他的道德智慧的部分作用就是交给他一些适宜于他的处境与天赋的任务，他在完成这些任务时最有机会获得成功。他的部分努力将会收获成果，部分努力则不会有收获。如果他成功了，就会经验到一种"对他的客体（对象）的理智愉悦"[5]，并且可以把自己看作为这个世界的改善做出了一种实质性的贡献。如果他失败了，他依然会由于拥有一个善的意志而意识到一种内在的自我满意[6]，而且，他可以心怀自己依然可以为改善整个世界而有所作为的希望去开展下一个任务，即便他在这一次事例中竭尽所能也没能成功地改善这个世界。

　　因此，我们可以说，这个道德的人对于在服从道德法则的情况下追求特定目的之达成的关切，并不是一种道德上不可或缺的关切。如果我企图开创一种旨在改善我所身处之社会的立法改革，但却遭遇了失败，这并不能表明，我对于一个更好的世界的希望，以及我对造成这样一个世界的关切就是徒劳无益的。我们可以放弃一些特定的道德计划，而无须放弃作为一个整体的道德行动。作为对一些特定失败的回应，道德的人可以在他对自己最终的道德目的的一种持续关切的支撑之下，也就是在对一切特定目的之总和与根据的持续关切的支撑之下转向下一个任务，并且对"一个更好的世界从长远看来可以达成"充满希望。每个特定的计划都只是为一个更好的世界的奋斗中的一场小规模战斗，而且，遭遇一场挫败并不必然就会在整个奋斗中被击垮。

　　然而，他在对一些特定的道德目的的追求中遭遇到失败与挫折时，这个道德的人不免会开始怀疑，自己的终极意图本身是否也注定会失败。他在关切这一最终目的之达成时，将持续地意识到自己的有限性，意识到自己在为实现这个世界之改善的活动中的种种限制。他决心要做自己力所能及的事情；但是，他想要实现自己最终的道德目的中的甚至最小部分的努力，也时常会遭遇失败，而且，他为这一目的所做出的小小贡献，也很可能轻易地就被种种不可预见的事件所彻底摧毁。因此，如果他想要继续追求并关心自己的终极意图之实现，那么，这个道德的人就必须依赖并关心一些超出他自己的成就能力之外的事物。他必须把心中的道德关切转向感性自然，并且追问，自己的最终目的之实现的希望，是否能在他所知晓的事物的本性中被发现。

现在，如果这个道德的人因此质疑自己的最终目的的可能性，那他就是在质疑一种道德上不可避免的关切。从对"自己这一终极目的（这个世界本身的善性）或许并非不可能"的希望中，他的每一次失败都可以获得安慰。但是，如果他想要揭示说，这一终极目的本身必须因其不可能而加以抛弃，那他就无法在抛弃它的同时，不停止合目的地服从道德法则而行动。实际上，他无法在抛弃对自己最终目的之追求的同时，而不抛弃道德意愿本身。因此，道德的最终目的是否具有一种实践上的可能性，这个问题就成了一个威胁到整个道德意愿之有理性的问题，而且，道德行动者在追问这个问题时，就会陷入康德所说的"理性的实践应用中的自然的辩证法"。

当这个道德的人心怀这一问题转向感性的自然时，他就会经验到这种困境与焦虑，那是任何康德式的"辩证"所独有的特性，并且马上就会遭受到来自我们称为"实践理性的第二个二论背反"的威胁。因为，他马上就会发现，感性的自然根本就**没有**展示出任何有规则的道德合目的
159 性，同时，这个世界似乎也没有以任何方式映现出善人努力想要为这个世界带来的善。每个人在自己的生命历程中，都会遭遇种种道德的恶与社会的恶，遭遇种种自然的灾祸，这些东西不能不为一种严肃的怀疑提供一个基础，这种怀疑是：除了这一道德个体本人及其他与之相似的个体的种种脆弱而摇摆不定的意图与努力之外，这个世界上真的还会有任何向善的力量现实存在？无论是在自然之中，还是在人的行动之中，他都没有发现任何足以维持他的如是一种希望的合目的的合作，即他对"自己终极的道德意图从长远看来可达成"的希望。他必定深受对这一最终意图之可达成性的怀疑与不确定性的侵扰，并且被强烈地诱惑着，想要把自己的道德关切当作一些空洞幻相而加以抛弃。面对失败与痛苦，对自己的道德意图是否具有一种实践上的可能性，他无法找到一丝一毫的肯定证据，这个道德的人由于陷入**道德绝望**，而身处重大的危机之中。康德在第三批判的一个著名段落中，就曾描述过这样一个人的辩证困境。

虽然他本人是正直的、和气的、善意的，欺诈、暴行和嫉妒也将总是在他周围横行；他在自身之外还遇到的那些诚实的人，无论他们怎样配享幸福，却由于对此不管不顾的自然，仍然与地球上的其他动物一样，遭受着贫困、疾病和夭亡这一切不幸，而且就一直这样下去，直到一个辽阔的坟墓把他们全都吞噬掉（在这里，正直还是不正直都是一回事），而那些能够自信自己是创造的终极目的的人被抛回到他们曾经从中超拔出来的物质的、无目的的混沌的深渊。——因此，这个善良的人当然一定会把他在遵循道德法则时所关注和应当关注的目的视为不可能的而放弃掉。7

道德的人一旦陷入绝望，并且把自己的最终目的当作不可能的东西而加以抛弃，他就要么必须把自己看作一个"空想家"，要么必须把自己看作一个"恶棍"。8假如他继续追求"一个道德上善的世界"这一理想，他就必须把自己看作一个"空想家"，并且把自己的努力看作在追求一个空洞的与不可能的目标。但是，假如他抛弃了自己对道德的最终目的的追求，他就必定不再合目的地为服从道德法则而行动，并且必须（在他自己眼中）是一个"恶棍"。康德说，如果我否定了道德的最终目的在实践上的可能性，那么，在这两种情况下，"我都必须否定我自己的真实本性及其永恒的道德原则；我都必须不再是一个理性的人类存在者"9。

因此，实践理性的第二个二论背反就具体对应于这种道德绝望的态度，道德行动者在这一二论背反中为自己在追求种种道德目的的过程中经验到的痛苦、失败与挫折所驱动，把建立一个道德上善的世界的工程，当作毫无希望的事情加以抛弃。这种绝望在如是一种意义上必定总归是一种轻率的态度，即绝对地知晓这个世界极度缺乏道德上的善性，知晓它**并没有**为其最终目的的实现提供任何根据，这总是超出了一个有限的存在者的能力。因此，他的绝望自始至终都只是对这个世界的一个自以为是的判断。痛苦与失败无法肯定地**拒斥**他对一个善的世界的希望，而是只能斥之为**毫无根据的**。他的绝望无法得到肯定的证成，但对于他为什么**不应该**绝望，这个世界自身也无法提供任何理由。因此，对于"道德希望根本无

160

处容身"，假如经验能够就此为他提供一些肯定的知识，他的处境将会轻松得多，但事实却并非如此。毋宁说，这个世界的不确定性与知识的有限性，把他悬置在希望与绝望之间。这个世界中的失败、痛苦与罪恶并没有那么多，多到可以将希望**消耗殆尽**的地步。

对上帝的道德信仰

161   道德信仰是一个已然选择不向道德绝望屈服之人的世界观，是一个已然选择希望而非失望之人的世界观。因此，具体来说，道德信仰其实就是对道德行动之处境的一种看法，它为我们持有如是一种观点的信心与希望，给出了一种理性的与观念性的表达，即这个世界的进程是合目的地被安排好的，并且与我们的道德意愿协调一致。当道德的人身处苦难与明显的道德失败之中时，这一世界观还必须指引他的态度，并且作用于对道德绝望做出回应。在康德看来，对于任何有限的理性存在者来说，这样一种世界观之可能性的来源与条件，就是一种对上帝的信念。在康德看来，道德的人把这个世界看作一个道德上完善的创造者与统治者的产物，看作一种由

> 至上的原因的所有充足性装备起来的独立理性，按照最完善的合目的性（*Zweckmassigkeit*）建立、维持和完成事物的普遍秩序，虽然这种秩序在感官世界中对我们来说是隐蔽很深的。[10]

因此，对一个上帝的信念就为道德的人的如是一种信仰赋予了一种具体的表达，即他对自己的行动所处的世界是一个道德的世界，是一个与他自己的道德意愿协调一致的世界，是一个他的道德奋斗的效果在其中不至于流产或徒劳无功的世界的信仰。

康德通常都被他的诠释者们说成是一个"自然神论者"，一个仅仅相信一种抽象的与形而上学的上帝观念的人，一个相信人与上帝之前根本没有任何个人关系的人。而且，这种见解确实可以从康德的著作中获得一些支持，他通常都以一种抽象的与形而上学的方式来言说上帝。但是，以为康德的道德信仰中的上帝无非就是一个抽象的、形而上学的理念，那是一

个巨大的错误。对于康德来说，对上帝的道德信仰（就其最为深刻的与最为个人的意义而言）就是道德的人**对上帝的信赖**。在第三批判中，康德还把"信赖"（*Zutrauen*）引入了他对一般而言的"信仰"的定义之中："信赖（干脆就这样称谓）是对于达成一种意图的信赖，促进这一意图则是义务，但实现这一意图的可能性却不是我们所能**洞察的**（einzllsehen）。"[11]在康德对"信仰"的大量描述中，都曾出现过"信赖"这一术语。然而，康德对这一术语的使用的最有意义之处在于："信赖"（至少在其部分用法中）指出了人与上帝的一种**个人**关系，或者说是道德的人对他所信仰的上帝的一种个人态度。康德在《伦理学讲义》的一个标题为"信仰概念下的对上帝的信赖"的章节中，最为明确地使用了这一含义："因此，信仰指的是对上帝的信赖，他将为那些超出我们能力的事物弥补我们的不足，只要我们已然竭尽我们之所能。"[12]

如果我们把对上帝的道德信仰看作一种对上帝的信赖，那么，关于康德所提出的这种道德的世界观与态度的许多事情，对我们来说就变得更加清楚了。首先，我们可以看出，我们所相信的这个上帝，从一开始并不是作为思辨知识的一个对象呈现给我们的，而是随后仅仅作为一个与我们有着一种个人关系的存在者而呈现给我们的。对于康德来说，我们对"有一个上帝"的信念准确说来就是如下一种信念，即有一个我们能够予以信赖的存在者，一个正义而仁慈地统治着世界的存在者，他具有把这个世界安排得最好的能力与智慧。从根本上讲，对上帝的**信念**就是对他的一种**信赖**，而且，我们所相信的这个上帝，本质上就是我们能够予以绝对的信赖的存在者。

其次，这种观察使我们能够看出，上帝的"种种属性"如何被引入康德的道德神学之中。我们在前一章中看到，（设定在一个理知世界中的）至善之可能性不能是思辨的知识的一个对象，因此，没有任何思辨的推理可以担保这种可能性的种种条件。毋宁说，这些条件（作为道德信仰的对象）是一些"主观的"条件，在这些条件之下，一个有限的理性存在者能够**思维**（而不是知晓）至善之实践可能性的特性。因此，康德给我们指派了一个"任务"，一个关乎道德的世界统治者的理念的任务，但它并不是要揭示出"上帝就其自身而言是什么"，而是要揭示出"他对于作为道德存在者的我们而言是什么"[13]。想要完成这个任务，我们就不能转向形而上学的思辨，相反，我们要考察我们自己对上帝的道德信仰，并且在这种信仰的特性中，揭示出其对象于我们而言必须是什么。"导向神学对象的一个确定概念的唯一论证本身是道德的。"[①] 对于康德来说，这个事实对于我们对上帝的信念所特有的宗教特性来说意义重大：

> 即使一种宗教能够沿着这条理论的道路建立起来，它也会在意念[*Gesinnung*]（它的本质性的东西毕竟在于意向）方面现实地有别于上帝的概念和对上帝的存在的（实践上的）确信产生自道德性的基本理念的那种宗教。[14]

因此，当康德谈及"全能""全知""神圣""永福"，以及其他为至善的可能性所"需要"的属神属性时，他的意思并不是（也不能是）说，只要至善是可能的，我们就获得了一种**思辨**知识，即一个具有这些属性的存在者必定现实存在。相反，这些属性把上帝定义为我们的信仰的一个对象，定义为我们的道德信赖的一个对象。如果我们的道德信仰就是对如是一个存在者，即"我们必须……绝对地与无条件地予以信赖"的存在者的信仰，那么，我们关于"这种信仰的对象"的概念，就必须是一个配享这样一种信赖的存在者的概念。[15]正是对于上帝的这种"不可限量的信赖"，促使我们把"全能""全知"，以及其他种种无限的属性归之于他。[16]这些属性并不是出自一种旨在推进思辨知识的意图，而是为了表达对如下一种存在者，即一个我们予以绝对信赖的存在者的敬畏（*Ehrfurcht*），而被归之于上帝的。[17]我们用这些属性来荣耀这样一个上帝，即"作为对生命和整个世界之主……作为对人类的护佑者"[18]的上帝。

如此，我们当清楚地知道，康德的立场不能被说成是一种"自然神

---

① 此处引文未标明出处，据考当出自《判批》，第482页（德）。——译者注

论的"立场。当然，康德本人以一种强有力的方式否认自己是一个自然神论者。"自然神论者，"康德说，"把上帝的概念仅仅理解为一种盲目运作的永恒本性，作为一切事物的根源，一个源始的存在者或世界的一个至上的原因。"[19]但是，他追问："我们按照这种方式就变成了最不熟悉上帝的人了吗？如果我仅仅是假定它，自然神论者的这个概念就因此完全是徒劳无益的，对我没有任何影响吗？"[20]不同于自然神论的空洞性与抽象性，康德把自己的立场说成是"道德的有神论"："有神论就在于，不仅相信一个上帝，还相信一个**活着的**上帝，他通过知识与自由的意愿产生了这个世界。"[21]

　　一个适宜于道德信仰的上帝的概念，必定不仅包含种种"本体论上的"完善性，还必须包含一个活生生的与人格的存在者的种种完善性，以及（最为重要的）种种**道德上的**完善性。康德把上帝的种种道德属性（它们全都是专属人格的必需属性）看作上帝的概念所必不可少的属性。[22]有时候，康德也把这样一个上帝概念说成是"神人同形同性的"，但仅仅有限度地这样做。[23]更多的时候，他批评"神人同形同性论"，说它通过把上帝表象为与人完全相似的，使我们的上帝理念的道德纯粹性陷入危机。[24]康德在区分"独断的"神人同形同性论与"象征的"神人同形同性论时，最为清楚地表达了自己在这一点上的看法。[25]前者断言说，上帝现实地具有我们在有限事物的身上所发现的种种性状；然而，后者把自己限制在一种对上帝之无限完善性的类比谓述上，并且"事实上仅仅涉及语言，而不涉及客体（对象）本身"[26]。休谟在其《对话录》中所提出的自然神论与神人同形同性论之间的窘境，似乎对康德产生了极大的影响，并且使康德为避免这一窘境而投入了相当大的努力。[27]倘若对他的"象征"理论与"类比"理论做一番充分阐释，将使我们偏离自己的航程，但我们应该注意到，康德利用这些理论是为了保留如是一种上帝的概念，即他既是一个"活着的（活生生的）上帝"（一个人格的存在者），也是一个完善的与无限的存在者。或许，康德在第三批判中最为清楚地表达了自己在这个问题上的看法：

　　　　如果人们可以把一种纯然的表象方式已经称为知识（*Erkenntnis*）

165

的话（如果这表象方式并不是对于对象就它自身是什么做出理论规定的原则，而是对于这对象的理念对我们以及对这理念的合目的应用来说应当成为什么做出实践规定的原则，那么，这样称谓就是完全允许的），那么，我们关于上帝的一切知识就都只是象征的；而谁把这知识连同知性、意志等等这些唯有在尘世存在者身上才表明其客观实在性的属性当作图型的，就将陷入神人同形同性论，就像如果他除去直觉的东西就将陷入自然神论一样，这样一来就在任何地方，哪怕是在实践的意图上也认识不到任何东西。[28]

道德信仰的世界观常常遭到康德著作的读者们的误解，而且，这些误解中的绝大多数都涉及如是一些主张，即康德的道德论证"败坏"了他的伦理学。黑格尔的批评（前一章中曾讨论过的）认为，道德世界观（或者其两个彼此不相容的"环节"中的一个）是一种道德上的自以为是，在这种世界观中，道德行动者"把自己真正强大的实力置于实现善本身之上"[①]。然而，事实上，任何此类态度都与康德的思想相去甚远。正如我们已经看到的，我们对上帝的"绝对信赖"预设了我们已然"尽我们所能地"去实现我们道德上的最终目的。康德在他的著作中无数次地强调这一点。我们或许能够在某些形式的"道德的世界观"（*moralische Weltanschauung*）中发现，它们把"对上帝的信赖"当作道德上的自以为是的一个借口来使用，但在康德那里不行：

166

---

① 此处引文未标明出处，据考当出自 Hegel, *Phänomenologie des Geistes*, p. 277, 亦可参见黑格尔：《精神现象学》，先刚译，235 页。此处引文与本书第 4 章注释 79 出处相同，其德文原文是：weil er seine wahrhafte Stärke darein setzt, daß das Gute an und für sich selbst sei, d. h. sich selbst vollbringe, 伍德在第 4 章中将其译作 "has already placed his true strength in the good being in and for itself, i. e. bringing about its own fulfillment"，故译者结合先刚译本译作"他已然把自己真正强大的实力置于自在且自为的善的存在之上，亦即使之完满实现"。然而，此处引文在翻译上有所不同，作者在此将其译作 "puts all his true strength in the good bringing itself about"，可以看作对原文的一个简要的翻译，故译者将其译作"把自己真正强大的实力置于实现善本身之上"。——译者注

当然，我们有理由把自己完全交托到上帝的手中，任由他的意志来支配；但是，这并不意味着我们就该无所作为，把一切都交给他来做。我们必须尽我们所能去做些什么；我们做我们应当做的事情；我们应该把其余的事情交给上帝。那才是对神圣意志的真正服从。[29]

对道德信仰的世界观的另一种——同时也是更为常见的一种——误解，就是以为康德把道德信仰当作达成我们自己幸福的一种"手段"来倡导。格林不加修饰地表达了这种对康德的公然误读，他说：

> 然而，我们设想通过公设"他"来担保来世的奖赏，上帝依然保留在康德的论证中，作为一个 *deus ex machina*（机关神）① 被引入，以解决我们的种种道德困境，且作为一个奖赏我们的道德努力的后台大老板（the great Paymaster）。但是，根据康德本人的原则，可以肯定，如果把人仅仅当作达成我们种种目的的手段来使用是错误的，那么，我们就无权把上帝弄进一个主要作为达成我们种种目的的手段的万物的体系之中。[30]

当然，毫无疑问，对于康德来说，引入对上帝的信仰，是作为对那些威胁到实践理性的辩证困境的一种回应。道德信仰是一个有限的理性存在者面对这个世界的种种不确定性的态度，他必须在这个世界中为追求自己最终的道德目的而合目的地行动。因此，可以说，我们确实"把上帝弄进了我们的万物的体系之中"，以便能"解决我们的种种道德困境"，或者至少能理性地面对这些困境。但是，与康德的许多读者一样，格林认为，情况远不止如此。因为，他把道德信仰这种态度描绘成对我们未来的奖赏的一种期望，描绘成一种把上帝看作一个"后台大老板" *167* 的态度，他将向我们发放我们真正欲求的——但不是道德上欲求的——

---

① 机关神（deus ex machina），拉丁语词组，出自希腊语的ἀπό μηχανῆς θεός（apò mēkhanēs theós），字面意思是"从机关里出来的神"。古希腊-古罗马戏剧中有一种现象，每当剧情陷入僵局，矛盾冲突难以解决时，剧作家常常会设计一个强大的神灵突然出现，动用其神力制造剧情大反转。在舞台表演时，扮演神灵的演员将通过机关被送上舞台，制造出从天而降的效果。——译者注

东西。* 本应十分清楚的是，没有人——包括康德在内——会**推崇**如此一种卑劣而虚伪的态度，而且，格林与其他许多人也都本应能想到，对道德信仰的这样一种描述将不得不是一种嘲讽。实际上，对康德的意思如此恶劣的一种歪曲，若非由于如是一个骇人听闻的事实，在此甚至都不值得我们予以考虑，即它已然成了对康德所倡导的道德世界观的一种普遍的诠释。

　　毫无疑问，如是一种见解，即我们在道德信仰中把上帝当作"达成我们自己的幸福之手段"来使用的见解，它极大地出自一种死硬的确信，即康德伦理学由于把人类幸福纳入种种道德目的之中而遭到了"败坏"。我们已然详细指出，这一确信毫无根据，并预设了"动因"与"目的"的混淆，但这与批判的道德哲学的基本学说是全然相悖的。如果我们对幸福的追求与希望，并不是由我们"成为幸福的"这一私人欲求所推动的，而是由这种追求与希望在客观上是**善的**这一事实所推动的，那么，我们的意愿就并没有丝毫的不纯洁。而且，在这种情况下，我们就没有把上帝看作一个"后台大老板"——尽管我们对一个"道德的世界秩序"的兴趣仅仅在于"我能从中获得什么"——而是把他看作世界的一个道德统治者，我们作为道德存在者可以信赖他的善性与正义。[31] 当然，可以肯定，

168 一些人确实虚伪地追求他们私人的幸福，却假装自己是被他们对法则的服从所推动的。但是，康德把这样一种"不纯洁"谴责为人类罪行的基本形式之一，而且，他无疑不会**提倡**这种不纯洁。[32]

　　除了这种常见的与根本性的误解之外，格林对道德信仰的嘲讽本身还面临着其他一些困难。首先，任何人要是认为自己仅仅通过相信一个"后台大老板"的现实存在，就能现实地增加自己获得"大收益"（big

---

　　* 诺亚·波特（Noah Porter）为我们提供了一种对道德信仰中的上帝的描述，它在某些方面甚至更加好玩。在他看来，康德的上帝不是一个"后台大老板"，而是一个"治安官"，他的任务就是要"强制执行"道德法则（Porter, *Kant's Ethics*, 226）。当然，康德会避免使用"治安官"这种形象，因为其中蕴含着把道德责任化约为法律责任，而且，如此描述"道德的人对上帝的信赖"具有一种荒唐的不适宜性。

payoff）的机会，这本身就是十分荒谬的；因此，道德信仰对于我们"终极的幸福"来说，不管怎样都只是一个脆弱不堪的"手段"。一些人可能**真的**认为，他们对一个"后台大老板"的信念，确实增加了他们获得某种未来奖赏的机会。但是，康德并不是这样的人，而且，事实上，他严厉地把这样一种思维方式谴责为一种"宗教妄想"。[33] 其次，正如我们之前就注意到的，康德并不是特别喜欢如是一种概念，即我们只能期待"来世"的正义。可以肯定，他确实在他的一些早期批判著作中表达了这种见解，而且，他在自己的后期著作中也持续地提及"未来的奖赏"。但是，正如我们已然看到的，他把上帝的正义看作既适用于感官的世界，也适用于理知的世界，并且把它看作一个其种种意图（本身）不为我们所知的理知的创造者对这个世界的一种道德的安排。

但是，格林有可能会说，康德至少确实提倡，道德的人应该相信上帝会"奖赏他"，即使他并不把自己的信念看作获得这样一种奖赏的"手段"。可以肯定的是，康德推崇一种信赖的态度，推崇一种我们从长远看来将会享受到我们应得的幸福的态度。但是，对于格林来说，由此而自动地推出，我们相信自己要么在今生，要么在来世将会获得一些特殊的"奖赏"，这是十分奇怪的。根据康德的见解，即使对一个善人来说，认为迄今为止生活待他不公，认为这个世界如果想要成为正义的世界，他就必须为自己的艰难困苦期待一种未来的"奖赏"，这似乎也太放肆了。在康德看来，一个人有义务在今生追求正义，并欲求它的实现，"即使他按照这一理念发现自己有为了自己的人格而丧失幸福的危险，因为他很可能会不能符合以理性为条件的幸福的要求"[34]。康德没有把道德信仰看作如是一种世界观，即人在其中可以期待一份巨大的"未来的奖赏"的世界观。相反，对上帝的善性的信赖被说成是对上帝意志的一种恭敬的**顺从**。"实践理性，"康德说，

> 并不在于说，"只要我明确地信赖上帝，他就会做我想要的事情"，而在于说，"我愿意让自己竭尽所能，而且，如果我把自己交托到上帝的手中，他必将增益我的弱点，弥补我的缺陷，因为他最了解我"。[35]

道德信仰与其说是对未来幸福的期待，不如说是对当前苦难的接受。

169

道德信仰并没有向我们承诺一个比现实世界更好的世界，而是系于这样一种勇气，即信赖这个世界（如其所是，一个存在着苦难与显而易见的道德失败的世界）本身就是一个道德上善的世界。在道德信仰中，我们并没有从这个世界逃离到一个更好的世界；相反，我**选择了**这个世界，我拒绝对它感到失望，我通过选择这样一个世界，在其中为追求自己最终的道德目的而理性地行动，从而创造了这个世界。因此，对上帝之信赖的特征，就并非满怀欣喜地期待我"未来的奖赏"，而是"谦卑、谦虚还有顺从"[36]。持有道德信仰的人根本就没有把上帝看作"后台大老板"，而是把 *170* 每个降临在他身上的事件都看作出自上帝的智慧，并且心怀"感激与顺从"之情来看待上帝。[37]巴赫（Bach）美妙的《56 号康塔塔》（*Cantata Number 56*）的歌词①，就很好地表达了这种道德信仰的态度：

> 我愿欢喜地背负十字架，
> 它来自上帝的爱手。
>
> （Ich will den Kreuzstab gerne tragen,
> Er kommt von Gottes lieber Hand. ）*

对于康德来说，道德信念的世界观"固存"于道德意念本身之中，当一个有限的理性存在者在意愿与行动时，作为其道德敏感与道德意念的一个组成部分而发挥作用。因此，这种世界观引导他以何种态度面对那些降临在自己身上的特定事件，并且引导他如何回应自己在努力造成一个善的世界的过程中所收获的成功和遭遇的失败。正如我们所见，对上帝的信赖能够使道德的人理性地面对道德挫败与苦难，不至于陷入道德上的绝望。道德信仰并不为我们的苦难辩解或将其抹杀，而是给予我们希望与勇

---

① 康塔塔，即多乐章声乐套曲，它在内容上包括独唱、重唱、合唱等形式的多个乐章，并且在主题上具有一定的连贯性，多以管弦乐队伴奏。巴赫的《康塔塔56 号》，即《我愿欢喜地背负十字架》（*Ich will den Kreuzstab gerne tragen*），又被称为"十字架康塔塔"。此外，我国广大人民群众最为熟悉的，当属冼星海作曲、光未然作词的八乐章《黄河大合唱》，它可以说正是一种结合了民族音乐特色的康塔塔。然而，有必要向读者指出的是，作者所引歌词似有讹误，根据目前广为传播的版本，歌词"mein"当为"den"，"kommt"当为"kömmt"。——译者注

* I will bear my cross gladly, It comes from God's loving hand.

气，不顾这些苦难，愿意且理性地追求一个善的世界。康德怀着极大的热忱讨论了道德信仰面对苦难的态度，他说：

> 对神的意志的满意就在于心甘情愿且满怀喜悦地默许上帝的统治。它必须是绝对的与普遍的——无论我们发现自己身处何种环境之中，无论这些环境是好是坏。但是，这样一种满意是否可能？我们必须防止使人成为伪君子，因为，生活在赤贫与凄苦之中却要为此感谢上帝，这有悖于他的本性。如果我要为自己的处境感谢上帝，那么，我就必须是满意的，并且因此不能是凄苦的。但是，我如何能够为我所希冀却并未发生的事情感谢上帝？然而，即便我们的凄苦与烦恼甚巨，难道就不可能获得安宁与满意吗？……在作为一个整体的世界的进程中，每个事物都奠基于他善的天意，而且，我们希望每个事物（一般来说）都依据上帝的预见而发生……我们的理性而不是我们的感官可能会发现——而且，这一点（也）赋予我们一个基础以相信——这个世界的统治者若无意图则无所作为。由此，我们从生活中的种种罪恶中（尽管不是为这些罪恶）找到了慰藉，它是对作为一个整体的生命进程的一种牢靠的满意。[38]

因此，我们信赖这个世界的创造者与统治者的智慧的合目的性，我们坚信这个世界并不缺乏道德上的意图，而且，其意图与我们要造成一个善的世界的最为道德的意向和谐一致。因此，道德信仰还是**一种自然的道德目的论**，它并不是从经验性的观察中派生出来的，而是作为道德行动者的我们将其应用于经验事件之中的。"我们相信，"康德说，"即便是在恶人那里，只要我们看到，一个恶贯满盈的罪犯在他死前也受到其罪行的应得惩罚，就发现了一种智慧的目的关系的迹象。"[39]当然，我们并没有假装通过诉诸种种事件之进程本身，来证成一些关于"世界之中的一个最终的道德意图"的主张，但是，这样一些意图是对"在道德上对世界进程进行反思的人类理性的判断"之信仰的一个组成部分。[40]

这种观察使我们弄清了"目的论的论证"在康德的道德神学中的地位。在前一章中，我们考察了贝克的如是一个主张，即道德论证实际上是一些"目的论的"论证，或者某种与之"类似"的东西，并且已然看出，我们根本没有理由认为这些道德论证（正如我们所理解的那般）与自然目的论的论证是"类似的"，后者在任何方面都有损于前者，或者有损于康德的一个主张，即它们在性质上并不是一些理论的论证。但是，贝克进一步的观点是：随着康德日益年迈（同时，可能也日益有智慧），他摒弃了这些道德论证，转而支持一种"纯粹的"自然目的论的论证。（当然，这与阿迪克斯的见解很不一致，他认为，随着康德日益年迈与有智慧，他**172** 摒弃了这些道德论证，转而支持一种更为"主观的"道德信仰，而且，他之所以摒弃了这些论证，准确说来是因为——在阿迪克斯看来——他认识到它们是一些理论的论证。或许，康德急于摆脱这些道德论证，就像谚语中"跃马向四面八方飞驰"的骑手一般。）针对这些道德论证实际上是一些理论的论证这一"事实"，贝克说：

> 《实践理性批判》没有明确指出……但是，它主导了《判断力批判》最后的神学章节，而且，康德在写作关于宗教的论著的时候，第二批判中的道德论证被安排在一个晦涩难懂的脚注中。[41]

现在，贝克说自然目的论的论证"主导"了第三批判中的神学讨论，这无疑是不准确的，因为康德在许多地方都致力于指出这种论证的不足（第85节、第90节以及总附释中都有这样一个目标），而且，针对他对目的论的论证的种种发现，康德在第90节中总结：

> 结果是这样的。对于作为神性存在的原初存在，或者作为不朽灵魂存在的原初存在，从理论的观点来看，对于人类的理性来说，绝对不可能有任何证明，因为人类的理性甚至可以带来最小程度的信仰。[42]

说《宗教》仅仅用"一个晦涩难懂的脚注"来讨论道德论证，显然也是错误的。相反，《宗教》的第一版序言就是从这个论证入手的，并且明显把它看作任何从一种批判的视角对宗教的理性讨论的出发点。《宗教》全篇都显然以这种道德论证为先决条件，甚至在另外两个地方以缩略形式**再次**加以陈说。[43] 那个多半就是贝克所指的"晦涩的脚注"，紧跟着**173** 一个对序言文本的扩展讨论，并且旨在澄清那一讨论的**部分内容**。[44] 说康德在《宗教》中开始为这些道德论证感到"羞愧"，任何此类观点都毫无文本依据，而且，事实上，《宗教》的文本强烈地支持完全相反的结论。

然而，贝克的主张似乎确实从康德的《道德形而上学》之"道德问答手册"（Moral catechism）中获得了支持（它的写作稍晚于第三批判与《宗教》）：

> 教师：但是，如果我们也意识到这种善良的和积极的意志，由于它我们认为自己配享（至少不是不配）幸福，那么，我们能够也把分享这种幸福的可靠希望建立在这上面吗？
>
> 学生：不！不能仅仅建立在这上面……我们的幸福永远都只是一个愿望，除非有某种别的力量加入，这种愿望在那时才能成为希望。
>
> 教师：理性自己有充足的理由认为这样一种根据人的功过来分配幸福、掌管整个自然并以至高的智慧统治世界的力量是现实的，亦即信仰上帝吗？
>
> 学生：是的；因为我们在我们能够评判的自然的作品上看到如此广博而且深刻的智慧，我们只能用一个世界创造者的一种无以名状的、伟大的艺术来解释这种智慧，这样，就世界最高的光彩所在的道德秩序而言，我们也有理由期望世界创造者有同样睿智的治理。[45]

"这个段落，"贝克说，"尤为值得注意。《道德形而上学》中并没有讨论至善（summum bonum）。上帝现实存在的这种证明是一种出自设计的论证，十足如此。"[46]但是，说康德在《道德形而上学》中恢复了一种论证，但人们通常都相信，他已然对这种论证予以了决定性的反驳，我们在判定这一情况之前，还必须考虑几个要点。首先，类似于"道德问答手册"的说法，并不限于《道德形而上学》之中。在第一批判中，康德说："单是在大自然中到处都表现出来的庄严的秩序、美和预先筹谋，就必定已经造成对一位智慧的和伟大的**世界创造者的**信仰。"[47]因此，自然目的论的论证在《道德形而上学》中的"特权地位"，就根本不是什么新鲜的内容。但是，鉴于第一批判中出现对这种论证的反驳，我们有可能会合理地质疑说，这一特权地位是否（正如贝克所假定的那般）是一个有效的理论论证所具有的地位。

无论是在第一批判中，还是在《道德形而上学》中，这些关于"自然目的论"的言论的背景都**不是**在对"上帝现实存在"的理论问题做一种哲学上的讨论，而是对**普通人的**业已证成的宗教信仰的一种考察。第一批判中的言论旨在反对经院哲学，指出这些哲学家"在涉及普遍人类事务的问题上不自诩拥有的洞识比广大（对于我们来说最值得关注的）群众同样轻而易举就能够达到的洞识更高更广"[48]。同样，"道德问答手册"也**并不**旨在充当一篇学术性的哲学文献。相反，康德把它看作一种"方法论的"工具，以"发展普通的人类理性"并加以"培养"[49]。

令康德深刻意识到的是，关于自然目的论的论证不像其他思辨的论证，"这样的证明即使可以通过各种各样辩证的细腻来为自己辩护，却永远不能超出学院而进入公众，对纯然的健全知性产生丝毫的影响"[50]。因此，想要理解自然目的论的论证的"特权地位"，我们就必须看出，在康德看来，它为什么有能力要求我们敬重普通人。康德说：

175

> 自然目的论虽然敦促我们去寻找一种神学，但不能产生出一种神学……按照我们的认识能力的性状和原则，我们不能以别的方式就其种种已为我们所知的合目的的安排而言来设想自然，只能把它设想为一个它所从属的知性的产物。[51]

到目前为止，康德赞同他的这个"学生"，后者说："我们在我们能够评判的自然的作品上看到如此广博而且深刻的智慧，我们只能用一个世界创造者的一种无以名状的、伟大的艺术来解释这种智慧"[52]。但是，在这里，我们仅仅"找寻到了"这样一种神学，它把自然中的合目的性当作反思判断的一个范导性原则来利用。我们依旧没有获得任何一种自然神学（natural theology），因为"这个知性凭借自然的整体及其产生是否还会有一个终极意图（这个终极意图在这种情况下就不会在感官世界的自然里面），这是理论的自然研究永远不能为我们揭示的"[53]。

因此，当康德的这个学生推论说，现实地存在着一个"世界创作者"（world-author），他对这个世界怀有一种最终的道德意图时，这个学生似乎就推出了一个毫无保障的结论。如果说，针对康德对理论形式的自然目的论论证的反驳，他的这个学生有任何回应，那么，他并没有告诉我们这一回应究竟是什么。然而，康德在第三批判中确乎告诉我们，普通人为何会自然而然做出这种推论：

　　自然目的论的证明，无论它同时是不是一种神学的证明，都使人确信，这并非出自把自然的种种目的的理念当作一个**最高的**知性的如此之多的经验性证明根据来使用；相反，这里不知不觉地在推论中掺杂进了寓于每一个人心中并最内在地感动着他的道德证明根据……因而任意地就那个论证带有的缺陷而言补足了它。[54]

在康德看来，道德信仰作为普通人的真正信仰，使他把自然看作属神 *176* 的创作性的产物，并且使人产生如是一种信仰，即自然被它的创造者赋予了一种最终的道德意图。因此，普通人把自然"看作"上帝的杰作，并且从中觉察到一种——无论多少经验性的证据都无法加以证明的——神圣的与道德上合目的的创造的标记。"由于自然如此繁多的目的而生的感动，"康德说，

　　自身就具有某种与**宗教**情感类似的东西。因此，它们看起来首先是通过对它们的一种与道德评判方式相类似的评判方式而作用于道德情感的（对我们不知道的原因感恩和崇敬的情感），因而是在它们引起与比纯然理论的考察所能产生的更多得多的旨趣相结合的那种惊赞的时候，通过激发道德理念而作用于心灵的。[55]

对上帝的道德信仰就是对这个世界的一个总的看法（世界观），就是一种看待、诠释、评价与判断世界上种种事件的方式，它并不是——并且也不能——通过经验性的证据或思辨的证明而得到证成的，却构成了道德的人必须拥有的世界观（*Weltanschauung*）的一个组成部分，以便使之能理性地追求他的最终目标。同样，用 R. M. 黑尔（R. M. Hare）的术语来说，它可以被命名为一种道德上的"blik"[56]①。但是，对于康德来说，对上

---

　　① blik 是 R. M. 黑尔（Richard Mervyn Hare，1919—2002）生造的一个术语，它出现在 1950 年一场以 *Theology and Falsification* 为主题的专题讨论会上，意指被用以支撑一种世界观的一个不可证伪的信念。在那场讨论中，安东尼·弗卢（Antony Flew）提出了一个针对有神论的挑战，并斥之为若非虚假即无意义的；黑尔与巴西尔·米切尔（Basil Mitchell）则从不同的角度加以回应。黑尔举例说："某个疯子确信，所有的教员都想要谋杀他。他的朋友们把他介绍给他们所能找到的所有最温和的与最令人尊敬的教员，并且在这些教员中的每一个人退休时，他们都说：'你看，他并没有真的想要谋杀你；他用最友好的方式与你交谈；现在，你还那么确信

帝的道德信仰同时也就是对上帝的善性与智慧的个人信赖，对属神意志的一种恭敬的顺从，以及对他最终的道德意图将会（从长远来看）在这个作为整体的世界之中得到实现的一种希望。

对不朽的道德信仰

177

如果说，在康德的著作中，对上帝的道德信仰这一世界观的具体描述并不多见，那么，对不朽的道德信仰的这样一种描述则根本就不存在。但是，同样，凭借对康德的"**实践背谬**论证"尽可能系统的考察，并心存这一旨趣，我们可以尝试来规定这一世界观究竟是什么。我们已经看到，对于康德来说，道德行动者不仅把在这个世界之中确立起善性当作一个最终的目的，还把其人格的道德善性看作一个最高的与无条件的目的。但是，我们还看到，每个人（无论他如何为这一目的而奋斗）都会发现，他自由的意愿本身的特性，就已经把神圣的绝对完善性从他在时间中的种种道德行动之序列中永久地排除出去了。因此，康德把道德的人描绘成"关心道德完善性的理想之达成"的人，但他同时也认识到自己对这一理想的追求总是"在路上"，他的行为（*That*）始终达不到神圣性的理想。因此，倘若道德的人想要继续对自己人格在道德上的完善的一种理性追求，他就必须保持如是一种希望，即凭借自己不停顿的进步，他总能以某种方式实现完善性的理想。正如我们在前文中曾看到过的，对他的这种希望态度的一个充分解释必须被推迟。现在，我们感兴趣的是道德信仰对一种特定威胁的回应，这种威胁针对的是完善性理想的可能性，而对它的回

吗？'但这个疯子回答说：'是的，那不过是他恶魔般的狡黠；他实际上一直都在密谋杀害我，和其他人一样；我知道，我告诉你。'无论举出多少和蔼可亲的教员，也依然是相同的反应。"然后，黑尔提出了这个 blik 的概念。"让我们把那个使我们不同于疯子的东西，叫作我们各自的 bliks。他对教员们持有一种非正常的 blik，我们则持有一种正常的 blik。认识到我们持有一种正常的 blik，而不是一种不正常的 blik，这一点十分重要；因为，任何论辩都必须有两个方面，如果他持有一种错误的 blik，那么，那些正确看待教员的人就必定持有一种正常的 blik。"然而，由于这一术语在汉语中既没有现成的译法，也实在不好翻译，故译者保留其原文，以免误导读者，并接受批评。——译者注

应就是对不朽的道德信仰。

道德的人心怀自己道德完善的理想来沉思自己的行动与特性，因此，他看到自己必须把达成这一理想的希望押在某种道德实在性之上，这种实在性必须在他特定的行动中，以及展现在这些行动的道德特性之中，或者通过它们才能被达到。然而，与此同时，他也被迫承认，这些行动本身，以及他所能觉知到的他自己的道德特性，在任何时候都远远不是完善的，而是只能展示出一种"从一种德性到其他德性"的进步，展示出一种只能靠他自己不停顿的努力才能维持的进步，他必须把自己的希望押在这种进步本身之永久、恒定、绝对的道德实在性之上，因为，这一点单凭自身——不同于他在时间中的种种行动与道德特性的状态——就能够展示出一些无限度的道德上的善。但是，这种进步本身，就他所能觉知到的而言，依赖于他在自己的种种特定行动中，以及通过这些行动所付出的努力。这种进步事实上——就"德性的经验性的特性而言"——不过就是其种种行动本身所组成的序列。 *178*

然而，道德的人必定希望，这种序列能展示出某种更为永久的东西，展示出某种堪当一种道德实在性的东西，它能证实一种无限度的道德完善性。但是，在这个世界之中，他发现了一种针对这一希望的严重威胁：来自他自身之死亡的威胁。就其感觉所能觉知的范围而言，死亡将终结他的道德人格性的现实存在，直到他生命的尽头，依然使之远离自己的道德理想，残暴而任性地中止其道德行动与进步的整个序列。他的现实存在将会"被抛回到他们曾经从中超拔出来的物质的无目的的混沌的深渊为止"[57]，甚至把他为道德上的完善所付出的最大努力，也当作种种事件的一种纯然集合而加以抛弃，说它们并没有展示出道德完善的任何痕迹，并没有展示出任何永久不变的道德实在性，说它们只不过是朝向一个空洞而无意义的目标的一种痛苦而脆弱的奋斗。对于康德来说，来自死亡的深重威胁并不是从如是一种恐惧中被发现的，即我们对正在死去的物体痛苦的恐惧，甚至也不是从如是一种令人忧伤的思想中被发现的，即我们将不再能去做出与经验到那些赋予生命以意义和喜悦的一切事情。任何勇敢无畏的人格，都可以毫无困难地承受这一切。真正威胁着我们的事情是：那个赋予我们生命以道德意义的目标——道德上的完善之目标——显然由于死亡这一前景，而成了不可能被达到的东西。我们必须把达成这一理想的希望寄托于其上的那种进步，其永久性与道德实在性遭到了如下一种威胁，即被消解为一种纯然由种种脆弱而不完善的行动与种种经验性的事件所组成的序列。威胁着道德的人的事情，并不是思维的痛苦或令人不安的"意识*179*　中止"的思想；毋宁说，死亡为他设置的是一种**道德绝望**的威胁。

仅仅凭借一种海德格尔式的"先行的决心"（anticipatory resoluteness），凭借一种直面死亡的决心，即在我们余生要做的事情中发现意义，并以此赋予生命一种"整全性"，这种绝望无法得到解决。[58]对康德来说，理性对我们的道德目标的规定，先行于我们的任何"决心"，而且，这种由"达到道德上的完善"所构成的"整全性"，在我们生命中的种种经验性事件所组成的序列中，恰好是无法充分达到的东西。康德说，我们的理性本性的一个性状是：它"从来不能被暂时的东西（它对于人的整个使命之种种能力来说是不够的）所满足"[①]。因此，尽管通过一种"向死而

　　[①]　此处引文未标明出处，据考当出自第 2 版《纯粹理性批判》前言 B xxxii，作者使用的是康浦·斯密的英译本，括号中文字之原文为：as insufficient for the capacities of its whole destination，译者出于对作者与英译者之敬重，将 capacities 译作"种种能力"，将 whole destination 译作"整个目标"。然而，这句话的德文原文为：als zu den Anlagen seiner ganzen Bestimmung unzulänglich。其中：1. capacity 的原文是 Anlage，这是康德伦理学中的一个重要术语，当代英语学界一般译作 predisposition，汉语则一般译作"禀赋"。斯密将其译作 capacity 略有些轻率，这可能是因为他对康德伦理学不够熟悉。2. destination 的原文是 Bestimmung，它在康德著作中一般作为拉丁文 determinatio 的德文对应词被译作"规定"或"规定性"，但这个词在德语中的意义是很丰富的。斯密将其译作 destination，是取其有"目的""用途"之意。但它还有"天职""使命""命运"的意思，故而，在后来由保罗·盖耶与本书作者合作翻译的剑桥版《纯粹理性批判》中，这句话被译作：since the temporal is always insufficient for the predispositions of our whole vocation，参见：Immanuel Kant, *Critique of Pure Reason*, translated & edited by Paul Guyer & Allen W. Wood, Cambridge University Press, 1998, p. 118（B xxxii）。同样，国内著名德国哲学专家，邓公晓芒先生也是从这个意义出发，将这句话译作："它对于人的全部使命的天禀是不充分的"。参见康德：《纯粹理性批判》，邓晓芒译，杨祖陶校，23 页（B xxxii），北京：人民出版社，2004。持类似理解的还有王公玖兴先生，他将这句话译作："因为现世的生命不足以完成人的整个使命"。参见康德：《纯粹理性批判》，王玖兴主译，27 页（B xxxii），北京：商务印书馆，2018。然而，吾师秋零先生则坚持 Bestimmung 作为"规定性"的意思，将这句话作："它对于人的整个规定性的禀赋来说是不够的"，参见康德：《纯粹理性批判（注释本）》，李秋零译注，22 页（B xxxii）。上述几种译法，意思都说得通，故仅在此罗列以供读者判断取舍。

在"（being unto death）的坚毅态度，我们有可能在生命中发现某种"意义"，但这样一种决心无法保持对生命的一种**道德上的**意义，因此，从批判哲学的视角看来，这种决心只是道德绝望的一种形式。

面对死亡所设置的威胁，道德信仰的回应（正如一切信仰一般）必须是："对于达成一种意图的信赖，促进这一意图则是义务。"① 作为道德行动者，心怀勇气和信赖来看待死亡的前景，不要在病态的期盼中停驻于其上，或者在恐惧和绝望中掩藏自己对死亡的思考，这样做对我们来说才是理性的。但是，这样一种勇气和信赖的态度如何与道德信仰有关，如何与一种对不朽的**信念**有关？这种态度需要这样一种信仰吗？在康德看来，如果我们想要在理性上避免如是一种威胁，即死亡所导致的我们整个道德人格性的彻底毁灭，那么，这种态度就确乎需要一种信仰，而且，心怀这种信仰，我们才能希望一种道德实在性，它展示出我们达到了道德上的完善。如果我们想要在理性上对我们自己达到道德上的最终目的（它关乎我们道德人格的善性）寄予任何希望，那么，我们的道德人格性中就必须有某种东西，*180*
它们超乎那些展现于经验世界之中的特定行动与特性状态而持久存在。

在他的后期著作中，康德把我们道德人格性的这种永久的现实存在，说成是一个人超感官的"意念"（Gesinnung），这种意念在这个人的道德特性于时间中的进步之中，把自己经验性地展示出来。正是这种意念（以一种将在下一章中得到讨论的方式）"对行为有效"，并且构成了意志神圣性的道德等价物。[59]人们有可能会认为，通过把不朽和一种超感官的道德意念等同起来，康德实际上就把不朽的公设与自由的公设等同起来了。但是，这种意见必须严格地加以限定。自由的公设无非就是人类本性中的一种能力或禀赋（Anlage）的公设，即其固有的自律行动的能力。具有这种能力构成了道德人格性的一个**条件**，但它不能被等同于"作为善人或者恶人的道德人格本身"②。没有任何人仅仅由于具有一种善的禀赋

---

① 此处引文未标明出处，据考当出自《判断力批判》的 5：472，亦可参见本章注释 11。——译者注

② 此处引文未标明出处，据考当化用自《实践理性批判》的 5：60，原句为："作为善人或者恶人的行动着的人格本身"；参见第 3 章注释 4。——译者注

就是善的；相反，道德人格本身就是由他对自己自由的运用所构成的，就是由他对自己的自律行动的禀赋的使用所构成的。[60]因此，他真正道德上的自我并不等同于这种自律行动的纯然能力。但是，它可以等同于他通过对这种能力的使用所自由采纳的道德**意念**。因此，公设如是一种意念的超感官持久存在，它超乎那些展现于生命中的种种经验性的行动与特性状态，这样做就比"人是自由的"公设了更多的东西；它公设了道德人格本身的本质以某种方式是不死的，并且作为一个具有道德意义的实在性（实在之物）永恒持存。因此，坚持一种对不朽的道德信仰，就是信赖与相信，我"在我的永恒有效性之中"①——借用克尔凯郭尔的说法——**不会**"被抛回到一种物质无目的的混沌"②，而是将持续具有道德意义，并且不顾我物理上的死亡与消解，展示出道德上的完善。而且，康德的**实践背谬**论证致力于要证成的，也正是这种信仰。

我们可能会质疑说，康德是否凭借他的**实践背谬**论证，证成了对任何恰当意义上的"来世（未来的生命）"的信念。把"未来"这一时间性的名称用于一种超感官的现实存在（实存之物），这似乎多少是有些混淆的，因为这种现实存在（实存之物）很可能根本就不是时间性的——至少不以与感性事物相同的方式而是时间性的。这样一种超感官的意念是否在任何恰当的意义上是一种"生命"，似乎也是不清不楚的——因为，我们不能假装自己知道，这样一种现实存在（实存之物）是否在任何意义上是"有意识的"，或者是某种"意识性"。对于那些为自己今生有意识的生命

---

① 此处引文未标明出处，据考是化用自克尔凯郭尔《畏惧与颤栗》中的一个说法，相关原文有两处：1. "因为只有在无限放弃之中我才会**在我的无限有限性之中**对我自己而言准确就绪，并且只有在这时才谈得上'依据于信仰去抓住生存'。" 2. "它正处在一种喷发之中，这是它最抒情的喷发之一，并且关于**它的永恒有效性**的意识就在这喷发中最剧烈地肿胀起来。"参见克尔凯郭尔：《克尔凯郭尔文集 6：畏惧与颤栗 恐惧的概念 致死的疾病》，京不特译，36、73 页，北京：中国社会科学出版社，2013。——译者注

② 此处引文未标明出处，据考是化用自《判断力批判》的 5：452，原句为："被抛回到他们曾经从中超拔出来的物质的无目的的混沌的深渊为止"。参见康德：《判断力批判（注释本）》，李秋零译注，267 页，北京：中国人民大学出版社，2010；参见本章注释 57。——译者注

之终结的前景感到恐惧与忧伤，从而希望用"来世"慰藉自己的人来说，康德的这种对一种超感官意念的道德信仰，难以为他们带来抚慰。唯一抚慰人心的道德信仰，能够为这样一些人格正当持有的道德信仰，只能在它命令他们要怀有的勇气与信赖中找到。然而，从保留在康德的不朽观念中的"未来"与"生命"这两个术语中，我们能够发现一些最低限度的力量。道德意念为一个人在时间中的种种行动与特性状态奠基，从而具体表现为他生命中的种种行动，仿佛一个人（时间中的）未来的特性也把他过去的种种行动与存在状态包含于其中。一个人的道德意念也是其道德人格性的本质，并且在这个意义上展示出他的"生命（生活）"。然而，我们必须承认，这种不朽观念缺乏一种确定性，但许多人在思维永生之时，都很可能会要求这种确定性，把它当作寻常的慰藉中的一个组成部分。然而，在我看来，康德的这样一种"来生"观念的不确定性，作为道德信仰的世界观的一个组成部分，似乎有诸多可取之处。心怀真正的勇气与信赖以直面死亡之人，并不十分在意自己"未来状态"的确切特性，正如真正信赖上帝的善人，不会费时琢磨自己"未来的奖赏"。这两种趋向都构成了一种"耽于超越"，而这是康德曾予以强烈谴责的。[61]道德信仰在任何时候都是要信赖上帝所赋予的生命（生活）之善性，而不是要从一个想象的世界之中，为这一生命（生活）找寻到一种幻想的救治。*

---

　　* 相当多证据表明，康德在写作《宗教》时期，对"来世"学说提出了严肃的质疑。人的"超感官的意念"这一概念，无疑构成了对出现在第二批判中"无限的进程"的一种彻底修正，把"来世"的概念化约为一种"纯粹否定的功能"（《终结》，第 334 页［德］，第 77 页［英］）。基于这种善的意念，康德说："人即使有其恒久的缺陷，也可以期望成为在根本上让上帝所喜悦的，无论他的实存在什么时刻被打断。"（《宗教》，第 67 页［德］，第 61 页［英］）在一份其日期可能为 1794 年 8 月的手稿中，我们发现康德非常严肃地质疑"来世"与"永生"的学说。康德说，我们必须出自一种道德上的需要而相信上帝，以便引导我们努力去达到至善。然后，他接着说："按照相同的方式，我们相信一个来世。但是，后者仅仅是一种第二等的信念（*Glaube vom zweyten Range*）。因为，我们的现实存在，或者我们永恒地现实存在并不是必需的，而是只要我们活着，我们就要如此行为，以配当活着。"（《反思》，第 644 页）由于这个段落本身的意思模棱两可，再加上它并不是从康德的出版著作中摘取出来的，因此，如果由此得出结论说，康德用这句话"否定"了他对来世的信念，那是十分荒谬的。但是，这个段落（以及康德对不朽性与实践理性的第一个二论背反）确实表明，这些问题都是康德本人反复回顾的问题。

道德信仰与道德幻相

康德在第二批判的一个脚注中，提到了他显然十分赞赏的一位同时代人的著作，作为对自己的道德信仰学说的一种可能的反驳：

183

> 在 1787 年 2 月号的《德意志博物馆》上，有一篇论文出自一位非常敏锐和清醒的人物，即可惜早逝的**魏岑曼**，他在其中否认有从需要推论到该需要的对象的客观实在性的权限，并用一个热恋者的例子来阐明他的观点，这个**热恋者**由于迷恋于本来只是他的幻影的美的理念，就想推论这样一个客体是现实地在某个地方实存着的。[62]

任何企图为一种宗教上的信仰"跳跃"辩护的论证，都必须面对魏岑曼的这种反驳，它同时也是一种频繁地被用于反对一般常见的宗教信念的反驳。我们可以在西格蒙德·弗洛伊德（Sigmund Freud）对宗教信念之特性的反思中，发现这种反驳的一个最令人信服的、最强有力的表述。弗洛伊德的主张是：宗教信念（全都）具有"幻相"的心理学特征。"当'如愿以偿'成为信念的动机中的一个显著要素时，"弗洛伊德说，"我们就把这种信念称作一种幻相（*Illusion*），而且，在这样时，我们不顾它与现实之间的关系，因为这种幻相本身也毫不重视是否能得到验证。"[63]从这个角度来看待宗教信念，我们就会看到，这样一种信念通常并不把这个世界表象为我们通过经验科学的劳作所了解到的那个世界，而是把它表象为我们"想让它是"的世界。

> 如果有一个创造世界的上帝，他是一仁慈的天意，如果宇宙中有一种道德的"世界秩序"和一个"来世"，那就简直太好了；但一个惊人的事实是，严格说来，这一切都只是我们不得不"想让它是"。[64]

弗洛伊德（与魏岑曼一样）攻击的是这样一种论证逻辑，即从一种"需要"（从我们具有的一些欲求与希冀）推出那种需要的对象的实在性（现实性）。我们之所以相信某物如此，是因为我们欲求或希冀它是如此，这是非理性的与毫无道理的。但是，弗洛伊德批评的不仅是此处所涉及的*184*"推理"；他还把这种思维方式谴责为性质上有害的与病态的。"幻相"

（*Illusion*）与精神病上的"妄想"（*Wahnidee*）十分相似。（在《文明及其缺憾》一书中，弗洛伊德认为，宗教是一种"大众妄想"［*Massenwahn*］，尽管在后来的著作中，他对 *Illusion*［幻相］与 *Wahn*［妄想］的区分多少有些不一样。）[65] 在弗洛伊德看来，任何由"如愿以偿"所推动的信念都是"对理智的一种恫吓"[66]，它束缚人类的有理性，阻碍它诚实地处理自身与世界。因此，唯有"弃绝自己种种幼稚的愿望"与"心怀顺从地接受"这个世界并不完全如他所期望那般的人，才能自由地以一种理性的、建设性的与无偏见的方式面对现实。唯有这样一种人才能真正实现作为一个整体的人性之进步，并且赋予他自己的"理智"以一种凌驾于他"本能的生活"之上的优越性。[67]

弗洛伊德对宗教信念的透彻研究，对于一切形式的"信念"来说都是一个强有力的道德攻击，并且对于许多人格现实的宗教确信来说都无疑是一种正确的诊断与评估。而且，至少乍看起来，它似乎也适用于康德的道德信仰。然而，我想要论证的是，对于任何把道德信仰斥为一种有害"幻相"的指控，康德都持有难以应对的辩护。

我们首先要指出，在许多相关问题上，康德与弗洛伊德在本质上都持有相同的意见。对于他们两人来说，人类生活的正确目标都是"理智"统治凌驾于"本能"之上，而且，无论是批判哲学还是弗洛伊德式的精神分析的世界观，都不能容忍对于传统宗教信念与实践的任何无批判的接受。对于许多宗教权威与信仰者的不容置疑的宗教独断论，他们两人都持有一种深切的道德厌恶感。[68] 但是，他们的相似之处还不止于此。对于这个世界，康德与弗洛伊德都推崇一种冷静的甚至是斯多亚式的世界观，而且，对于他们两人来说，在这种世界观的特性之中，"顺从"（*Ergebung*）一词都占有一个关键位置。康德与弗洛伊德两人都是具有科学气质之人，无论如何，对于人类面临的普遍难题与关切，他们怀有极大的敏感性与深厚的思考。

但是，尽管如此，"幻相"上的差异并不是使康德成为一个信者，使弗洛伊德成为一个不信者的差异。对于弗洛伊德来说（他在这个方面始终与叔本华极其相似），一切欲求在根本上都是非理性的。在他看来，一切欲求都是从人类生物体的"本能的生活"之盲目的非理性中所产生的

"期望"。对于弗洛伊德来说，理性的功能并不是**产生**欲求，而是尽可能多地把本能的期望**转变**为"实在性"（现实性）。因此，理性的本质任务就是要追求欲求的满足（减缓人类的痛苦），使自己认识到本能的期望与实在性（现实）之间必然的不一致，并加以调和。我们必须转变自己以适应如其所是的实在性（现实），并且避免有害的幻想——它们只能助长那些令人灰心丧气的欲求。理性必须教导我们，要（尽我们所能地）**抛弃**那些于我们而言不可达成的对象的欲求，并使我们满足于实在性（现实）所允许的幸福。因此，企图维持对如是一种对象的欲求或期望，即任何达成它的可能性被实在性（现实）所威胁的对象，这样做总是有害无益的。这样一些欲求必须受到我们对实在性（现实）的冷静认知的支配，而且，就我们遭受这些欲求的折磨是不可避免的而言，我们的理性必定建议我们顺从，而不是抱有希望的幻相。因此，我们尤其必须避免的是，让我们的种种欲求以任何方式影响我们对实在性（现实）的信念。甚至，我们所特有的有理性依赖于把每一种欲求都交由实在性（现实）来检验，并且绝对接受这种检验的结果。

186　　当然，康德也把对感官欲求的"限制"看作理性的一项重要功能，而且，他还警告人们不要有"种种空洞的与幻想的欲求"[69]。但是，在康德看来，无论如何，理性与欲求的关系都是截然不同的。根据康德的见解，如是一种说法是错误的，即一切欲求都在本能中有自己的来源。对于他来说，理性的功能并不局限于对非理性期望的支配。相反，理性本身就是实践的，它能独立于"感性的本性"之种种偶然性，为人类行动产生欲求，并为其规定种种意图。理性不单单是用于**调和**一个人自身与实在性（现实）的一种手段，它还为人提供**改造**实在性（现实）本身的目标，在他自己的人格中，以及在作为一个整体的世界中，欲求一个理性的理想的达成，并为之奋斗。因此，理性自身就规定了一个欲求对象，对它的追求本身就是为理性所推动的。抛弃这一理想的目的，限制或"控制"一个人要确立起这一理想目的的欲求，因为其可能性似乎为现实所威胁，这在康德看来，无异于抛弃有理性本身，这种做法断然是**非理性的**与道德上可谴责的。

在回应魏岑曼的反驳时，康德强调人类最终目的与我们对它的理性

"需要"或欲求之独一无二的特性：

> 在需要基于**偏好**的一切场合里，我承认他（魏岑曼）在这一点
> 上是完全有道理的，偏好……是种种期望的一个**主观的**根据。但在这
> 里，需要是一种……产生自道德法则的**理性需要**，道德法则必然地约
> 束着每一个有理性的存在者，因而先天地有权利预设自然中与它相适
> 合的条件，并使得这些条件与理性的完全的实践应用不可分割。[70]

因此，道德信仰是唯一使"我的兴趣不可避免地规定着我的判断"
的东西[71]，因为唯有在这种情况下，我才能处理一个派生自理性自身的欲
求的无条件对象，理性不能也不会抛弃、限制或限定对它的追求。一切理 *187*
性行动的最终目的都不能由实在性（现实）来"检验"，这既是因为它超
乎人类理性在任何时候想要以一种理论上结论性的方式来实施这种"检
验"的能力，同时也是因为实在性（现实）本身必须经由我们追求最终
目的的行动来加以"检验"和改造。

然而，道德信仰在任何意义上都不是一种"痴心妄想"，也不是一种
詹姆斯①式的"愿意去相信"。可以肯定的是，我们在理性上投奉于相信，
这确实是由我们自己的一种个人选择所导致的：选择要服从道德法则，这
在理性上责成我们要追求如是一个对象，即我们的理性将其设定为我们最
终的道德目的的对象。但是，我们不相信，至善之所以可能，是因为我们
想让它成为可能的；我们之所以相信它是可能的，是因为如果我们想要在
理性上继续追求它，就**必须**这样做。在这里，我们用自己"愿意去相信"
某物来证成我们对它的信念是毫无问题的，因为这会让我们更愉快地去相
信它，或者我们**期望**它就是如此。当然，如果我们欲求要**达到**至善，我们
对于它可能的信念就会是一个充满希望与安慰的信念。但是，这种希望与
安慰并不能证成我们的信念，单凭它们自身也不能激发我们的信念。相
反，它们（与道德信仰一起）出自对至善的一种理性的追求。

————————

① 此处当是指威廉·詹姆斯（William James，1842—1910），他被许多人看作
美国本土第一位哲学家与心理学家，实用主义的倡导人，被誉为"美国心理学之
父"，是机能主义心理学派的创始人之一。——译者注

宗教与教会

康德通常都是在一种宽泛的、日常的意义上使用"宗教"一词，它意指通常被我们看作"宗教性的"特定社会机构与信念。而且，在某些地方，他似乎把"宗教"看作与"道德信仰"等同。但是，康德也在一种非常严格的与术语性的意义上使用"宗教"一词，他在好几个地方都表达说："宗教就是把一切义务认作神的诫命的知识"（*Erkenntnis*）[72]。我

188 们可能会问，根据康德的思想，这种严格意义上的"宗教"有什么意义？对于康德来说，道德无须一个属神的意志或诫命来确保道德命令式的**有效性**[73]，因此，在康德看来，我们为什么必须"承认所有的义务都是神的诫命"？

在第二批判中，康德似乎就是在回答这个问题，他说，我们的义务"必须被视为最高存在者的诫命，因为我们唯有从一个道德上完善的……意志那里才能希望至善，从而通过与这个意志的一致才能希望达到至善"[74]。但是，这个论证很难令人信服。当然，可以肯定的是，我们对一个属神的意志（一个道德上完善的意志）的唯一观念，必须是从我们对善性的理性标准中——从道德法则中——派生出来的。因此，我们必须相信，我们的种种义务的履行与属神的意志是和谐一致的。但是，这并不是说，我们必须把我们的义务当作神的诫命来承认。

想要理解"宗教"在人类生活中的功能与证成，我们就必须转向康德在《宗教》第三篇第一部分的论证。在这个地方，康德关注的是，人可以最好地用于追求他们最高的道德目的的实践手段。至善并不能在一个单一个体的德性与幸福中去寻求，而是必须在一个由人格组成的整体世界中去寻求，它们中的每一个都作为一个目的自身而具有一种绝对的价值与尊严。至善就存在于一种"不同的理性存在者通过共同的法则（道德法则）形成的系统结合"之中，并且以这种方式是一种"社会的目的"与"社会的善"。康德说，至善

> 并不能仅仅通过单个的人追求他自己在道德上的完善来实现，而

是要求单个的人，为了这同一个目的联合成为一个整体，成为一个具有善良意念的人的体系。只有在这个体系中，并且凭借这个体系的统一，道德上的至善才能实现。[75]

    当然，道德信仰为我们提供了通过如是一种方法来赢得这样一种联合的希望，即"以另一个理念为前提条件，即一个更高的道德存在者的理念。凭借这种存在者的普遍的活动，单个的人的自身不足的力量才联合起来，共同发挥作用"[76]。但是，在康德看来，这对于我们朝向至善的合目的行动来说是不够的。正如我们已然看到的，对上帝的信赖并不是指满不在乎地等待上帝来实现我们的种种道德目的。"不能因此就允许人，"康德说，"对这件工作无所作为，听天由命，就好像每一个人都可以只致力于他在道德上的私人事务，却把人类（就其道德上的规定性而言）的事务的整体托付给一个更高的智慧似的。"[77]

    因此，除了道德信仰之外，人自身还有一种进一步的需要，那就是追求理性存在者在一个服从一种普遍的道德法则的共同体中的系统结合。康德说，这样一种人类的结合，

> 只能通过建立和扩展一个遵照道德法则，并以道德法则为目的的社会来达到。这样一个社会，对于在其范围内包含这些法则的整个人类来说，就通过理性而成为他们的任务和义务。[78]

这将是一种什么样的共同体？康德说，一种人类的**道德**共同体必须在本质上不同于任何一种**政治**共同体。它的法律不能是成文法（它是从一个专制的人类权威中派生出来的），相反，它必须是纯粹**道德的**法则，它通过每个人自身的**理性**把自己传达给他们。但是，除此之外，一个人类的道德共同体的特有**原则**也不同于一个政治共同体的特有原则。每一个政治的或"律法的"国家的立法都是"从下面这个原则出发的：**把每一个人的自由限制在这样一个条件下，遵照这个条件，每一个人的自由都能同其他每一个人的自由按照一个普遍的法则共存**"[79]。因此，一个政治国家的法律仅仅关乎"外在的法权"，仅仅关乎每个人的自由必须限制其他人的自由的那种方式。但是，人类种族还有义务追求一个由它的成员所组成的道德共同体，为一切作为人格的人负责，并且为人与人之间的道德关系负责。然

189

190

154

而，没有任何政治共同体能够为追求这个目标而运作。这样一种共同体的法律始终都是"强制性法律"（*Zwangsgesetze*），它强迫人的行动具有一种外在的"合法性"，但是绝不能带来道德性，也就是一个自由人格之意念的内在改善。[80]

每个人都自然而然地为自己规定道德法则，并承认它对自己具有约束性。建立一个人类的道德共同体（伦理的共同体 [*ethisches gemeine Wesen*]）就是把道德法则转化为一种**公共的**法律（在共同的、非强制性的与道德的法律之下把这个共同体的一切成员联合起来），也就是一种对一切作为理性存在者的人都普遍有效的法律："那么，所有单个的人都必须服从一个公共的立法，而所有把这些人联结起来的法则，都必须能够被看作一个共同的立法者的诫命。"[81]现在，如果讨论中的这个共同体是一个**政治**共同体，那么，其立法者就可以被看作人民自身。"但是，"康德说，"倘若这个共同体是一个**伦理**共同体，那么，人民自身就不能被看作立法的。"[82]一个共同体的成员（单单作为人）不能冒充有能力普遍地立法，并且是对一切人立法。[83]任何人也不能冒充为他们所遵从的**内在的**道德立法。

191

因此，对于一个伦理共同体来说，能够被称得上是公共立法者的，必定是不同于人民的另一个人物……只有这样一个人物，才能被设想为一个伦理共同体的最高立法者，对他来说，所有**真正的义务**，因而也包括伦理的义务，必须**同时**被设想为他的诫命；因此，他也必须是一位知人心者，以便也能够透视每一个人意念中最内在的东西……然而，这正是关于作为一个道德上的世界统治者的上帝的概念。因此，一个伦理共同体只有作为一个遵循上帝的诫命的民族，即作为一种**上帝的子民**，并且是遵循**德性法则**的，才是可以思议的。[84]

那么，确立"遵从作为上帝的律令的所有人类义务的心灵意念"之中的"宗教"①，就是从人的最高目的的社会特性中派生出来的。我们在把至善当作一种社会的善来追求时，我们就必须承认道德法则不仅属于作为一个理性存在者的我，而且还作为一种法则在道德上约束一切理性存在

————————

① 此处引文未标明出处，据考当出自《宗教》，第 84 页（德）。——译者注

者，这种法则责成我把自己看作一个道德统一体的组成部分，这个统一体是由我与如是一种人格所组成的，即那些作为**目的王国的一个成员**的人格，服从于一个属神的**元首**。[85]因此，康德的"宗教哲学"（在最严格意义上）是其社会哲学的一个组成部分，而且，正是在其宗教哲学中，对于人类共同体在其伦理学中的作用，康德给出了决定性的表述。如果对批判的伦理学的这一复杂方面做出一个充足的解释，那就超出了当前研究的范围。但无论如何，我们应该简要地考察一下康德的"纯粹宗教信仰"观念，以及它与人类社会中所发现的宗教实践之间的关系。

康德说，每个人都有义务加入一个由人组成的道德共同体，并且把一切理性存在者都看作这样一个共同体的成员。在这种最低限度的意义上，先于任何此类共同体（作为一种人类机构）的现实建立，人就**已然**是"上帝的子民"了。但是，在一种更为充分的意义上，人要凭借他们自己（在实践中）实现他们的社会目的来**成为**"上帝的子民"。* 康德说，人类理性使我们形成了一个由人组成的道德共同体的理念，把它当作我们现实的社会奋斗的一个目标。一个道德共同体必须只服从于理性的法则；因此，上帝就被设想为这个共同体的"最高立法者"，但这些法则的"制定

192

---

* 马克斯·阿德勒，在其 *Das Soziologische in Kants Erkenntniskritik* 一书中，不仅把主要的社会学意义归之于至善的理想与目的王国，而且也归之于康德的道德信仰学说本身。在阿德勒看来，我们必须在其中设定上帝的天意的"理知世界"是一个社会世界，是一个人类的世界而不是自然的世界（Adler, 342ff）。当然，阿德勒的诠释忽视了一个显而易见的事实：对于康德来说，"理知世界"是一个超感官的世界与一个不可知的世界，是一个我们唯有通过这种道德信仰的世界观才能进入的世界——如果它能够被称作"理知世界"的话。然而，阿德勒确实使我们印象深刻地注意到了一个更为重要的事实：康德的道德理想是一个社会的理想（一个人格的世界的理想），而且，道德人对上帝的信赖与他对人类的历史世界的发展进步的希望紧密相关（《理念》，第 17 页及其后页［德］，第 11 页及其后页［英］；第 30页［德］，第 25 页［英］。《和平》，第 377 页及其后多页［德］，第 124 页及其后多页［英］。《伦理学》，第 317 页及其后多页［德］，第 252 页及其后多页［英］。《学科》，第 82 页及其后多页）。而且，他的讨论确实极大地质疑了格林的草率结论，即认为康德（与他那个世纪的人）都以一种"无批判的个人主义"，以及一种"历史想象力的缺乏"而著称（Greene, "The Historical Context and Religious Significance of Kant's Religion," lxxiv）。

者"（Urherber）只能是理性，而不是"他"专制的意志。[86]上帝之所以在道德上颁布诫命，是因为他是神圣者，而不是因为他具有强制的能力。一个由人组成的道德共同体还必须是普遍的，它的法则（派生自理性）对一切人都平等地具有约束性。没有任何一个政治国家——甚至没有任何一个"神权政治的"国家——能着手去实现这样一个共同体的理念。[87]一个政治国家只关心人与他人的外在关系，而且，这样一种国家在本质上仅限于那些恰好建立了它的人格，无法把一切人类纳入它的法律之下的国家。[88]由人组成的道德共同体不是以一个政治国家的形式来寻求的，而是以一个教会（Kirche）的形式，一个致力于加强其宗教成员的内在意念以履行一切作为属神诫命的义务的共同体的形式来寻求的。

193　　　　一个伦理共同体，作为教会……本来没有在其基本原理上与政治制度相似的制度……充其量，它可以被比作服从一位共同的、虽然是不可见的、道德上的父亲的家庭合作社（家族）的制度……一种自愿的、普遍的和持久的心灵联合。[89]

这样一种教会是如何为人所建立的呢？康德并没有像奥古斯特·孔德（Auguste Comte）后来所做的那般，建议人们要建立一种新宗教，除了一种抽象的哲学基础之外，它没有任何别的基础。试图这样去做不仅是不切实际的，而且还会忽视如下一个事实，即人过去已经（尽管是以一种不完善的方式）尝试打造这样一种道德共同体。在多种多样的"世界性宗教"（world-religions）或"教会信仰"（Kircbenglauben）中，康德看到了建立一种纯粹的宗教信仰（reine Religionsglaube）的单一目标。可以肯定的是，这些尝试都是不完善的，并且受到历史环境的制约，但即便如此，它们依然是"上帝的子民"的理念可识别的近似物。任何单单根据理性去建立一种**新**宗教的尝试，都不可避免地在人类自身中遭遇到一些相同的阻碍，它们造成了这些教会信仰的不完善性，从而只能使这种努力成为种种不完善的教会信仰中的一种。因此，纯粹的宗教信仰自身绝不足以建立起一个作为一种人类机构的教会：

因为对于纯粹的宗教信仰来说，问题仅仅在于那构成对上帝的崇敬的质料的东西，即在道德意念中所发生的对作为上帝的诫命的所有义务的遵循；而一个教会，作为许多人在这样的意念下的一个道德共同体的联合，却需要一种**公共的**义务承诺，即某种以经验条件为基础的教会形式。[90]

因此，纯粹的宗教信仰并不是替代品，不是教会信仰的"对立面"。[91]相反，它是教会信仰真正的、理性的本质。教会信仰是纯粹的理性信仰的"载体"，是"引导器"；它是包含了纯粹的宗教信仰之理性内核的外壳（*Hülle*）。[92]因此，宗教（正如人类知识与实践一般）既有纯粹的部分，也有经验性的部分。教会信仰（受制于历史环境，并且把自己建立在神的启示的基础之上）是一种经验性的宗教。但是，它包含了一些原则，这些原则并不依赖于对历史传统或者对一种神的启示的经文解释，而是普遍地向人们倡扬自身，并且把自己的主张完全建立在道德理性之上。因此，"理性界限内的宗教"可以在教会信仰中被发现，后者还包含了"理性界限外的宗教"，也就是一种启示的宗教。因此，康德对《纯然理性界限内的宗教》（*Die Religion innerhalb der Grenzen der blossen Vernunft*）的标题做出解释：

> 关于这部著作的标题……我还要做出以下的说明：由于**启示**至少也能够把纯粹的**理性宗教**包容在自身之中，但不能反过来说后者包容着前者的历史性部分，因而我将能够把前者看作信仰的一个**比较宽泛的**领域，它把后者作为一个**比较狭小的**领域包容在它自身之中（不是作为两个彼此外在的圆，而是作为两个同心圆）。[93]

然而，教会信仰充其量不过是纯粹的宗教信仰的一种不完善的载体。教会信仰数量众多，并且分裂为种种相互竞争的教派。此外，它们没有把自己的主张建立在理性之上，而是建立在经验性的启示之上，后者通过一种历史性地有条件的传统得以传承。出于这两个原因，没有任何教会信仰能够宣称自己具有真正的普遍性。康德说："一种仅仅建立在事实之上的历史性的信仰，只能把它的影响扩展到信息与按照时间条件和地点条件判断它们的可信性的能力相联系所能达到的地方。"[94]然而，教会信仰的不完善性往往以更为积极的与更为令人不快的方式表现出来。这样的信仰通常都以对上帝的种种特殊义务来取代被当作神的诫命来承认的种种道德义务，它们被一种准政治的等级制度当作"规章"来颁布。[95] 由此，教会信仰限制了对一切真正的宗教来说都必不可少的自由。此外，教会信仰还常常不满足于通过对上帝意志的服从来事奉他，而是希望通过除了道德上善的行为之外的其他手段来取悦上帝，或者赢得上帝的好感。因此，教会信仰受制于"宗教幻相（*Wahn*）"的危险，即人能够通过除了一种道德上善的意念之外的手段成为令上帝喜悦之人的信念。[96] 教会信仰沦为这些幻相的牺牲品，沉溺于一种对上帝的"伪事奉"（*Afterdienst*），以礼仪崇拜与对教会规章的（道德上冷漠的）外在服从的形式。[97] 康德并没有谴责这种实践本身，他谴责的是，以为这种实践构成了对上帝的一种真正义务的信念，或者以为它们是宗教的一个本质部分的信念。这种信念把信仰（*Glaube*）转变为**迷信**（*Aberglaube*）。[98]

因此，我们不能满足于作为纯粹的宗教信仰之载体的教会信仰，而是必须尝试通过使用我们的理性来促进一个道德共同体的理想。因此，教会信仰不仅是纯粹的宗教信仰的载体，它还是人类建立在纯粹的宗教信仰之上的一个道德共同体的先决条件。人必须把纯粹的宗教信仰从它的"外壳"中"解放出来"。[99]

但是，如何才能做到这一点呢？康德说，我们不能通过"外部革命"来废除教会信仰，而是必须（像一切人类进步一样）"通过逐渐的改革，按照确定的原理"来进行。[100] 朝向一个道德共同体进步的原则，就是**启蒙**。对上帝的事奉必须变成"一种自由的，从而也是道德上的事奉"[101]。

196 通过启蒙，人"从他咎由自取的受监护状态走出"，通过使用自己的理性，从他对种种专制的规章的服从中解放出来，从教会信仰赖以将自己呈现于他的历史传统之中解放出来。人必须"以成熟的反思把握住"教会信仰中的理性内核，从而把自己对宗教的视线扩展到如是一种教会中，即把一切人普遍地作为理性存在者包含于其中的唯一真正的大公教会（ecclesia catholica）中，一种理性大公（catholicismus rationalis）的教会（ecclesia）中。[102] 为了这个目的，教会信仰必须保卫自己免受宗教幻相之害，并且

除了它迄今为止不能完全缺少的那些规章性信条之外，它在自身

中还必须包含一种原则，即把具有善的生活方式的宗教作为真正目的引进来，以便有朝一日能够不要那些信条。[103]

然而，康德的意思并不是说，借由这种进步，教会信仰、其实践与历史传统应该被废除。毋宁说，它借此达到了对自己是纯粹的宗教信仰的一个载体的认识，从而更好地服务于作为其本质的纯粹信仰。因此，康德期待这样一个时代，教会信仰除了是纯粹的宗教信仰的一个纯然载体之外，不再是别的任何东西，而且，他表达这一希望如下：

> 宗教最终将逐渐地摆脱所有经验性的规定根据，摆脱所有以历史为基础的、借助于一种教会信仰暂时地为促进善而把人们联合起来的规章。这样，纯粹的宗教信仰最终将统治所有的人，"以便上帝就是一切中的一切"。[104]

康德的这一"纯粹的理性信仰"的观念，包含了诸多基督教独有的要素，这一点频繁地为人所强调。*

197

---

*　实际上，康德不仅被（尼采）描述为"一个狡猾的基督徒"（Nietzsche, *Twilight of the Idols*, 74g, 484e），还经常被赞颂为"新教哲学家"。对我来说，后一种形象似乎是尤为有害的与误导性的。甚至那些授予康德这个头衔的人（当然）也承认，这并不是一个康德本人愿意接受的头衔（Paulsen, "Kant def Philosoph des Protestanismus," 2）。康德对他本人所处的那个时代的正统路德宗没有剩下多少感情。但更为重要的是，康德的思想同路德、加尔文与茨温利的狭义上的圣经宗教之间无疑没有丝毫共通之处，同他们的奥古斯丁主义与他们对人类理性的反对更没有什么共通之处。实际上，卡尔·巴特（Karl Barth）甚至说，康德的罪恶与恩典学说在观念上主要是罗马天主教的（Barth, *Protestant Thought from Rousseau to Ritschl*, 187）。正如德勒卡特（Delekat）所注意到的，在他对宗教进程的解释中，"康德降低了……宗教改革的任何重演——对他来说，那就是一个改革——转而选择渐进改革的道路"（Delekat, *Immanuel Kant*, 369）。真正说来，相比路德与加尔文，康德更具有伊拉斯谟与库萨的尼古拉的精神。

事实上，除了极其薄弱的"精神上的"联系之外，康德与新教（抗议宗）之间再没有什么其他联系被提出过。正如鲍赫（Bauch）的结论所说，即便"在康德那里，路德的道德宗教情感已然达到了理性的立场"（Bauch, "Luther und Kant," 492）。相比上帝在耶稣基督中对"他本人"的启示（这无疑是路德对他的一切"道德宗教的情感"的来源的看法），路德本人是否会认为这种"达到"有极大的价值，这依然是十分令人怀疑的。保尔森把康德最大的"新教（抗议宗的）"要素实际上，康德确实说，"在迄今为止所存在的所有公开的宗教中，唯有基督教才是这样的宗教"，而且，这会使一些人认为，康德的"纯粹的宗教信仰"是基督教与基于道德理性的信仰之间的一种"妥协"，或者说是一种"联合"。[105]但是，康德之所以提出这种主张，在他看来，是因为基督教"被表现为**出自第一位导师之口**，是一种并非规章性的而是道德的宗教"[106]。然而，对于作为一种历史性信仰的基督教，他宣告了一种截

看作他在良知与宗教的事务上为"思想自由"而做出的斗争，以及对"外在的、人类的权威"的反抗（Paulsen, "Kant def Philosoph des Protestanismus," 14）。施特普斯（Staeps）对康德作为"新教（抗议宗的）"哲学家的形象做了最为准确的描绘："如果我们根据新教（抗议宗）来理解自宗教改革以来的全部教会实践，康德就绝不会让自己与新教（抗议宗）站在同一阵线。但是，相反，如果这种说法是指宗教上的独立性，这种精神的自我确定性从每一种外在权威中解放出来，并且仅仅奠基于一种在人格上被承认的、被揭示出来的、被赢得的与被经验到的信仰的确信之上，那么，康德就完全是一个新教（抗议宗的）哲学家，而且，是一个在道德人格性的自律中把新教（抗议宗）置于一种哲学的基础之上的新教（抗议宗的）哲学家"（Staeps, "Das Christusbild bei Kant," 112f）。

然而，不幸的是，康德对在同其他人格的关系中的理性而道德的人格性的自律的坚持，正是他对思想自由的肯定与对"外在权威"的反抗，使他反对他所发现的新教（抗议宗）的社会实在性与教会实在性（社会现实与教会现实）。当他警告开明的君主不要"在他的国家里支持一些暴虐者的宗教专制来对付其余的臣民"的时候，他所说的无疑不仅仅是遥远的天主教国家（《启蒙》，第40页［德］，第8页［英］）。康德对他本人所处的那个时代的新教（抗议宗）的评价，以精妙的讽刺在《宗教》中得以表达，他说："如果一个教会把自己的教会信仰冒充为有普遍约束力的，它被称作一个普世的教会，而那个对其他教会的这种要求提出抗议……的教会被称作一个抗议宗的（新教的）教会，那么，一个留心的观察者就会遇到许多抗议性的普世教徒的可嘉实例，反过来也会遇到更多极端普世性的抗议宗教徒的可耻实例。前一种人具有一种自我扩展的思维方式（尽管他们的教会的思维方式并非如此），与此形成鲜明对比的是，后一种人具有非常狭隘的思维方式，但决不是具有优越性。"（《宗教》，第109页［德］，第100页［英］）

事实上，康德与宗教改革的激进主义、非理性主义以及反人道主义的距离，就同他与这些改革者所抗议的独断论的、反动的传统主义的距离一样遥远。把康德描述成一个"新教（抗议宗的）"哲学家，就是把他的思想囚禁在他最为憎恶的对宗教事务的宗派纷争中。那是对普世大公主义（ecumenicism）、有理性以及普遍可传达性的损害，它们就处在其宗教观念的根基之上，以及作为一个由一切人类组成的"道德共同体"的教会的根基之上。

然不同的判断："就人们有理由期待一种道德宗教可以做出的慈善作用而言，基督教的历史对公众来说决没有什么好印象。"[107] 因此，康德既把基督教看作一种"自然宗教"，一种理性的宗教，也把它看作一种"有教养的宗教"，一种基于启示的教会信仰。而且，公平地说，批判的宗教哲学家必须以这种方式（在一个历史性的外壳中包含了一个理性内核）来看待任何教会信仰。

对于基督教与道德信仰之间的关系，伟大的神学家卡尔·巴特做出了一个更为谨慎的评价。惊讶于康德的教会观念与传统的基督教观念之间的相似性，巴特追问：

> 这还是纯然理性的宗教的教会吗？如果是的话，那么，它无疑同时也是一幅基督教的教会观的图景，并且毫不缺乏仔细的研究。而且，如果这位哲学家回答说，准确来说，基督教的与理性要素的这种偶然的愉快契合，正是在这一点上才得以显现，那么，我们就可以转而追问，这种理性的要素事实上是否在这种建构中充当了原型（archetype）……或者，事情的结果是否与康德所计划的和意图的截然不同，他是否有可能使用了自己的宗教文本之外的其他宗教文本。[108]

否认康德的教会观念（或者，实际上是一般性地否定他的宗教与伦理学）深受他生活于其中的基督教传统的影响，这当然是十分荒谬的。但是，除非我们把一切在"有理性"上的尝试都纯然当作"理性化"而加以抛弃，或者主张历史本身就是一种形而上学的"理性"的产物，否则我们就不能推定，康德的纯粹宗教信仰是**基于**其观念本身赖以产生的那种历史传统。这一点是否如此，必须取决于康德的那些自称理性的论证之力度，而不是取决于他的见解赖以立足的历史传统。

但是，此外，我们可以有理由认为，不管怎样，对于康德来说，他在《宗教》中的陈述确实展露出了某些基督教的要素。在《宗教》中，除了基督教以外，康德确实还讨论过犹太教、伊斯兰教和印度教，而且，他旨在表明，许多历史性的宗教都展示出了一种道德上基础性的上帝观念[109]；但是，在他本人看来，基督教信仰"以比哲学其尽所能提供的远为确定

199

200

和纯粹的道德性概念丰富了哲学"①，而且，正是基督教的发展提供了一些论题，它们为贯穿于《宗教》中的讨论提供了指导。[110]实际上，康德在《宗教》中的首要任务，并不是要提出一个"比较宗教"的论题，而是要追问，我们在人类社会中所看到的种种信仰（尤其是基督教信仰）在多大程度上能够在"纯然理性界限内"得到证成。因此，19世纪伟大的（但遭到极大忽视的）神学家阿尔布雷赫特·立敕尔（Albrecht Ritschl）以一种更为真实也更富同情的方式表述了康德的纯粹宗教信仰与基督教信仰之间的关系，他说：

> 在基督教中，上帝之国被表象为上帝的共同目的与拣选的共同体，以这样一种方式，它超越了民族的自然限制，并且变成了万国组成的道德社会。在这个方面，基督教把自身表现为完善的道德宗教……康德是第一个觉察到如是一种"上帝之国"，即作为一个被德性法则结合起来的联合体的"上帝之国"对于伦理学的最高重要性的人。[111]

宗教经验与启示

201　　创立一种"理性界限内的宗教"，一种纯粹的宗教信仰，这并不是要建立一种**新型**人类机构，而是要从事一种对现存种种教会信仰的理性**批判**，并且尝试引导这些信仰以缓慢的步伐朝一个普遍的人类道德共同体的理想前进。对于康德来说，即便是在宗教中，理性的**批判**功能、作为**自我知识**的理性，也同样是人的启蒙与自我发展的首要工具。

　　然而，似乎对许多人来说，康德的如是一种想法是错误的，即对宗教信念与实践的一种批判可以恰当地在人类理性的范围内开展。根据这些人的看法，康德的这种想法不过是一种"浅薄的理性主义"，没能认识到宗教现象中的某些完全**外在于**理性的东西，一种并不完全顺从于纯然人类理

---

　　①　此处引文未注明出处，据考当出自《判批》，第472页脚注（德）。——译者注

性之判断与标准的觉知。因此，康德频频被批评为"没有能力认识到一种独一无二的宗教经验"，给出"关于上帝的知识"，并使我们与之"共融"。[112]有人说，康德忽视了**情感**在宗教中的作用，并以此导致他低估了宗教实践中的礼仪与崇拜的作用。[113]鲁道夫·奥托（Rudolf Otto）确实承认，他在创立自己的宗教哲学时极大地受惠于康德，但对康德提出了一场旷日持久的控诉，他指责康德忽略了"神圣者"（holy）概念中的"非理性的东西"，通过把这一概念化约为其纯粹理性的、道德的要素而使之变得贫乏。[114]

最具有误导性的说法（正如康德的一些批评者所说的那般）是：他不过是"忽视"或"忽略"了宗教中的"非理性的"方面。康德从未对任何神秘的或者任何其他宗教性的感性做出过一种系统的心理学研究，但他无疑注意到了——实际上，有时候甚至过分注意到了——"非理性的东西"与"内在情感"在教会信仰及其实践中所发挥的作用。[115]康德之所以"没有能力认识到"这种现象，并不是因为他忽视了它们的现实存在，而是因为他试图对它们做出一种**理性的**评估。

对于康德来说，任何判断在理性上的有效性都依赖于其**普遍的可传达性（可交流性，可共融性）**。[116]理性宗教的有效性也要依赖于其普遍性，依赖于它在一种能够要求一切人的信仰与义务中的基础。那么，为他的"内在情感"这种完全私人的事务，康德不会和任何人发生争论，但他会否定说，这种情感的在场——无论何种情感——能赋予任何信念或行动以一种唯有通过普遍的可传达性才能获得的证成性与有效性。因此，康德对宗教情感"内在的"内容不感兴趣，他把自己的注意力集中在如是一种主张的可证成性上，即那些从自己的私人情感出发做出的论证。凭借无论何种私人情感的在场，没有任何信念或行动可以得到证成。无论对于道德情感来说，还是对于其他任何情感来说，都是如此。可以肯定的是，无论是道德信仰还是道德意愿都有一个情感的方面，它们都包含了"道德情感"的动机和一种要信赖上帝的"被感受到的理性需要"。[117]但是，证成道德信仰与道德意愿的是它们的**有理性**，而不是这些情感的纯然在场。"内在的情感"就更不能给予我们任何关于上帝的"经验"或"知识"了。因为，没有任何有限的存在者能够具有这样一些超感官的经验："因为最高存在者直接临在这种情感，以及这种情感与其他任何一种情感……的区分，是对一种直观的接受能力，而人的本性中并没有进行这种直观的感官。"[118]

203   在这个问题上，批评康德的立场的人通常都主张说，康德在理论理性与实践理性之间做出了"错误的区分"。有人认为，"宗教经验"既不是理论知识也不是道德意愿，相反，它要么是它们的一种结合，要么是"比它们更高或更深的"第三种事物。[119]那些以这种方式批评康德的人似乎都提议要以一种可能的方式来"扩展"康德的批判工程，以对人类的一种为康德所"忽视"或"忽略"的基本职能的考察来对它加以补充。但是，这种做法通常都是高度误导性的。如果康德的批评者们提议说，要对他关于人类有理性的观念做出一种扩展或修正，以便把康德没有注意到的人类经验中的一些先验要素纳入其中，那么，他们的提议至少没有在精神上有悖于批判工程。康德本人对人类情感中的先验要素的考察，即他在第三批判中所提供的考察，无疑就构成了这样一种"扩展"。但是，对于康德来说，批判主义始终都是理性的自我知识，是人对自己的种种能力与限制的觉知，是依据种种具有普遍必然的有效性的概念所进行的一种系统把握。

    当然，就"神圣者"对奥托来说是"纯粹理性"的一个先验范畴而言，他对这一概念的处理有可能还属于对宗教的一种真正批判的进路。[120]而且，就此而言，他的工程在本质上不同于施莱尔马赫（Schleiermacher）的工程，也不同于如是一些人，即那些为理性的批判"补充"一种完全外在于和高于理性的情感学说的人的工程。但是，甚至对于奥托来说，宗教经验中的"努秘"（numinous）也是"非理性的"①，它是无法传达的，甚至无法被设想。人类的"入神官能"（faculty of divination）与人类理性是截然不同的，而且，除了诉诸一种"完全独一无二的"**情感**之外，其种种判断也根本不能被赋予普遍有效性。[121]因此，奥托的工程也不是对批

---

① 努秘（numinous）是奥托生造的一个概念，是根据拉丁文的 numen（神力、天意、守护神）引申而来的，意指"神圣者"中的非道德的、非理性的要素，也译作"圣秘"或"神秘者"。——译者注

判主义的一种补充，而是对它的一种颠覆，放入了一个盲目的与非理性的 *204*
情感的"范畴"，这种情感全然超乎理性的批判范围。[122]对于康德来说，
这样一种颠覆就是"理性的死亡"，并且必然会终结任何对人类洞识之界
限做出系统的批判与规定的尝试。[123]在奥托本人对宗教经验中的"努秘"
要素的出色考察中，他的清醒与谨慎并不能改变如是一个事实，即他企图
引入一种纯粹情感的范畴，但这一范畴以任何方式都不属于系统的批判主
义，因为它毕竟存在于人类的理性本性的种种限制之外。[124]康德认为，批
判的自我知识必须必然是**理性的**，并且同意弗洛伊德所说的，"根本没有
高于理性的法庭"[125]。康德认为，唯有理性的普遍可传达性才能为我们提
供一种真理与有效性的真正标记，而且，如果宗教想要求自由而理性的人
们对它信赖与敬畏，那就（与伦理学与科学一样）必须建立在理性之上。

　　无论如何，康德在这样做时，十分谨慎地坚持理性在处理宗教问题上
的**批判**功能。康德并没有独断地**否定**神对人的一种启示的可能性。他说，
理性"决不会作为自然主义者来否认，既不会否认一种启示的内在可能
性，也不会否认一种启示作为引导真宗教的手段的必要性；因为对此没有
一个人能够凭借理性有所断定"[126]。康德甚至慎重地指出，我们可以把犹
太民族在各个时代中的持续存在看作一种特殊的神意的证明。[127]尽管神的
启示本身不是可能的①，但是，任何人想要通过经验来**知晓**上帝在任何实
例中现实地启示了"他自身"都是不可能的：

　　　　因为即便上帝确实对人说话，人毕竟永远不能知道有上帝在对他
　　说话。人通过自己的感官把握无限的上帝，把上帝与感官存在者区分 *205*
　　开来，并根据什么东西来**认识**上帝，这是绝对不可能的。[128]

　　在《哲学的神学讲义》中，康德对"著作与言辞"中的"外在的"
启示与"通过我们自己的理性"的"内在的"启示做出了区分。[129]当我们
把自己的种种道德义务看作神的诫命时，当我们通过理性的信仰而相信上
帝时，我们就会把这些诫命与这种信仰看作来自上帝本人的一种"启

————————————————————

　　①　此句原文为 though divine revelation itself is not possible。但从上下文来看，is
not possible 当系 is not impossible 的笔误，实际当是"尽管神的启示本身并非是不可
能的"。——译者注

示"，一种通过普遍可传达的人类理性而不是通过经验或情感的启示。当然，以这种方式来看待我们的理性信仰与种种道德义务，并没有为它们实质性地增添任何东西，而且，这无疑也没有为我们提供任何种类的关于上帝的"知识"。因此，康德在《遗著》（*Opus Postumum*）中有关"通过理性而来的神的启示"的言论，并没有任何全新的或革命性的东西，这种口吻遍及其批判著作之中。[130]

康德为什么引入"内在的"或理性的启示的概念？康德意识到，教会信仰作为纯粹宗教信仰的一种载体的一个重要的方面，就是它对一部神圣**经书**的守护权，神的启示据称是凭借这部经书传达给人的。[131] 通过"圣经神学"的训导，教会信仰把这一经书诠释为一整套规章。[132] 在人类理性对宗教的批判进路中，它还必须处理这一经书，并且在其中区分出那些属于纯粹宗教信仰的东西与那些仅仅属于经验性信仰或教会信仰的外圆部分的东西。因此，纯粹宗教信仰就要求有它自己的经文诠释原则，有它自己的"诠释艺术"（hermeneutics）。[133]

道德理性的"内在的"启示为我们判断经书文献中的"外在的"启示之真实性提供了一个**标准**、一个"规范"或一块"试金石"。[134] 唯有一个善的上帝的启示才能对我们具有约束力，而且，唯有我们对上帝的道德观念才能为我们提供一种手段，以规定这样一个上帝的所谓启示在道德上的纯洁性——从而规定其可能的可靠性。任何东西除非能够与"内在的"、理性的启示和谐一致，否则的话，它就不可能是来自道德上完善的上帝的一个真实的启示。因此，纯粹宗教的释经工程就是要在经书中发现同"内在的"启示真理和谐一致，并且展示出"内在的"启示真理的内容。正是在这个意义上，内在启示先行于其他一切"被启示的信理"的主张，同时，一切经验中的"外在的"启示都"预设"了道德理性的"内在的"启示。[135] 当一部经书文献以这种方式来诠释时，康德说：

> 我们心中的上帝本身就是解释者，因为除了通过我们自己的知性和我们自己的理性同我们说话之外，我们不理解任何人，因此，就我们的理性的概念是纯粹道德的，因而是确实可靠的而言，除了通过它们，一种向我们颁布的学说（信理）的属神性，不能通过任何东西

来认识。[136]

　　我不能假装已经如此透彻地讨论了康德对教会信仰、宗教经验或启示的处理，透彻到足以顾及这些主题的错综复杂，以及康德的分析所恰当要求的那般细致入微。但是，我认为，我们已然看出，康德的教会观念如何完备了他对"人把自己最终的道德目的当作一个确定的社会目标来追求"的观念；而且，通过简要讨论康德对那种建立在种种超越理性的主张之上的宗教的态度，我对理性信仰的概念做了一些填充。在此，最有意义的事情是，康德试图从事一种对宗教的理性批判。他试图对启示（尤其是基督教）中的那些"服从于一种理性解答的问题"与那些"不服从于一种理性解答的问题"做出区分。在最后一章中，我将讨论康德试图理性地处理基督教神学中最为根本的问题之一：根本恶与神恩的问题的努力。

207

第6章 根本恶与神恩

　　我们在第4章中看出，人在道德上的完善的实践可能性所面临的一种辩证威胁，如何引发了康德对"不朽"公设的道德论证。然而，我们不得不承认，康德对于整个有关人的道德完善，以及他所面临的这种辩证威胁问题的处理（他在《宗教》之前的著作中对它们的处理），在多个方面都是非常不完备的。我们在第4章中看出，康德在这一点上的论证，还需要他的根本恶学说，而且，这种导致了第一个二论背反的辩证，不能单单基于人类意愿的有限而感性的特性。我们还注意到，康德的"不朽"公设（单凭自身）并不足以解决第一个二论背反，使我们免于遭受"道德完善对于人来说根本不可能"的威胁。直到《宗教》问世，康德才通过详细地考察根本恶的问题，通过更为广阔地考虑道德信仰对这一问题的回应，填补了其论证中的这些空白。

　　尽管在《宗教》问世之前，康德既没有以任何详细的方式来处理这些问题，也没有试图把它们与自己的道德信仰学说系统地联系起来，但是，认为康德完全忽略了它们，这是不正确的。早在《宗教》之前，康德就承认说，人在为道德完善的奋斗中存在对"神助"的道德需要，而且，实际上，他还表达了一些与我们在《宗教》中所发现的恩典学说极为相似的见解。[1]康德甚至还谈到了根本恶的问题，尽管他早期的讨论并没有展示出一种精明老练，如同他在《宗教》中处理这个问题时所展示出来的那般。[2]然后，在《宗教》中，康德才首次对他注意已久的这些问题予以**细节性的**关注，而且，他试图把对这些问题的详细处理与他在第三批判中发展起来的道德信仰学说系统地联系起来。

在《宗教》中，康德重启了整个有关人在道德上的完善性的问题，并且尝试就这个问题给出一个比他之前的任何著作都更为完备的回答。因此，我们对根本恶与恩典的讨论丰富了我们对康德有关实践辩证及其解决方案的思想的批判体系的考察。无论如何，康德对根本恶与恩典问题的处理就其本身而言也十分有趣。在《宗教》中，康德试图在理性上处理上帝和人的疏离与和解的问题，这个问题一般来说是宗教生活与宗教思想的核心，而且，对于基督教信仰与基督教神学来说尤为如此。在《宗教》中，康德试图规定可以使这个问题得到理性处理的范围，并且在这些限制范围内，为人与上帝的和解提供一个理性的解释。诚然，康德在《宗教》中对罪恶与恩典的讨论，表现出了某种犹疑与不充备。康德并没有如我们所希望的那般，清楚地规定理性在处理罪恶与恩典的问题时的种种限制，他也没有为神恩本身提供一个全然清楚的解释。然而，尽管我们不得不强调这些困难，但是，我认为，我们也不得不承认，就尝试为人与上帝的和解给出一种理性的解释而言，康德对根本恶与恩典的讨论算得上是人类理 *210*智最伟大的成就之一。

根本恶的概念

在第 4 章中，我比较详细地讨论了根本恶学说，这一学说构成了实践理性第一个二论背反的根据。因此，再予以这一学说更多的关注之前，明智的做法是先复习一下我们前面的发现。根据康德的见解，人类本性具有三种善的"禀赋"（*Analgen*）：（1）**动物性**的禀赋（作为**活着的**存在者），人的种种自然需要和偏好就是由此派生出来的；（2）**人性**的禀赋（作为一个**理性的**存在者），人运用**机智**以满足自己的种种需要和欲求的能力就是由此派生出来的；（3）**人格性**的禀赋，人对自己责任的意识，以及对他在道德法则面前的可归责性的意识，就是由此派生出来的。[3]这些禀赋在如是一种意义上全都属于"人类本性"，即它们都"属于人类本性的可能性"。它们在如是一种意义上全都是**向善的**禀赋，即这些禀赋就其本身而言是"无可指责的",而且,人凭借它们才是生而"向善的"。[4]*

康德说,没有人由于具有这些禀赋而**现实地**就是善的或恶的。[5]因此,如果人被说成是"天生"(by nature)善的或恶的,那么,这种善性或恶性就不能存在于那些与人类本性的**可能性**密切相关的禀赋之中。相反,道德上的善与恶的概念涉及人对自己的种种能力的现实运用,它们不允许我们把这些能力本身看作道德上善的或恶的。善的或恶的必须"存在于任性(*Willür*)为了运用自己的自由而为自己制定的**规则**中,即存在于一个**准则**中"[6]。正如我们已然注意到的,一切道德上的善与恶都关乎人类意愿的准则,而且,人类意志的一切对象都从如是一种状况之中派生出自己的善性,即它们被包含在一个道德上有效的准则的质料之中。此外,正如我们同样已然注意到的,**一切**有限的理性意愿(无论它们是善的还是恶的)都**同时**包含道德理性的动机与感性偏好的动机[7];每个准则,只要它是一个有限的理性主体据以行动的原则,就必须同时包含这两种动机,因为这两种动机都属于这样一个主体的禀赋。因此,一个准则的善性或恶性并不在于它所包含的动机,因为,如果确乎如此,那么,人就会在任何时候都"立刻就是善的或恶的"[8]。相反,一个准则的善性或恶性在于它的"形式",在于它种种动机的"秩序"或"主从关系",在于"他(这个行动者)把二者中的哪一个作为另一个的条件"[9]。善人的准则之所以不同于恶人的准则,仅仅是因为前者把义务的动机当作偏好的动机的条件,然而,后者却颠倒了种种动机的道德秩序,并且把"唯有在义务与对偏好

---

* 因此,康德与克尔凯郭尔一样,"避开了'肉欲自身就罪孽深重'的理性主义见解"(Kierkegaard, *The Concept of Dread*, 53)。罪恶对于康德来说,犹如对于立敕尔一样,"人在自身中发现的矛盾,既是自然世界的一个部分,也是一种自称要支配自然的精神上的人格性的一个部分"(Ritschl, *The Christian Doctrine of Justification and Reconciliation*, 199)。当然,人的有限性与其有理性之间的对立,他的感性欲求和偏好与其无条件的道德目标之间的对立,为康德对于人与其条件的见解来说具有重要意义。但是,这种对立自身并不会让人变成一个邪恶的、罪孽深重的存在者。康德在此再次否定了斯多亚学派的理性主义,尽管他本人时常被指控为后者。他说,英勇无畏的斯多亚学派仅仅把邪恶看作"未受教化的自然偏好"是错误的,事实上,邪恶是"一个似乎不可见的、隐藏在理性背后的敌人,因而也就更加危险"(《宗教》,第 57 页 [德],第 50 页 [英])。

的追求一致的条件之下" 当作履行自己的义务的一个规则。

如果人天生就是恶的，那么，这种恶就不能是善的动机的一种缺乏，而是道德理性的一种"败坏"。[10]如果人被设想为一种道德上可归责的存在者，那么就必须预设，他把道德命令式理解为对自己具有约束性的，从而承认这种命令式是行动的一种动机。但是，如果人根本就不是一种道德上可归责的存在者，那么，他就不能是一个**恶的**存在者。人身上的人格性的禀赋（他在道德上的可归责性）是他成为善人或恶人的可能性的一个条件，而且，他具有这种禀赋并不能使他现实地成为善的或恶的。按照一种相似的方式，人身上的恶不能在于任何"自然的冲动"，不能在于任何单单出自恶的缘故而作恶的动机或偏好之中。人的种种自然的冲动与偏好全都出自一种善的禀赋，出自作为一种有限的、活着的存在者的本性，它们本身并不是本质上恶的东西。

人们有时候会批评康德，说他拒斥人身上具有一种恶的冲动的可能性，具有一种叛逆法则的偏好的可能性，或单单为了不服从而不服从法则的可能性。[11]然而，我们事实上不难看出，他持有一些极其合理的理由来拒斥它。* 首先，这样一种偏好就其自身而言根本就不能被看作道德上恶

---

    * 当然，康德并没有主张说，一切形式的叛逆都是不可能的。如果道德性是一个真实的或想象中的君主因其任意的与专制的意志而提供给一个人的，那么，根据康德的见解，这个人就很可能不由得（由于感受到自己作为一个人格的尊严遭到冒犯，感受到它为这样一种专制所滥用）会发展出一种强烈的自然偏好，不顺从这个君主的诫命，并且叛逆它们。从一种康德式的视角来看，义务的表象作为上帝的积极诫命（而不是作为我们自律的理性的诫命）甚至会滋生出这样一种叛逆。实际上，一种非理性的道德性会导致"对德性的诫命的一种隐秘的仇恨"（《德性论》，第485页［德］，第159页［英］；《宗教》，第24页脚注［德］，第190页脚注［英］）。康德否认的是，人（作为一个理性受造物）能够具有一种单单想要变得非理性的自然偏好。他可能会叛逆自己的家庭、叛逆社会甚至叛逆上帝（一个被错误地设想为任意的、专制者的上帝），但是，他无法叛逆作为一个理性存在者的自己。西尔伯声称，"康德的主张恰恰相反，人自由地违抗法则的力量是一个根深蒂固的人类经验"（Silber, "The Ethical Significance of Kant's *Religion*," cxxix）。然而，如果一种假设是哲学批判中的一个常见的谬误：通过指出一些"事实"（它们是无可争议的），我们就能为我们表述这些事实的方式提供一种哲学上的证成。同样令人费解的是，西尔伯认为，根据康德的见解，一个恶人必定就是一个"软弱的人格"

的,因为它是从本性中派生出来的,而不是从人对自己的自由的运用中派生出来的,而且,我们不能认为他在道德上要为此负责。但是,更为重要的,就是要承认这样一种偏好将会等同于对如是一种观点的否定,即人有能力做出理性的行动,它要么是善的,要么是恶的。正如我们刚才所见,道德理性的动机与偏好的动机能够被包含在相同的准则之中。对于康德来说,这些动机原则上是相互兼容的,而且,可以在一个自洽的行动准则中被安排为一个动机服从于另一个动机。善人把履行自己的义务当作一个规则,并且唯有在满足偏好与履行义务相容的情况下,才会去追求偏好。相反,恶人首先追求的是自己的幸福,然后(在康德看来),在履行自己的义务与这个目的相容的情况下,才会履行自己的义务(虽然说,由于他并不是为自己的准则的立法形式所无条件地推动的,他的意愿只具有一种合法的价值,而没有道德的价值)。但是,善人不会停止具有种种自然的需要与偏好,恶人也不会无法理解自己的道德责任,并且拒绝承认它是行动的一个动机。善人与恶人都要为他们的意愿形成一些**理性的原则**,因为

214 他们都是有限的理性行动者。然而,如果我们假定,人受到一种为了**出自恶而作恶**的偏好的影响而去作恶,那么,他们的意愿——无论是善的还是恶的——就根本不可能有任何自洽的理性原则。我们可以在“我要履行自己的义务”这个条件之下把“追求幸福”当作自己的准则,或者以“我的义务与追求我的幸福一致”为条件来履行自己的义务,但是,我无法一贯地把“以我不服从法则为条件来服从法则”或“以我服从法则为条件来不服从法则”当作我的原则。我无法一贯地把“道德理性的动机”

(weak personality),他由此指出,由于事实上与虚构中的某些恶人(希特勒、拿破仑、阿哈布)(阿哈布 [Ahab] 系《旧约圣经·列王纪》中的人物,根据记载,他是政治分裂后的以色列国的第六位君王 [未计算篡位仅七天的齐默黎],与著名的先知厄里亚 [Elijah] 同时代。——译者注)都不是软弱的人格,康德的见解因而必须是错误的。可以肯定的是,一个坚持(无视自己的义务,否认自己同情的自然情感与人性)遵从“损害他人的幸福以追求自己的幸福”的准则的人——这样一个人无疑并不是我们所说的一个“软弱的”人格。然而,严格说来,康德正是把这一点说成是人的本性所展示出来的“恶劣”(wickedness)或“败坏”(corruption),与之相伴的还有另外两种“软弱者”的恶习,即“脆弱”(frailty)和“不纯正”(impurity)(《宗教》,第 29 页及其后页 [德],第 24 页及其后页 [英])。

与"为了恶的缘故而作恶的动机"结合在相同的法则之中。因此，如果人想要具有一种为了恶的缘故而作恶的偏好，他就无法构想出任何自洽的准则，从而也根本就不会是一个有限的理性行动者。假如真的有这样一种偏好，它实际上就会把人划分为两种"不可调和的本性"，并且呈现出关于人类本性的一种摩尼教式的见解。

那么，人就并不纯然是一种**动物性的**存在者，缺乏道德理性；他也不是一种**恶魔般的**存在者，具有违反道德法则的动机，而不是服从道德法则的动机。[12]他是一种有限的但却理性而道德的存在者，意识到自己的道德责任，并且能够理性而一贯地服从与不服从道德的诫命。根本恶并不是在人的种种禀赋中被发现的，不是在人作为一种有限的理性存在者的种种能力中被发现的，而是必须是（如果它毕竟现实存在的话）在人凭借其自由选择的力量、凭借其任性（*Willkür*）对自己种种能力的使用中被发现的。那么，唯有在一种十分特殊的意义上，我们才能说人"天生"就是善的或恶的。我们绝不能从人类本性的**概念**本身中推出人要么是善的，要么是恶的。[13]在这种情况下，人类"本性"也不能被当作有悖于"自由"的意思，因为，准确说来，人的善性或恶性必须在于他对自己的自由的使用。"人类本性，"康德说，

> 在此仅仅理解为（遵从客观的道德法则）一般地运用人的自由 *215*
> 的、先行于一切被觉察到的行为的主观的根据，而不论这个主观的根
> 据存在于什么地方。[14]

因此，"人类本性"在这个意义上并不是有悖于自由，而是意指"意志（任性［*Willkür*］）的一个属性"[15]。康德也在这个意义上用"人类本性"来意指"采纳道德准则的原初主观的根据"[16]。如果我们想要理解，当康德说人"天生"为恶时他要表达的是什么意思，我们就必须弄清这个公式的意思。

把人的道德本性叫作一个"主观的"根据，康德所要强调的是如是一个事实，即他关心的是人作为一个自由主体的特性，关心的是人的选择能力或意志（任性［*Willkür*］）及其准则，也就是"主体据以行动的原则"。他关心的不是纯然从人的**概念**中派生出来的人的道德本性（在这种

意义上，人既不能被称为善的，也不能被称为恶的），而是关心人类意志（任性）对其自由的现实而主观的使用中所展示出来的特性。作为一种"主观的根据"，人的道德本性是人"赢得"的某种东西，是人"自己招致"的某种东西。[17]康德说："应该为这种特性负咎的（如果这种特性是恶的）或者邀功的（如果这种特性是善的），并不是本性。相反，人自身就是这种特性的创造者。"[18]

再者，康德把人的道德本性设想为一个"采纳准则的根据"。康德试图通过把这个根据叫作一种"恶的倾向（*Hang*）"，叫作一种"偏好的可能性的主观的根据……就偏好对于一般人性完全是偶然的而言"，以澄清他在这里所表达的意思。[19]然而，这个解释恐怕更多地会导致混淆而非澄清。因为，如果"偏好"被当作一种由人身上的动物性禀赋所导致的动机，那么，说其可能性具有一种"主观的根据"就会是自相矛盾的。正如我们刚才所见，这样一种"主观的根据"将在于有限的理性意愿对一个准则的自由采纳；但是，这一点本身（反过来）已经预设了一个受偏好的动机所影响的意志。因此，这些动机本身不会有任何"主观的"根据。再者，根据这种解释，一种"恶的倾向"似乎意指一种去作恶的偏好的主观的根据；而且，正如我们所见，康德已经排除了这种观点。

那么，当康德把一种"恶的倾向"说成是一种"偏好的可能性的主观的根据"时，他到底是什么意思？唯一合理的解释似乎是这样的：康德通常用"偏好"（*Neigung*）这个术语来意指一切有限的理性意愿中一个自然的动机，意指一个从人的动物性禀赋中派生出来的动机。但是，他偶尔也会用它来意指一种**意愿**，也就是说，意指由这样一种动机所推动的意愿。[20]如果我们认为，他是在这两种意义中的后一种意义上使用"偏好"一词，那么，"一种偏好的可能性的主观的根据"这个说法就会意指：人类意志的一种特殊属性，它使得这个意志（依据一个规则或准则）颠倒其种种动机的理性而道德的秩序，喜爱偏好的动机多过义务的动机，从而**去作恶**。当康德说出如下话语时，他似乎肯定了这种诠释：

> 但是，这里所说的仅仅是那种本真恶或道德上恶的倾向；由于这种恶只有作为对自由任性的规定，才是可能的，而自由任性又只有通

过其准则，才能被判定为恶的或善的，所以，**这种恶必须存在于准则背离道德法则的可能性的主观的根据中**。[21]

而且，最后，康德把这种主观的根据叫作"终极的"或"首要的"（*erste*）。借此，他似乎想表达两个意思。首先，这个根据是"先于一切在 217 经验中给定的自由运用而被奠定的"[22]。由于它先行于一切时间中的主体的行动，康德把它称作"与生俱有的"（*angeboren*）[23]。这个主观的根据（在主体的道德特性中）是他的一切特定行动的来源。因此，康德也间或把它说成是主体的"最高准则"（*oberste Maxime*），"所有特殊的……准则的一个普遍的根据，而这个根据自身又是一个准则"[24]。由于人的道德特性中的这种终极的主观的根据可以表现为一个善的或恶的准则，表现为一个终极的主观**原则**，康德把人类本性中的根本恶说成是一个"恶的原则"[25]。根据康德的见解，一个特定的恶行唯有通过采纳一个恶的准则才是可能的。因此，人身上的恶的倾向就不是指对种种特定行动的道德动机的颠倒；它指的是人类采纳种种颠倒了这些动机的**准则**的倾向。因此，恶的倾向就是遵从一个恶的原则的倾向，就是采纳一个作恶的准则或策略的倾向，从而就是拥有一个恶的意志的倾向。

其次，对于康德来说，这种主观的根据或最高原则还在如是一种意义上是"终极的"，即每个人都能被说成是拥有这种根据或原则的；它能够"就其族类而言是适用于人的"（尽管它并不是从人作为一个族类的概念中派生出来的）[26]。如果这种主观的根据就是恶的，那么，这种恶就在如是一种意义上是"根本的"恶，即它身处人作为一个自由的存在者之特性的"根源"之中，并且"与人的本性交织"[27]。而且，由于它身处一切人在时间中的自由行动的根据之中，这种主观的根据就一般性地制约了人的意愿。因此，它不能"借助于人力铲除"，并且本质上属于每一个人的自由。[28]

康德区分了**恶**的倾向有可能展示自身的三个"层次"（*Stufen*）。[29] 第一个层次的恶即最低层次的恶是人类意志在其"遵循已被接受的准则"中表现出来的"脆弱"。一个人可能会"下决心"或"有意"行善，但却 218 屈从于诱惑。在此，康德引用圣保罗的话说："我所愿意的，我并不作"（《罗马书》，7：15）。然而，在这个层次，这个行动者的恶的**准则**（他的颠倒了种种动机之道德次序的策略）并没有明显地表现出来。但是，这个行动对自己善的准则的"背离"，依然需要积极地采纳一个他要为之负责的恶的准则。第二个层次的恶就是人类意志的"不纯正"，把义务的动机与偏好的动机混为一谈，相信自己的意愿是为法则所推动的，但事实上却不是。在此，对恶的准则的采纳同样也被遮掩了，这一次是通过假装一个恶的准则（采纳这个准则是由偏好所推动的）实际上是一个**善的**准则，假装它是为道德理性所推动的。第三个层次的恶即最高层次的恶是"恶劣"或"败坏"，是有意识地忽视义务的动机而赞同偏好的动机，故意把这些道德次序颠倒的动机采纳进行动的准则之中。正是在这个层次上，恶最为清楚地显示出了自己的特性，而且，这个层次的恶（"意识到它们的恶而做出的行动"[30]）也正是康德用来支持"人类本性中的根本恶"论题的恶。

根本恶的概念和康德的"情欲"（*Leidenschaft*）观念表现出了极大的相似性。对于康德来说，情欲是如是一种形式的欲求，它"以主体的某种准则为前提条件，按照由偏好给主体规定的目的来行动"[31]。因此，在恶的倾向就是与"偏好的可能性的根据"相同的意义上[32]，情欲就是一种"偏好"。此外，情欲是一种欲求，它是"很难或者根本不能用主体的理性来驯服的偏好"[33]。无论是情欲还是恶的倾向都是违背理性本身的，并且以种种偏好的动机来推翻其种种深思熟虑的选择或者甚至是"理性的"选择。它们两者都通过深思熟虑地颠倒意的种种动机的理性次序，从而"与目的相违背地"使用种种自然的偏好动机。[34]康德把这种对道德理性本身的理性违背叫作"心灵的颠倒"，它是人能够展现出来的第三个即最高层次的恶的倾向。

人的道德本性的批判

现在，对于"人类本性中的根本恶"必定是什么（如果确实有这样一种东西），我们已经有了一个比较清楚的认识。但是，我们依然无法看出，人是否**天生**就是善的或恶的，或者甚至说，于我们而言，说人是善的或恶的是否可能。康德试图通过一种**批判**性质的调查研究来回答这些问题，它的研究对象是那些通过对人类的种种能力的"来源、范围与种种限制"的一种考察系统地获得的人类自我知识。然而，与此同时，这必须是一种 *sui generis*（自成一种的；极其特殊的）① 批判性的调查研究；因为，通过探究那些使人被说成是"天生地就是恶的"的道德能力的限制，我们就不再单单是在探究那些使人的道德本性得以可能的能力的范围与限制。相反，我们追问的是人类（作为一个有限的理性存在者）使用自己的（他已然被假定具有的）种种能力的范围与限制。说"人是恶的"就等于是说，他具有成为善人的能力，尽管他**依然**是恶的。说"他具有恶的倾向"就等于是说，他由于一种自然的禀赋而拥有种种道德理性的动机，尽管他依然倾向于看重偏好的动机多过道德理性的动机，从而限制了自己向善的能力。

　　当我们转而考虑一种对人的道德本性的批判性的调查研究时，我们马上就面临着一种可能的反驳。首先，我们可能会被质问，"人的道德本性"是否算得上一个融贯的概念。如果人类意志（正如康德所主张的那般）真的是自由的与完全自发性的，它如何可能"天生"就受到限制，具有某种"与生俱来的倾向"。这样一种"倾向"或"本性"似乎有悖于康德的自由主义，并且在原则上会被他对人类意志的自发性的根本概念所排除。康德本人在《宗教》中没有考虑过这样一种反驳，但是，我认为他会做出何种回答是十分清楚的。对于康德来说，道德上的善或恶并不主要在于对象，或者在于行动，而是主要在于准则，甚至根本上在于持有这些准则的人格。为了把人格看作负有责任的行动者，我们必须预设他们是自由的，他们自身就是自己的行动准则的自发的制定者。但是，同样也必须假定，一个行动者的种种思虑周详的行动与种种特定的准则，必须在他的自发性中有一个共同的根据或来源，必须以这个行动者自己的"最高准则"的形式，拥有一个采纳他的一切准则的主观的根据。唯有通过一种有限的与确定的**道德特性**，一个行动者才能成为他自己行动的创造者。因此，康德并没有犯一种自由主义者常犯的错误，即把自由或自发性

———————

① sui generis，拉丁语词组，字面意思是"就其种类而言"，实际意指"极其特殊的"。——译者注

等同于不确定性。一个自由的存在者并不是某种不确定的事物，某种不具有固定特性的事物，而是某种依据其自身的特性来自发地**规定**自身的事物。一个自由的行动**要求**一个主观的原则或准则，一个行动依据这个原则或准则规定它自己，正如一般而言的自由概念要求一种道德法则对它的统治，以便能真正成为一个融贯的概念。[35]

221 康德（和休谟一样）认为，一个人在道德上的可归责性依赖于他具有一种固定的特性或意念。用休谟的话说：

> 行动由于其自身的本性是短暂的与会消亡的，而且，如果这些行动不是出自实施它们的人格身上的特性或意念中的一些原因，就无法把自己嵌入到这个人格身上，也不能增添他的荣誉（如果它们是善的），或者恶名（如果它们是恶的）。[36]

在此，康德与休谟的区别，仅仅在于他们对种种道德特性与意念的解释，而不在于它们的现实存在。休谟把人的种种道德特性看作因果的感性秩序中的种种事件与行动的一种"范型"（pattern），因此，对他来说，"自由"（liberty）只能是意指不确定性。然而，对于康德来说，有限的理性意愿自身的结构就要求一个行动具有一种道德特性，并且从属于这个行动者自身在理知世界中的自发性，而不是从属于因果的感性秩序。因此，人类自由中的一种固定的道德特性（一种"人的道德本性"）就绝不会因为康德所持有的人类意志之自发性的观念而遭到排除。

然而，要表明一种善的或恶的特性普遍地适用于一切人，也就是说，它"与人性自身——无论以什么方式——交织在一起，仿佛植根于人性之中"[37]，则是一件截然不同的事情。而且，我们在追问康德如何证成这一主张时，就直接进入了康德对人的本性的批判性研究之中。康德说得十分清楚，我们不能期望凭借抽象的推理来演证"人天生是恶的"；如果我们想要宣告人类这个族类是恶的，或者实际上任何特定的人格都是恶的，我们就必须以某种方式，把这一宣告建立在我们凭借经验对人的种种行动所能观察到的东西之上。但是，实际上，尽管我们或许能怀着合理的确定性去判定许多特定行动（尤其是恶的行动）的道德性质，但我们不能假装自己能怀着任何确信去判定任何人的最高准则。[38]"人的心灵的深度，"

222

康德说，"是无法探究的。"① 但是，根据康德的见解，它

> 能够从一些甚至从唯一的一个有意为恶的行动出发，以先天的方式推出一个作为基础的恶的准则，并从这个恶的准则出发，推论出所有特殊的道德上恶的准则的一个普遍存在于主体中的根据，而这个根据自身又是一个准则。[39]

现在，从这个段落（以及其他与之相似的段落）出发[40]，我们有可能被诱导着认为，康德的意思是说，由于一个人格时常蓄意地投奉于种种恶的行动，因此，这样一个人格的**最高准则**就必然地是恶的，从而这个人格自身在本质上也是恶的。但是，这无疑不是康德的意思。因为，诚若如此，似乎就还能恰当地推出，由于一个人格在某些情形中实施了一个道德上善的行动，他的最高准则就必定是道德上善的；但是，诚若如此，就会恰当地推出，由于一个人格既实施了种种善的行动，又实施了种种恶的行动（所有的人或者几乎所有人在有生之年都无疑会如此），这样一个人格的最高准则就既是善的，也是恶的，但这是自相矛盾的。有时候，康德确实持有如是一种立场，即人的本性中的根本恶"使他不适宜于一切善"[41]，使他不可能做任何善事。然而，对于他的道德理论来说，这样一种见解不仅自身就包含着一些难以逾越的困难，而且还和他的如是断言相矛盾，即人可以"扭转他的准则的最高根据"，从而采纳一个全新的追求进步的意念，以抵消甚至"克服"他的本性中的恶的原则，或者对它们"拥有优势"。[42]

我认为，只要我们返回到康德的论证本身，并依据其自身的长处来考察它，这些困难就十分容易得到解决。假如我观察到，一些人格（例如，我自己）蓄意地投奉于一个恶行或一系列恶行。现在，我有可能从这样一种观察中，就我自己的道德特性，"我采纳准则的终极的主观的根据"，推论出什么呢？显然，我不能推论说，由于我的一些准则是恶的，所有这些行动就必定都是恶的。但是，由于我的特性（我对自己的意志的自由

223

---

① 此处引文未标明出处，据考当出自《德性论》，第 447 页（德）。——译者注

运用）要为我所观察到的恶行负责，我当然就要在我的特性中追寻这种恶行的根源。由于我事实上采纳了一些恶的准则，我可以合法地推论说，我的道德特性是这样的：我**易于**采纳种种恶的准则。我可以合法地说，我的特性包含着一种我事实上展现出来的"所有违背法则的行为的形式根据"，我的意志包含着一种存在于"准则背离道德法则的可能性的主观的根据"中的"恶的倾向"，一种"把越轨纳入自己的准则的主观普遍根据"[43]。

然而，康德并没有说，人**不能**是善的，或者每个人的道德特性都必然是恶的。实际上，我们确实知道，每个人的特性（他最高的准则）必定要么是善的，要么是恶的；但是，没有人可以确定无疑地说——即使是就他自己而言——他的最高准则究竟是这个还是那个。[44]从我们观察到的人的种种恶行出发，我们不能说人没有善的能力，但是，我们可以说，他不能达到神圣的完善性，一种"使他绝对不可能做出越轨的行为"的"意志的不可改变的纯洁性"的完善性。[45]我们并不知道自己的最高准则本身是善的还是恶的，但是，我们确实从我们所做的恶行中得知，我们的道德本性包含着一种"恶的倾向"。而且，由于这是一种我们自己难辞其咎的倾向，因此，我们不能仅仅从人类本性的有限性中推导出它的现实存在。我们的意愿在道德上的种种**不完善**是我们强加给自己的限制，是我们自己要为之负责的限制，而且，它们必须从我们对自己的自由的**运用**中被推出，而不是仅仅从有限的理性意愿的一般概念中被推出。

在康德看来，每个在道德上反思自己行动的人都不得不注意到，他本人（由于他自己在道德上的失败）展现出了一种恶的倾向。但是，现在，康德想要提出一个进一步的主张，"假定在每一个人身上，即便是在最好的人身上，这一点也都是主观上必然的"，而且，我们在我们自己与他人身上发现的这种恶"与人的本性的交织"，"交织在一起，仿佛植根于人性之中"[46]。在这个问题上，康德的措辞有可能会让我们以为，他试图通过在一种作为其族类特性的"倾向"中去追寻个体意志的恶，为它找寻到一个解释。康德说，对于每个恶的行动，"必须这样看待它，就好像人是直接从天真无邪的状态陷入它里面一样"[47]。个体通过他自己的选择，把恶的倾向强加到他自己身上，并且在每一次恶行中都展现出这种选择。

因此，康德先行提出了克尔凯郭尔的一种说法，即"通过最初的罪，罪进入了这个世界。对于每一个后来的人的'最初的罪'来说也是如此，罪完全地以同样的方式通过它而进入世界"[48]①。

人身上的恶的倾向，由于它是一个自由意志的倾向，除了这个意志对其自由的自发性的运用之外，找不到任何别的解释。除了诉诸人类自由本身之外，我们无法"解释这种倾向偶然实存"，我们永远无法装作要去证明，一种恶的倾向对于一切人来说都是必然的。[49]然而，我们无论如何也不应该用这个事实来削弱如是一个断言，即一切人都是恶的，并且天生就是恶的。即使无法证明我天生就是恶的，这也不能使我比我已然向自己指明的那个样子更不恶。相反，这个事实应该更为深入地使我认识到，这种恶"必须由我们负责"，我所做的恶行的唯一解释，必须通过回忆起找要为之负责来追寻。[50]再次，康德的立场在本质上与克尔凯郭尔达成了一致，克尔凯郭尔说： *225*

> 如果人们这样经常地把信理、伦理学，以及他们自己的时间浪费在思索这样的问题上，即"如果亚当没有犯罪的话会如何？"上，这只能说明，他们把一种错误的心境，因此也把一种错误的概念带进了我们的思索之中。无辜的人绝不会想要这样问，但负罪之人在提出这个问题时就已经犯罪了；因为，他在自己审美的好奇心中很可能会忽视如是一个事实，即他本人把罪责带进了世界，是他自己通过罪责而丧失了天真无邪。[51]②

当康德说人"天生"为恶时，他不是要解释恶，而仅仅是要指出恶在人身上的普遍性。因此，康德搜寻证据来支持如是一个主张，即一切人（无一例外）都展现出一种恶的倾向；而且，他在"经验就人们的行为所昭示的大量显而易见的例证"中发现了此类证据。[52]但是，康德并不仅仅是要规劝我们去承认与谴责我们所看到的人类犯下的诸多罪行。相反，他

---

① 此处译文，参考了《恐惧的概念》，京不特译，见《克尔凯郭尔文集6》，194页，北京：中国社会科学出版社，2013。引文中与京不特先生的译文不同之处，是译者根据艾伦·伍德所引之英译改动。——译者注

② 此处译文，参考了京不特译，《恐惧的概念》，189页。——译者注

的论证旨在标明恶的**普遍性**，表明一切人（无论他们之间有多大的差异）都同样展示出了一种作恶的根本倾向。康德首先留意到了卢梭的主张，即原始人（"自然状态"中的人）都是善的。因此，他首先考虑的是在一种未经教化的条件之下的人，并且论证说，美洲与太平洋岛屿上的原始人的残忍与野蛮，并不能提供多少根据以表明，这样一种人是纯洁的或高贵的。然后，康德考虑了另一种假说，即在一种更为先进的文明状态中的人，"在这种状态中，人们的禀赋可以更为充分地展开"，是人身上的道德善性的更为真实可靠的例证。[53]他怀着悲哀的嘲讽指出，诸如伪善、忘恩负义、嫉妒成性、对权力和对高人一等的强烈渴望等隐伏的恶行，更多地是文明状态中的人的特性。然后，他把自己的注意力转向（仿佛只是额外的关注）文明国家关系中的人与人的行为。在战争"这种人类种族的灾难"中，人们似乎既展现出了文明中最糟糕的伪善，又展现出了最糟糕的野蛮人的彻头彻尾的凶残。[54]因此，尽管我们发现人所身处的条件不同，但他始终都以一种作恶的倾向、说谎的倾向、杀死他的同胞或者奴役与剥削他们的倾向、采取任何旨在满足其个人愿望的行动的倾向为特性。因此，康德得出结论说，我们每个人都有理由以《罗马书》3：9-10中的话说："这里没有任何区别，他们全都是罪人，——没有人行善，连一个也没有。"[55]

226

道德进步与完善

至善的无条件的成分就是有限的理性存在者的道德完善。在自己身上努力达到这种完善，同时也尽其所能地促进他人的完善，这是每个人的义务。我们在第4章中就强调过，人类本性中的根本恶的论题为人的道德完善的实践可能性提出了一种严肃的挑战，并且用笼罩在这一目的之上的道德绝望威胁着我们。现在，我们准备去看看，康德如何在《宗教》中提出这种辩证威胁，以及他如何运用根本恶的论题，对涉及这一辩证的种种难题给出一个相比他之前的著作更为全面的陈说。

康德说，根本恶的论题不会影响道德"信理"，不会软化或以任何方式更改那些规定我们的义务是什么的箴言。道德的理性诫命不会为之所改

变。然而，对于道德的"修行法"（*Ascetik*），这一论题确实有话可说，并
且为之赋予一些明确的内涵，涉及人能够且应该赖以设定"履行法则要 *227*
求他做的事情"的方式。[56]因此，人类本性中的根本恶确实规定了人要如
何追求道德完善，并且极大地有助于我们阐明实践理性的辩证，它是对这
一目的的实践可能性的威胁。根据康德的看法，关于对道德完善的追求，
根本恶的论题告诉我们：

> 在从道义上培养我们那被造成的向善的道德禀赋时，我们不能从
> 一种对我们来说自然的天真无邪状态开始，而是必须从任性在违背原
> 初的道德禀赋而采纳其准则时的恶劣假定开始。而且由于这样一种倾
> 向是无法根除的，我们还必须与这种倾向做不停顿的斗争。[57]

因此，我们为我们自己所招致的这种根本恶，就给我们强加了一些我
们唯有在其下才能追求道德上的完善的明确条件。对于人来说，由于他是
在显象的世界中认识与观察他自己的，因此，康德说，他与这种恶的倾向
的"不停顿地斗争"采取了一种"从恶到善不断进步"的形式，采取了
一种"对于感官……的逐渐改良"的形式。[58]在这样一种进步中，一个人
"一点一点地"通过规训和限制他的每一种偏好，赢得了德性。[59]然而，这
种修行法本身并不**必然**是一种反抗恶的倾向的斗争，而是同样也可以由作
为机智的理性所带来：

> 例如，毫无节制的人为了健康的缘故而回到节制，说谎的人为了
> 名誉的缘故而回到真理，不正义的人为了安宁或者获利的缘故而回到
> 公民的诚实，等等。所有这些都是根据备受赞颂的幸福原则。[60]

出自机智的缘故对偏好的规训和一种真正的反抗恶的倾向的道德进 *228*
步之间的区别，并不在于"德性的经验性的特性（*virtus phaenomenon*［作
为现象的德性］）"[61]。相反，它必须（随着恶的倾向本身）在采纳其准则
的主观的根据之中、在他的超感性的道德特性中才能被找寻到。

现在，就一个人观察到自己要去作恶而言，他承认自己的道德特性中
有一种恶的倾向，有一种恶的共有根据或共有原则，它使他的行动的一切
特定的恶的准则得以可能，一切这样的准则也都出自它。当然，他不能由
此得出结论说，他的特性无可救药地是恶的，没有任何善的能力，但他可

以得出结论说，为了成为或变成道德上善的，他必须凭借一种反抗其本性中恶的倾向的"不停顿地斗争"，来与他在自己身上观察到的这种恶**决裂**。这种与恶决裂并与之斗争的主观可能性，几乎与这种恶的倾向本身一样**难以解释**。康德确实认为，"与神合作"对于引发这种"与恶决裂"来说很可能是必需的[62]；但是，在这里（就恶的情况而言），要为之负责的（从一种道德的视角看来）依然是行动者自己。无论如何，与恶决裂和发展人善的禀赋被预设为**可能的**，因为法则命令我们如此。[63]

现在，康德要研究的是为发展人身上的道德善的可能性所需要的种种主观条件。正如他在处理人类行动中的恶行时所做的一样，康德追问，如果一个人事实上确实"与恶决裂"并发展了他身上的善的禀赋，那么，他的超感性的道德特性究竟是什么样的呢？正如我们所见，德性的经验性的特性在任何时候都是一种渐进的改革，一种由恶向善的缓慢进步。但是，由于意志的善性必定只能在人的最高准则（他的超感性的道德特性）中被发现，因此，它所需要的就不是一种"习俗（德性）的转变"，而是

要求一种"心灵的转变"，这种转变能确立起一个作为我们种种准则之最高根据的**善的意念**（*Gesinnung*）。[64]因此，为真正的道德进步的可能性所需要的条件就不是一种渐进的改革，而是我们的善的禀赋的一种"革命"或"皈依"。[65]康德用《圣经》术语把这种"皈依"描述为"一种再生，就好像一种重新创造"[66]。

在这个问题上，康德的措辞既生动形象又鼓舞人心；但是，如果我们不加警醒，就很容易被它所误导。在这里，康德关心的**并不是**要为人（在时间中）成善的方式（他已经说了，我们要通过"无限进展的进步"与"渐进的改革"来做到这一点）给出一个解释；相反，他关心的是一个人如果想要成为一个善人，就必须展现出来的那种（无关乎时间的）超感性的意念的特性。诸如"心灵的转变""革命""皈依""一个人的思维方式的转变"之类的说法，全都带有一种突发的**时间性**的转变的强烈意味，仿佛"与恶决裂"是一个人生命中的一个引人注目的**时刻**。康德使用了诸如"旧人"和"新人"之类的《圣经》术语，他似乎还在其他一些段落中明确表示，采纳一个善的意念（"扭转了一个人的准则的最高根据"）是时间中的一个事件，这些都加强了上述印象。[67]然而，不考虑

这些段落，我们不应该把这种"心灵的转变"与时间中任何一种现实的"转变"混为一谈。实际上，康德对比了人在时间中的渐进的道德进展与作为其可能性条件的心灵的转变。他指出，由于这种心灵的转变唯有通过一种渐进的时间性改革才能被知晓，因此，我们绝不能确定它已然发生了。[68]而且，他强调说，这种意念的"永恒性"与"不可改变性"，与时间中所假定的人类德性的经验性的特性之易变性形成了鲜明对比。[69]正如他在其他地方所清楚指明的，这种"不可改变性"是由于如是一个事实，*230*即善的意念"不像进步那样是一个现象，而是某种超感性的东西，因而不是在时间中可变化的"[70]。

康德把这种进步的意念说成是一种"准则的神圣性"，它"建立起道德法则作为我们所有准则的最高根据的纯粹性"。然而，他也指出，"那把这种纯粹性纳入自己的准则的人，自身还并不因此就是圣洁的（因为在准则和行为 [That] 之间还有很大距离）"[71]。我们要记住，一个善的意念是**追求**道德上完善的可能性的主观条件。但是，人（为自己招致了恶的倾向）只能通过**道德上的**进步来追求道德上的完善，只能通过一个坚定地朝向它进步的准则才能追求神圣性。因此，当康德把善人的最高准则说成是"意念的神圣性的准则"时[72]，他并不是指一个其自身即为神圣的意志的准则，而是指一个朝向神圣性进步的准则，一个为反抗人的恶的倾向而"不停顿地斗争"的准则。因此，只要人持续具有使之易于在道德上越轨的恶的倾向，想要实施一些有可能使自己现实地变成一个神圣存在者的**行为**，就超出了他的能力。因此，"意念的神圣性的准则"不过就是不停顿的道德进步的准则，采纳一些越来越接近神圣性的特定准则的原则。一个善的意念并不能使一个人成为**神圣**的，而是只能使他成为**善的**。一个善的意念，它被看作一种道德上进步的生活的超感性根据，就是一场"革命"，针对那种与生俱来的恶的倾向赖以展示自身的偏好，对它们加以不停顿的与道德上推动的限制与规训，以此来克服这种倾向。但是，即使最善的意念也无法**根除**恶的倾向，进而终止人因对道德法则的越轨而 *231* "自我招致的"罪债。

因此，即使那些其意念为善的人，即使那些最善的人，在康德看来，也无法达到神圣性的道德完善。而且，正是这种发现（基于根本恶的论题）导致了实践理性的第一个二论背反，我们在第 4 章中已经讨论过这一点。这种神圣意志的完备的道德完善性，就是至善的无条件的成分。如果我无法设想达到这种完善性的一种实践上的可能性，那么，我就无法使自己投奉于把它当作我的目的。因此，如果我无法设想这样一种完备的道德完善的实践可能性，我就无法投奉于对道德法则的服从。正如我们已然看到的，这个结论是一个实践背谬（*absurdum practicum*），是实践理性的一个二论背反。

我们在第 4 章中注意到，康德企图通过不朽的公设来解决这一二论背反。我们看到，这种企图依赖于康德的一个断言，即意志的神圣性能够以某种方式在追求它的无限进展的进步中，或者在作为这样一种进步的超感官根据的意念中"被遇见"。但是，我们也看到，不朽的公设（单凭自身）无法解决康德所面临的二论背反。这个公设无法解释，人如何能（尽管神圣性本身绝不是他能达到的）依旧认为自己通过一个善的意念或一种朝向神圣性的无限进展的进步，抵达了道德上的完善。**意念**与**行为**之间的这一鸿沟，还没能架起一座桥梁。康德甚至还没有问及，这种朝向神圣性进步的意念如何能够替代神圣性本身。直到《宗教》，康德才问及这个问题，并且企图在回应这个问题时，完成他对实践理性的辩证与道德信仰的内容的解释。

神恩的公设

232　　康德在《宗教》第二篇第一章中开始讨论至善的无条件成分，以及人追求至善的义务。康德说，追求"让上帝喜悦的人的理想"或"彻底完善状态的人性"的实现是我们的义务。[73] 而且，正是由于追求达到这一理想是我们的义务，如果我们想要避免一种实践背谬（*absurdum practicum*），我们就必须预设达到它的可能性：

> 我们**应当**符合它，因而我们也必定**能够**符合它。倘若人们必须事先就证明做一个符合这一原型的人的可能性，就像这对于自然概念是不可回避地必然的……那么，我们同样也必须容许考虑承认，就连道

德法则也具有其威望，是我们的任性的无条件的，然而又是充足的规定根据。[74]

但是，正如根本恶的论题所表明的，道德完善的理想在一个完整的生活过程中的实现，对于人类来说并不是不可能的。康德说，这样一个生命过程甚至无法作为我们效仿的一个**范例**摆在我们面前，因为我们最多能达到的只是一种朝向它的**进步**。[75]

因此，康德说，道德上的完善必须"确立"（*gesetzt*）在一个人意念的神圣性中。[76]一个朝向神圣性不停顿的进步的意念，在这个意义上就与这个神圣性的理想"保持一致"（*übereinstimmt*）。[77]但是，即便这一神圣意念的道德理想也并不等同于行为中的道德完善之最高的公正（*Gerechtigkeit*），因为后者"必须存在于一种完全并且无误地符合那个意念的生活方式之中"[78]。因此，康德说，当我们在人的意念的善性中确立起道德上的完善，我们就必然承认，由此而达到的公正"还不会是我们的公正"。 　*233*

> 但是，如果我们的公正被与原型的意念结合起来，那么，为了我们的公正起见而吸取（*Zueignung*）前一种公正，就必然是可能的，虽然使自己理解（*begreiflich*）它要经受巨大的困难。[79]

接下来，康德考虑了三种"困难"，并且试图通过解决它们来提供一种"对一个虽然负有罪责，但却毕竟转向上帝所喜悦的意念的人的释罪（成义 [*Rechtfertigung*]）理念的演绎"[80]。然而，这种尝试远不足以令人满意，而且，康德的研究似乎极大地被引向了一些并不直接与手头上的问题相关的事情。看起来，摆在我们面前的问题关乎"吸取一种并不属于我们的公正"的性质与可能性，这将以某种方式抵消那些由人的本性中的根本恶所导致的道德缺陷。康德认为，这种"吸取"唯有在一个人的意念与神圣性保持一致时才会出现，而且，如果我们想要避免一种实践背谬（*absurdum practicum*），实际上就必须预设它会出现。但是，我们**如何**才能构想出一种"吸取"的观念，从而能够设想至善的无条件成分在实践上的可能性？这也是我们必须回答的问题。只要简要地考察一下康德在此处对这三种"困难"的讨论本身，就能够看出，这一讨论**并不足以回**

答这个问题。

康德如此陈说第一种困难：“意念如何能够对**在任何时候**（不是一般
地，而是在任何一个时间点上）都有缺陷的行为有效?”① 乍看起来，这
234 似乎正是我们希望康德针对这个问题为我们给出的回答。但是，依据更为
仔细的考察，显而易见，无论是这个问题还是康德对它的回答，相比他在
第二批判中对第一个二论背反的处理，都没有表现出任何进展。因为，正
如对这个问题本身的更为仔细的审视所表明的，康德（根据对人的善的
禀赋的解释）已然**假定**，人的行为并非“一般地”（*überhaupt*）有缺陷，
而是仅仅“在任何一个时间点上”有缺陷。他已然假定（也就是说），这
种意念作用于行为并使之成义，但是，他没有告诉我们该如何设想这一
点。他对这种困难的解答不过是重复了第二批判中的主张，即上帝（“一
位具有纯粹理智直观的知人心者”）基于人的超感官意念把他看作义人。

康德的第二种困难关乎“道德上的幸福”（*moralische Glückseligkeit*），
我们“一直在善中向前进的意念的现实性和坚定性”② 的保障。实际上，
甚至说，这一讨论如何与凭借善的意念“对公正的吸取”相关，都很难
看得出来。已然被假定的是，讨论中的这一个体在自己的内心中造成了一
种转变，他粉碎了恶念，让自己走上向善的道路。他的意念**被假定**为善
的。探究一个持有如是一种保障的方式与程度，即他对自己的意念事实上
就是一个善的意念所持有的保障，无论如何都无助于我们理解，这一意念
如何出于一种设想道德完善的实践可能性的意图，而造成了“对一种还
不是他的公正的吸取”。

康德说，第三种与“表面上看来最大的”困难是：“无论人在这方面
如何……以一种符合善的意念的生活方式向前进……**他毕竟是从恶开始
的**，对于他来说，永远不可能抹去这种罪债。”③ 又一次，康德似乎在追
问公正的问题。但是，他并没有（如我们所期待与希望的那般）追问负

---

① 此处引文未标明出处，据考当出自《宗教》，第 67 页（德）。——译者注
② 此处引文未标明出处，据考当出自《宗教》，第 67 页（德）。——译者注
③ 此处引文未标明出处，据考当出自《宗教》，第 71-72 页（德）。——译
者注

有罪责的个体如何能变成义人，而是在追问他的成义如何能够与如是一个　235
事实相调和，即"最高的公正……面对它，一个应该受惩罚的人决不能
不受惩罚"①。尽管康德对它做出了精巧的讨论，这个问题依然不着边际。
因为，我们在此所关注的并非罪恶是否得到惩罚，而是人能否以及如何**成
义**。罪犯在因其罪行遭受惩罚之后，依然因此而应受谴责，一如他受罚之
前。实际上，正义已经因其遭受的惩罚而得到满足，但是，这种惩罚丝毫
也没有减轻他因其所犯下的罪行而负有的罪债。当康德指出，人的成义并
不违背正义对"罪恶总是应该遭到惩罚"的要求时，以相同的方式，这
一点并不能表明这种成义本身是如何发生的。

　　然而，在处理第三种困难时，康德事实上并没有把自己局限于（本
质上不相干的）惩罚人的罪债的问题之上。或者，更准确地说，他并没
有把自己的"代赎（*stellvertretende Genugthuung*，代为补赎）"理论局限于
用来解决这一困难，而是还要以另一种方式来应用它，这种方式对于他对
成义问题的解决来说至关重要，并且在最高程度上与之相关。除了康德的
如是一种说法之外，即"新人"（进步的意念）背负起应予"旧人"（恶
的倾向）的苦难与惩罚并代为承担其罪债，我们还能发现另一种说法，
即这种意念因其完善性**取代了完成了的行为的地位**（*vertritt … die Stelle
der That in ihrer Vollendung*）"，以及这个"新人"作为管理者使人们能够
希望在自己的审判者面前可以表现为释了罪的（成义的［*gerechtfer-
tigt*］）。[81]"《圣经》，"康德说，

　　　　以一种历史的形式讲述了这种理知的道德关系。因为人心中像天
堂和地狱那样彼此对立的两个原则，被设想为人之外的两种人格，不　236
仅彼此试验着自己的威力，而且（一方作为人的控告者，另一方作
为人的辩护者）还想仿佛面对一位最高审判者那样**通过律法**来实现
自己的要求。[82]

　　在把人的神圣意念说成是他的"辩护者"、说成是"站在"他的不完
善行为的"立场"之后，康德紧接着说出了如下惊人言论：

————————

①　此处引文未标明出处，据考当出自《宗教》，第73页（德）。——译者注

这里就有上文未及谈到的那种超出工作成绩之上的功劳，而且是一种由**神恩**归于我们的功劳。因为要把我们在尘世生活中……永远处在只是**生成之中的**东西（即，做一个上帝所喜悦的人）归属于我们，就好像我们在这里已经完全拥有了它似的，对此……我们毕竟没有任何合法要求（Rechtanspruch）……以至于我们心中的控告者将宁可提出一种诅咒性的判决。因此，这永远只是一种出自神恩的判决（Urtheilspruch），尽管（作为建立在补赎之上的，而这补赎对我们来说仅仅存在于被改善了的意念的理念之中，而唯有上帝才认识这理念）如果我们为了信仰中的那种善而放弃一切辩白，也完全符合永恒的公正。[83]

因此，在康德看来，人所吸取的公正就是上帝出自人自身所采纳的善的意念的缘故，而以神恩施于我们的一种功劳（Verdienst）。康德说，对于这种裁决，人没有任何合法的要求，"而是只有接受的能力（Empfinglichkeit）……对于一个主宰者关于分配一种善的旨意（Rathschluss），子民除了（道德上的）接受的能力之外，别无所有，这种旨意就叫作神恩（Gnade）"[84]。因为，唯有通过对神恩的信仰，人才有可能设想吸取一种"还不是自己的公正"，以及道德完善之实践可能性。如果想要避免一种关于至善的无条件成分的实践背谬（absurdum practicum），就必须预设上帝的恩典。

237　　然而，西尔伯令人诧异地论证说，对恩典的假定为康德所不容，因为它与其道德理论最基本的信条相矛盾。[85]在西尔伯看来，康德主张人的自由是"绝对的"，主张"道德个体从一种道德的立场出发把他自己塑造成任何样子……如果他的行动能够被归咎于他，它们就必定出自他对自己自由的运用"。"从这种自由的观念出发，"西尔伯说，

> 没有人能够因为他人而成为善的。康德之所以拒斥代赎学说（doctrine of vicarious atonement），是因为它与自由的本性背道而驰。无论另一个人多么地善，他多余的善性（如果这样一种多余的善性是可能的）无论如何都无法消除另一个人之善性的缺乏，或者弥补他的罪行。[86]

诚然，康德确实说，"甚至就我们根据自己的理性权利所见到的而言"，也没有任何人的罪责"能由另一个人来偿还"，而且，"就理性所能洞见的来说……这是与自发性相悖的"；但是，他无论如何都还远不止于拒斥替代性的代赎学说。[87]实际上，他说，上帝必定有办法"从他自己丰富的神圣性中弥补人在这方面所不可少的适宜性的缺乏"，这是一种"借助我们自己的理性启示给我的奥秘"。他承认，这种学说

> 与理性很难统一。因为凡是……应该归功于我们的，都必然不是借助于外来的影响，而是必须借助于尽可能正确地运用我们自己的力量而发生的。不过，这方面的……不可能性也是同样不能证明的，因为自由本身……就其可能性而言，仍然和人们为了代替对自由的自身主动的但不充分的规定而假定超自然事物一样，是我们所不能理解的。[88]

西尔伯在这一点上的反驳，相比黑格尔结合对"作为一个道德的世界统治者的上帝"的信仰所提出的难题，在许多方面都具有相似性。正如我们在前文所见，康德无法调和上帝对一个善的世界之创造与人追求至善之自由的合目的意愿。但是，由于"作为上帝的创造产品的世界"和"人的自由"**同样**都是超验的理念，追问它们如何（甚至是否）能够彼此相容将是一种毫无根据的思辨。恰如"人被创造得能够自由地运用自己的力量"那般，"补赎"也涉及两个超验理念之间的一种关系，一种未知的、不可知的甚至对我们来说不可把握的关系。"对此，"康德说，"上帝没有也不能为我们启示任何东西，因为我们不会**理解**它们。"[89]

然而，如果不考虑包含在神恩中的思辨问题，就不能真正有助于回应西尔伯所提出的最强反驳，这个反驳就其本性而言并非理论的，而是道德的。因为，无论我们认为神恩存在于上帝与人的努力的合作之中，还是存在于一种使之成义的"判决"之中（由于它们都被说成是出自其意念的缘故被实施的，故而事实上有可能被看作描述同一个事物的两种方式），我们都还是必须考虑上帝的合作行动及其成义判决的正义性。"即使上帝，"西尔伯说，"也无法在帮助负有罪责的个体的同时，不违背道德法则。"[90]为了能提供恩典，上帝将必须"决意要限定法则的道德要求，或者

238

放弃主张绝对自由的存在者要为其自由负责"。由于人的恶的倾向是由他自己的自由行动所招致的,即便是一种善的意念也不能使之成义,只要这种倾向依旧存在。西尔伯强调,"康德企图"通过说恩典"无疑意味着个体已然尽其所能,来打消自己的疑虑。但是,如果这个个体已然尽其所能,他就不需要恩典。同时,如果他没有尽其所能,即便康德也同意,他就不应该得到恩典"[91]。

239   在西尔伯看来,康德在这一点上所面临的问题没有任何解决办法,除非对他的伦理学做出一种彻底的修正,尤其是要剔除"绝对的"自由观念,对于这一观念,西尔伯表现出了格外的厌恶。然而,是否存在一种不那么激进的方法,一种更能保持他本人的学说与作为一个整体的批判哲学之精神的方法,可以解决康德的问题,这或许是值得我们研究的。当然,必须承认,康德本人的著作中有太多内容似乎都能支持西尔伯的结论,而且,康德想要在《宗教》中解决成义问题的尝试,并没有如我们希望的那般果决或清楚。不过,我相信,在批判哲学的范围之内可以找到一个解决康德的问题的方法,而且,它确实恰好就存在于《宗教》所阐明的恩典学说之中——尽管不甚清楚。

    遍及其著作之始终,康德都强调道德法则的严格性,及其相对于种种私人愿望与软弱的独立性;他在多个地方都曾评论说,一个"宽容的"或"仁慈的"法官(一个审判从宽而不依法的法官)是一种自相矛盾的说法。[92]康德自始至终都提防人有依赖上帝垂怜的趋向,并且把这当作他们对于自身发展无所作为的借口。[93]在《宗教》中,他煞费苦心地把自己与如是一种恩典学说分离开来,即"把人置于一种长吁短叹的道德上的消极状态,在这种状态下,做不成伟大的和善的事情,而是把一切寄望于等待"[94]。康德对法则使用"严格"、对属神正义使用"铁面无私"的**修辞**确实是很强烈,但这种修辞的哲学含义却一点也不清楚。西尔伯说,"康德可以清楚地看到宽恕"与他的道德哲学的"不相容"[95]。但是,这恰

240 恰正是康德没有"看到"的。遍及《宗教》始终,他既坚持具有善的意念之人将会信赖上帝的恩典,又坚持这种恩典"完全符合永恒的正义",唯有就人在道德上具有对恩典的"接受能力"而言,他才会获得恩典。[96]

    从康德对属神正义所使用的"严格"与"铁面无私"的修辞中可

以清楚看到，对他来说，上帝的恩典必须是某种**理性的**东西，必须是某种我们理性地并且出自理性的道德性的缘故予以信赖的东西。宽恕无法成为某种"外在于"道德的东西，或者成为某种"高于"它的东西。没有任何神恩理论足以（如同克尔凯郭尔那般）把我们对宽恕的信仰表象为非理性的，表象为对理性的一种"冒犯"，或者一种"把个人置于普遍的地位"[97]。康德更不能接受费尔巴哈那种情感主义的道德混淆，后者说：

> 唯有血肉之躯的爱，才能除免血肉之躯所犯的罪。一个纯然道德的存在者，无法宽恕对道德法则的违背……不以人类之血注入自己的判决的道德上的法官，必定残酷无情地审判犯人，铁面无私……否定或废除罪行，就是否认抽象的道德正直——也就是对爱、怜悯、感性的肯定。怜悯就是感性之正义感（*Rechtsgefühl der Sinnlichkeit*）。[98]

当然，相比康德看似严格的道德主义，费尔巴哈的见解是更吸引人的。费尔巴哈诉诸我们所有人都能感受到的模糊而高贵的人道情操，诉诸我们的恻隐之心、我们对人的爱、我们共同的人类合理性。但是，相比费尔巴哈，康德并不更加拒斥人性、同情、恻隐之心或怜悯。他把一种宽容的意念（以及仁慈与正直）看作人本性中的一种道德上善的性质，并且认为一种"调解的精神"（*Versohnlichkeit*）对所有人来说都是一种义务。[99]康德之所以拒斥对宽恕的这种情感主义见解，是因为他不能为宽恕提供任何理性的或道德的基础，是因为尽管这种见解对于我们来说有一种直接的道德感染力，却不能把宽恕与单纯的不道德和非人性区分开来，把它与贪婪、谋杀或欺骗区分开来。但是，费尔巴哈诉诸我们身上的怜悯、人性与恻隐之心的做法之所以具有感染力，只能是因为我们承认，"人应该得到宽恕"完全是正确的与善的，宽恕符合真正的道德性，理性本身站在怜悯的一边，而不是站在"抽象的道德正直"的一边。我们如同自己确乎所做的那般敬重"怜悯"，仅仅是因为一种不宽容的道德是假道德。而且，唯有一种与道德法则相容的宽恕，才能要求这种敬重。

因此，神恩就不能仅仅是**任何**无罪判决，而必须是依据一种有限的道德标准或准则而做出的一种判决。那么，康德的任务就是必须通过展示出神恩的道德结构，把它与一种不道德的宽大区分开来。如果《宗教》中对恩典的讨论是心怀这一任务来进行的，就不难察觉到一种对上帝之成义判决的道德解释。"我们必须竭力，"康德说，

> 追求一种上帝所喜悦的生活方式的圣洁理念，以便能够相信，只要人类尽其所能，竭力仿效上帝的意志，上帝（已经由理性向我们保证了的）对人类的爱就顾及这种诚挚的意念而弥补行为的缺陷，无论这种弥补是以什么方式进行的。[100]

从这个段落出发，再加上我们关于恩典已然注意到的东西，显然，人就是"力所能及"（*so viel in seinem Vermögen ist*）去成为善的，使自己能够在道德上"接受"恩典。[101]当然，没有人能够确定自己在任何时候已然尽其所能，但上帝将会知道这一点，上帝直观作为其感性行为之根据的超感性**意念**。出自这一意念的缘故（*um jenes Guten im Glauben willen* [为了信仰中的那种善]），上帝以"他"成义的恩典判决补全了人的道德努力。[102]人对这种成义判决没有任何"合法的主张"，但它不管怎样都是一种道德的与正义的判决，因为它是基于人的意念，基于"某种现实的、自身就使上帝喜悦的东西"[103]。人就其做了他力所能及的每件事情来改善自己而言**使自己成义**；但是，出自人的趋向神圣性的意念的缘故，上帝宽恕他因其力所不能及所犯的罪行，并且凭借"他的"成义判决使这种意念等同于那作为至善之无条件成分的道德完善。

然而，恰恰就是这样一种解释，无法令西尔伯满意。他论证说，对于康德来说，由于人类自由是"绝对的"，人就要为他所做的**一切**恶行负责。道德上的善与恶同样都是人力所能及的作为或不作为，因为它们同样都是出自他的"绝对"自由的产物。如果人真的尽其所能避免作恶，他就根本不会作恶，并且也不需要恩典。但是，如果他没有尽其所能，即便康德也会同意，他也不应当接受上帝的帮助或宽恕。"依据康德的原则，"西尔伯说，"宽恕就是一种道德上的暴行。"[104]

西尔伯的如是一个主张无疑是正确的，即对于康德来说，人的一切罪责都出自对自由的运用，以及人要为他对自己自由的每一次运用负责。但是，仅凭这一点，当然无法得出结论说，人的任何罪责都不能被宽恕。实

际上，如果人无须为自己的错误行为**负责**，他们甚至都无须**被宽恕**。在一些地方，西尔伯似乎把对一个行为的**宽恕**和为它找一个**借口**并予以接受混为一谈，甚至把它与减轻为之当负的**责任**混为一谈。[105] 但是，这些概念根本就不是一回事。如果某人"宽恕"我并不为之负有责任的事情，我并不感激万分，只会愤愤不平。因为，这个人在"宽恕"我的同时，暗示我要为讨论中的这件事情负责，还暗示我为此是**当受指责的**。我在请求宽恕的时候，**承认**自己为讨论中的行为负有责任与罪责，但却**恳请**把这一罪责从我身上拔除，**恳请**我所犯的罪行不会对我不利。宽恕并不是为罪行开脱，它是哪怕这个行动者有罪也要使之成义。

从宽恕中也不能得出结论说，由于人的罪责乃是出自他对自由的运用，避免罪责就是（绝对地和在每个方面上都）力所能及的。举个例子，无论我们的自由观念何其"绝对"，我们都无法合理地声称，我们以往的错误行为是我们现在可以在力所能及的范围内避免的。假如我昨天狠狠地踢了我的狗一脚，我自然要为此负责，因为这一行为是我的自由意愿的一个产物。但是，虽然说我昨天**可以**避免踢我的狗一脚是正确的，但是，说我（今天）**能够**避免踢它一脚，或者避免踢它一脚是我（现在）**力所能及**之事，那就是不正确的。因此，在这种情况下，说我要为踢了狗一脚负有罪责，说我要为自己的所作所为负责，这无疑是正确的，但是，说避免这一罪责是我（今天）力所能及之事，却并不正确。

我们来看看，这一简单的观察所得如何应用于康德的理论。事实上，我们从人的行动中可以看出，一切人都作恶，变得负有罪责；而且，我们推出，我们中的所有人都有一种恶的倾向，作为我们超自然的道德特性的一个组成部分，它构成了那些作为我们自由意愿之产物的恶行的可能性条件。由于这一倾向属于我们超感性的特性，它就不是时间中的一个行为，从而自身也不是**以往**的一个行为。但是，它与时间中的一个以往的行为有着许多共同的相关特性。因为，它是我们在时间中的恶行之可能性的一个条件，恶的倾向就是"先于一切在经验中给定的自由运用……是随着出生就同时存在于人心中的"[106]。与以往的一个行为一样，这种倾向是由自由意愿所采纳的，并且是我们要为之负责的东西；而且，同样与以往的一个行为一样，它不是我们**现在**就能消除的某种东西，因为它是"人力无法铲除的"[107]。我们可以说（只要我们高兴），由于这种倾向是我们自己的自由意愿所招致的，我们**就可以**避免它。但是，正如康德与克尔凯郭尔告诉我们的，这种说法不过是对如是一种不可逃避之事实的毫无根据的遁词，即我们**已然**为自己招致了这种恶，我们现在无法使自己摆脱它。正如我们已然所见，根本恶的论题制约了我们对道德完善的追求，并且告诉我们，在这种追求中，"我们不能从一种对我们来说自然的天真无邪状态开始，而是必须从任性在违背原初的道德禀赋而采纳其准则时的恶劣性假定开始"[108]。一旦我们承认根本恶的论题，我们就必须承认，这一论题限定了我们对道德完善之追求的种种条件，而且，我们绝不能对自己已然丧失的天真无邪念念不忘，或者绝望地停留在如是一种猜想之上，即我们有可能在某一时刻有能力避免它。我们必须接受为这种恶所要负担的责任，并且把任务转向对我们自己加以改善。在这个方面，康德说：

> 这种独立自主的勇气本身，甚至通过接踵而至的和解教义，将得到加强，因为这种教义把不可改变的东西设想为解决了的（abgetan），并且为我们开启了一条通向一种新的生活方式的小道。[109]

因此，康德无疑**并不**主张说，在人力所能及的范围内，作为一个自由

245 存在者能摆脱他要为之负责的恶的倾向，这是他凭借其自由行动给自己招致的。* 相反，他的恶行本身所表现出来的这一倾向，就是其道德特性的一个不可分离的部分，充当他自己对这些行为的自由实施之可能性的一个条件。他力所能及的就是与这一倾向**对抗**，采纳一个善的意念，引领一种"由恶向善"进步的生活。而且，康德坚持认为，善人可以信赖，上帝将会为了人力所能及的这种善，通过"他"施予宽恕之恩典的判决，使这些为达到完备的道德完善所付出的不完善努力得以完备。实际上，善人必须坚持对神恩的这种信仰，因为唯有按照这种方式，他才能设想道德完善的实践可能性，并且避免一种实践背谬（absurdum practicum）的道德

---

* 有鉴于此，康德是否真的持有一种"绝对的"自由观念，我将留待西尔伯去决定。

绝望。

　　然而，上帝出自人的善的意念之缘故对他施以宽恕，这一点如何在道德上成义，很可能依然令人不解。这种意念或许是"某种让上帝喜悦的实在之物"，但这并没有表明，它就是对恩典的一种真正道德上的"接受能力"的一个**充分**条件。可以肯定的是，采纳这一意念就是人为在道德上加以改善之力所能及的一切，但是，法律的崇高要求无法顾及我们自我招致的软弱性，或者"把法则的要求减至我们的能力范围之内"[110]。康德如何才能证成他的这一主张，即这种善的意念就是对恩典的一个在道德上成义的判决的充分条件？

　　对这一问题的回答，比我们有可能第一时间想到的答案更为简单。正如我们已然注意到的，康德区分了"狭义的"或"完全的"义务（那是我们必须做的或必须完成的）与"广义的"或"不完全的"义务（那是我们必须为之努力的，或者当作我们的目的的）。现在，正如我们已然谈论过的，康德主张说，道德上的完善（意志的神圣性）是第二种意义上的义务，一种"广义的"或"不完全的"义务，即我们有责任要**追求**的东西；但是，它并不是第一种意义上的义务，即我们有责任要**达成**的东西。[111] *246*

> 因为义务是**追求**这种完善性，而不是（在此生）**实现**这种完善性，因而对这种义务的遵循只能在于不断的进步，所以这种完善性在客体（人们应当使其实施成为自己目的的理念）方面虽然是对自己的狭义的和完全的义务，但考虑到主体却是对自己的广义的、仅仅是不完全的义务。[112]

　　这是一种对法则之严格性的"妥协"，是"减少"其要求以适应人类的软弱性吗？诚若如此，它也是康德在其全部著作中一贯坚持，并将其全盘吸纳进他的道德理论的东西。因为，实际上，唯有如此来看待这一追求道德完善的义务，道德法则才能理性地把它自己传达给**除了**一个神圣存在者之外的任何存在者，神圣存在者在任何情况下都无须法则的限制。

　　因此，当一个人采纳了一个善的意念，并且遵从一种不停顿的道德进步与努力追求道德完善的生活方式，他就已经做到了道德法则**要求**他要做

247 的事情。* 当然，仅凭满足这一要求，人依然远不是道德上完善的，但他已经变成了"一个能够接纳（empfängliches）善的主体"[113]。因此，在康德看来，善的意念就是人在道德上接纳恩典的一个充分条件，而且，道德行动者就他完成了自己的种种努力并且满足了他无条件的道德意图而言，会把自己理性的信赖给予上帝的恩典。

鉴于基督教恩典学说赋予"悔恨"以极大的重要性，有人可能会问，它是否有可能以某种方式包含在康德的神恩理论之中。对于康德来说，一种让上帝喜悦之意念的态度十分珍贵，若没有对我们种种错误的一些清醒反思，以及对它们的一种真诚悔恨，"将来加以改善的坚定决心"就并不真的可能："为某事悔恨（bereuen）在回忆从前的违背时是不可避免的，在这方面不让这种记忆消失甚至就是义务。"[114]但是，康德在真正的道德悔恨（心怀"加以改善的意图"的悔恨）与一种僧侣式的"苦修"（büssen）之间做出了鲜明对比，后者"出自对迷信的畏惧或者对自己虚伪的厌恶，以自我折磨和肉身钉上十字架为业，也不是旨在有德性，而是旨在狂热的涤罪（schwärmerische Entsündigung）"[115]。而且，康德高度怀疑

---

　　* 至于这种要求自身是否能够无须神恩的帮助而得到满足，则是一个康德留待讨论的问题。一种神的拣选（Erwählung）的不可能性，就像替代性的救赎或自由存在者的创造的不可能性一样，难以被证明（《宗教》，第143页［德］，第134页［英］）。因此，康德能够容纳一种奥古斯丁式的见解，甚至一种加尔文主义式的见解，即若无神助，人就会完全堕落。但是，与这样一种见解的含义相反，康德想要促成如下考量：无论离开神助人是否就不能成为善的，事实依然是（正如我们所知），人都确实具有一种向善的禀赋，表现为通过理性对道德法则的一种觉察。他知道自己应当成为善的。因此，根据康德的见解，我们必须预设自己能够以这种或那种方式获得这种援助，我们仅仅根据道德上的考量就可以接受这种预设，但是，这种援助的可获得性或者其方法却无须以任何方式透露给我们。因此，根据康德的见解，无论我们是否接受一种"完全堕落"的学说，我们的道德处境都依然是相同的。"假定为了成为善的……还需要一种超自然的协助，"康德说，"人都必须……假定有这种援助（这是非同小可的事情）。也就是说，把力量的积极增长纳入自己的准则"（《宗教》，第44页［德］，第40页［英］）。当然，至于人能够通过礼仪献祭与仪式获得上帝的协助的见解，被康德谴责为"宗教妄想"与"对上帝的伪事奉（Afterdienst）"（《宗教》，第168页及其后多页［德］，第156页及其后多页［英］）。

"有忏悔心的罪人的自虐（自虐是很模棱两可的，通常只是违背了智慧规则的内心责备）"[116]。那种必然地与"从恶中走出并进入善，是脱去旧的 *248* 人并穿上新的人"紧密相关的悔恨，那种与这一"重生"紧密相关的悔恨，无论如何都绝非与康德的思想无关，并且无疑是易于接纳上帝之恩典与宽恕的意念中的一个不可分离的组成部分。但是，对于康德来说，悔恨必须区别于"对善的热爱"，后者赋予它真正的道德价值。[117]

因此，对上帝之宽恕恩典的信赖就是道德信仰的一个重要方面，而且，这种信赖本身在《宗教》中凭借一个**实践背谬**论证得以证成。假设说，我否定一个慈爱宽恕的上帝的现实存在。如果我否定这一点，我就必须否定自己能够设想道德上的完善之可能性。然而，由于道德上的完善是至善的无条件成分，我就必须否定自己能够设想至善的可能性。但是，如果我否定自己能够设想至善的可能性，我就不会让自己投奉于对道德法则的服从。而这，就是一个实践背谬（*absurdum practicum*）。神恩学说对于康德解决实践理性的第一个二论背反来说是必需的，因此，它必须与自由、不朽以及上帝对世界的道德统治一道，被授予**实践理性的一个公设**的地位。信仰神恩是对我们以往恶行的道德态度，以及我们的道德热望的一个组成部分。在信仰中，道德行动者不仅把他理性的信赖给予作为世界创造者的上帝的仁慈，给予作为世界统治者的上帝的智慧天意，还把这种信赖给予作为道德审判者和人类慈爱怜悯之父的上帝正义的宽恕。

结　论

　　在前面的章节中，我们研究了康德对宗教信仰的观念及其理性辩护，探寻了这一学说在批判哲学的诸原理中的来源，而且，我们还试图从康德的道德信仰哲学在那些原理中的基础出发对它加以反思。通过对康德的实践背谬论证、至善学说，以及他对实践理性之辩证的解决方法的考察，我们详尽地看出，康德对上帝、不朽与神恩的信仰的理性辩护，构成了批判哲学的一个不可或缺的组成部分，并且是康德最佳的思考与最成熟的哲学洞识的一个必然后果。事实上，道德信仰就是批判哲学自身的世界观，是它的世界观（Weltanschauung），在获得对它的一种理解的同时，我们就已然使最为清楚地把握人的条件的批判观念得以可能，并且对批判哲学所颁布的那一条件做出理性回应得以可能。如果康德的批判哲学被正确地承认为人类理智真正伟大的成就，那么，他在哲学上对宗教信仰的辩护就必须共享这一伟大。

　　康德的道德信仰学说奠基于他对人的辩证本性的观念——人作为一个既有限又理性的存在者，为种种不可避免的限制所拖累，却具有一种旨在超越这些限制的理性能力。人类理性决定了人的一个最终目的，一个其现实存在（生存）的单一的最高意图，一个不可分离地与其有限的有理性本身相关的理想。面对人自己的种种必然限制，面对包围着他的种种努力的失败与不确定性，对这一目的的理性追求需要一种**道德上的信仰**，需要一种他无法在加以放弃的同时而不会放弃自己的理性及其理性目标本身的世界观。

　　如其所是的简单而深刻，在康德呈现给我们的道德信仰的世界观中，并没有任何原创的或不同寻常的东西。最终，这种信仰无非就是凭借对作为智慧仁慈的天意、在其手中万事顺遂的上帝的一种爱的信赖，男士为达成一个人的种种道德目的而奋斗，在艰难困苦与明显的失败中坚持到底。道德信仰就是有限的有理性的选择，虽面临其有限性却依然坚持理性的选择，选择冷静清醒的希望，而不是野蛮的绝望。相比结合了基督教"神学"德性（"信""望""爱"）的斯多亚派的"勇气"与"顺从"的德性，这种道德信仰的世界观与之相差无几。而且，康德并没有在这一点上寻求"原创"或"不同寻常"。人类的共同命运并不随着时间而改变，其种种难题也绝非原创性的难题。人类生活的这些根本性的谜题并不能经由一种不同寻常的启示得到解答，而是要求我们付出艰难而全然普通的勇气与智慧，我们单凭这些就能看出人类生活所为何物。如果在最后的分析中，康德告诉我们的无非是说，我们必须以道德上的勇气与信赖来面对我们的条件，那么，他就没有假装自己在哲学上为我们解决了现实存在（生存）中的种种难题。在任何意义上，道德信仰的世界观都不是人的辩证处境的**解决方法**，它仅仅是一种理性的手段，以**面对**不可避免的张力与 *251*
困境，它们在本质上就属于作为有限的理性存在者的我们自己。我们已然知道，我们所踏上的道路是一条黑暗艰难的道路；我们本不应期待哲学能告诉我们还有其他道路。在康德看来，对于那些我们业已承认其有效性的艰难的智慧和来之不易的德性，如果哲学能够赋予其明晰性与有理性，那就已经取得了成功。

　　康德说，这些道德论证并不是"新发明的"，而是它们"新得到讨论的证明根据"[1]。康德的原创性并不能在道德信仰的世界观本身中被发现，而是要在他对这一世界观的理性辩护的认识与构想中才能被发现。如果我们把康德的道德信仰学说拿来同其他伟大的现代思想家为"哲学与信仰"之间的关系这一难题所提供的解决方法加以比较，就能最好地看出这种原创性。许多伟大的现代思想家，包括笛卡儿、斯宾诺莎、莱布尼茨、洛克、贝克莱与黑格尔，他们都试图在一个包罗万象的哲学知识体系的架构中，为宗教信念找到一个容身之处。这些哲学家中的每一个都试图通过赋予他们的宗教确信以思辨真理的地位，即通过经验证据或理性演证而可知，把他们的宗教确信纳入这样一种体系之中。然而，"哲学与信仰"难题的这种思辨的解决方法，遭到了另一股现代思潮——以帕斯卡尔（Pascal）与克尔凯郭尔为范例的一股思潮的挑战。他们以作为一种个人信仰的上帝的名义（这样一种上帝的情感意义无法以一种形而上学的体系加以归类，或者被化约为"非个人的理性演证"的贫瘠真理）来否定抽象的"哲学家的上帝"。他们转而坚持一个活着的上帝，在一种活生生的信仰中所遭遇到的上帝，这种信仰毫不犹豫地承认其处境的危险与不确定性，并且承认自己是一种"赌注"，是一种"飞跃"，这是必须在缺乏理性辩护的情况下才能发生的，思辨论证的抽象的确定性与之毫不相干。

康德必定以一种分裂的忠诚来看待"哲学家们"和"有信仰的人们"之间的这种争论。他最深的确信合意于帕斯卡尔与克尔凯郭尔。同他们一样，他必定反对以思辨的方法来解决"哲学与信仰"难题。这种解决方法的不适用性——正如帕斯卡尔与克尔凯郭尔本人所认为的那般——并不是因为它与圣经信仰相冲突，因为圣经信仰本身（及其肯定的、历史性的基础）很可能就是错误的。这种思辨的解决方法之所以是不适宜的，是因为它与真诚而有效的"人的条件"的观念相冲突，后者包含在圣经信仰之中。有信仰的人们觉知到，而哲学家们却没有觉知到，人有限的有理性是一种或然的条件，是一种包含着不可避免的张力与冲突的条件。人对这一条件的回应，不能采取客观的与理论的认知所具有的那种自以为是的超然态度，而是必须还要带入他的意志与情绪。人类条件是一个难题①；因此，对它的终极回应不是沉思，而是决定。思辨哲学混淆了人类理性有限的、或然的立场与属神沉思无限的、冷漠无私的立场。其独断论，就像包含在对宗教信仰自以为是的批评中的那些诡辩异议一般，必须"以苏格拉底的方式，也就是说通过最清晰地证明对手的无知"² 来加以回答。当康德"扬弃**知识**，以便为**信念**腾出地盘"时，他就否定了如是一种哲学的独断论，它忽视了人的条件的或然特性，并且把人基于一种个人

---

① 此处原文为 The human condition is a *problem*。其中，problem 一词为斜体，是要突出人类条件不是一个有待回答的 question，而是一个有待解决或回应的 problem。这一点，可以从后文得到证实。因此，译者特将其译作"难题"，而不是"问题"，以避免不必要的混淆。——译者注

选择与个人投奉的对这一条件的回应，化约为 种纯然抽象的与无利害的理论断言。

然而，尽管在"哲学难题与信仰难题不能以思辨的方式得到解决"的问题上，康德赞同帕斯卡尔与克尔凯郭尔，但他不能接受他们的解决方法，如同他不能接受独断论的解决方法一般。因为，在热衷于坚持信仰的独有特性的同时，帕斯卡尔与克尔凯郭尔不只否定了理论知识，而且还否定了有理性本身。对于他们来说，信仰的对象是一个"悖论"，是某种"绝对不同于"理性的东西，而且，同这一对象的相遇仅仅是在理性的"限制"之下发生的，在一个理性无法且不能假装能为之做出解释或加以证成的决定中发生的。[3]因此，如是一点就成了必然的甚至是"理性的"，即在对信仰的回应中，对理性本身应该不予承认。[4]但是，按照这种方式，信仰（作为人对其或然条件的回应）甚至就不再是他自己的回应，甚至都丧失了作为一个决定的特性。[5]康德否定了思辨的独断论，但是，他也必须以同等力度来否定这种非理性主义。人拥有理性，并以之作为其最高官能，这并不是为了在面对自己遭遇到的最重要的问题时舍弃或不承认理性。他的自治（自律）且普遍地与他人交流的（与他人共融的）能力，并不仅仅是为了在至关重要的事情上遭到否定才被赋予他的。如果"哲学家们"由于未能认识到理性的种种限制，从而忽视了人有限的有理性的或然特性，那么，"有信仰的人"就会缺乏使用一种有限理性的勇气，并试图通过在面对人类有限性时放弃理性，以及一种对非理性的盲目屈服，来逃脱有限的有理性的或然条件。

因此，同这些"哲学家"一样，康德需要对宗教确信的一种理性解释，需要通过把这些确信纳入一个哲学的理性体系之中，对它们加以证成。如果说"有信仰的人"所指出的如是一种必然性，即人通过一种信仰的跳跃来回应其现实存在（生存）的必然性是正确的，那么，这种必然性与信仰的世界观本身就还要求一种通过对人类条件的批判的自我考察而获得的理性证成。在康德的**实践背谬**论证中，因批判哲学而获得的人类的自我知识，被用于构成这种决定（这种信仰的跳跃）并加以证成。因此，批判的自我知识不仅揭示出了信仰与理性是彼此相容的，还揭示出了对于一种既有限又理性的存在者来说，信仰与理性是相互要求的。正是信仰与理性的这种一体性，这种既保持宗教确信的个人特性又保持理性的普遍可传达性（可共融性）的尝试，构成了康德为信仰的道德辩护所具有的真正的原创性与持久的价值。

注　释

文中所引康德著作之书名缩写，见第 xi 页。

导论

1.《纯批》，A xii。

2.《启蒙》，第 35 页（德），第 3 页（英）。

3. Kroner, *Kant's Weltanschauung*, 30ff；Greene, "The Historical Context and Religious Significance of Kant's Religion," lxii.（克罗纳，《康德的世界观》，第 30 页及其后多页；格林，《康德的宗教的历史背景与宗教意义》，第 lxii 页。）

4. Greene, lxii.（格林，第 lxii 页。）

5. Heidegger, *Kant and the Problem of Metaphysics*, 24g 31e.（海德格尔，《康德与形而上学疑难》，第 24 页［德］，第 31 页［英］。）

6.《实批》，第 9 页脚注（德），第 9 页脚注（英）；《人类学》，第 231 页。

7.《实批》，第 25 页（德），第 24 页（英）。

8.《德性论》，第 382 页（德）①，第 41 页（英）；《奠基》，第 454 页（德），第 122 页（英）。

9.《纯批》，A302 = B359。

10.《纯批》，A332 = B379。

11.《纯批》，A642 = B670。

---

① 此处页码有误，据考当系第 383 页（德）。——译者注

12.《纯批》，A339 = B397。

第 1 章　康德的道德论证

1.《伦理学》，第 98 页及其后多页（德），第 78 页及其后多页（英）；《纯批》，A795 = B823 及其后多页；《神学》，第 8−11、31−34、138−142、158−162 页；《实批》，第 107 页及其后多页（德），第 111 页及其后多页（英）；《方向》，第 136 页及其后多页；《判批》，第 442 页及其后多页（德），第 292 页及其后多页（英）；《宗教》，第 3 页及其后多页（德），第 3 页及其后多页（英）；《终结》，第 332 页及其后多页（德），第 74 页及其后多页（英）；《德性论》，第 480 页及其后多页（德），第 153 页及其后多页（英）；《口吻》，第 396 页脚注及其后多页；《逻辑学》，第 65 页及其后多页。

2. Beck, *A Commentary on Kant's Critique of Practical Reason*, Chs. XIII, XIV; Cousin, *Leçons sur la Philosophie de Kant*, 304ff.（贝克，《康德的〈实践理性批判〉释义》，第 XIII、XIV 章；卡曾，《康德哲学讲座》，第 304 页及其后多页。）

3. Adickes, *Kants Opus Postumum, dargestellt und beurteilt*, 720ff, 769−885.（阿迪克斯，《康德的〈遗著〉：阐述与评判》，第 720 页及其后多页，第 769−885 页）

4. Schrader, "Kant's Presumed Repudiation of the Moral Arguments in the Opus Postumum," 228ff; Silber, "The Ethical Significance of Kant's Religion," cxlff.（施拉德，《康德在〈遗著〉中被推定的对道德论证的否决》，第 228 页及其后多页；西尔伯，《康德的宗教之伦理意义》，第 cxlff 页。）

5. 阿迪克斯，第 846 页。

6. 施拉德，第 236 页；参见《遗著》，XXII，第 125 页及其后页。

7. Kemp Smith, *Commentary to Kant's Critique of Pure Reason*, 638; Beck, 276.（康浦·斯密，《康德的〈纯粹理性批判〉释义》，第 638 页；贝克，第 276 页。）

8. 阿迪克斯，第 846 页；参见第 776 页及其后多页。

9. 《纯批》，A822－B850， 《判批》，第 470 页（德），第 322 页（英）。

10. 《纯批》，A820＝B848，A823＝B851。

11. 《纯批》，A820＝B848；《逻辑学》，第 66 页及其后页。

12. 《实批》，第 134 页（德），第 139 页（英）；《方向》，第 139 页脚注。

13. 《纯批》，A822＝B850。

14. 《纯批》，A821＝B849，A822＝B850；《逻辑学》，第 66 页。

15. 《纯批》，A823＝B851。

16. 《纯批》，A823＝B851。

17. 《方向》，第 141 页；《逻辑学》，第 66 页。

18. 《方向》，第 141 页。

19. Kierkegaard, *Concluding Unscientific Postscript*, 182. （克尔凯郭尔，《最后的、非科学性的附言》，第 182 页。）

20. 《纯批》，A829＝B857。

21. 《实批》，第 142 页（德），第 147 页（英）。

22. Ewing, *The Fundamental Questions of Philosophy*, 236. （尤因，《哲学的基本问题》，第 236 页。）

23. 《方向》，第 140 页；《纯批》，Bxxix。

24. 《判批》，第 427 页（德）①，第 324 页（英）。

25. 《纯批》，A824＝B852。

26. 《纯批》，A824＝B852。

27. Cf. Canfield, "Knowing About Future Decisions," 129. （参见：坎菲尔德，《知晓未来的决定》，第 129 页。）

28. 《实批》，第 143 页（德），第 149 页及其后页（英）；《宗教》，第 189 页（德），第 177 页（英）。

29. 《纯批》，A823＝B851 及其后页。

30. 《实批》，第 114 页（德），第 118 页（英）。

———————————

① 此处页码有误，据考当系第 472 页（德）。——译者注

31.《实批》，第 114 页（德），第 118 页（英）。

32. 贝克，第 261 页。

257 33.《实批》，第 64 页（德），第 67 页（英）。

34. Cohen, *Kants Begrundung der Ethik*, 254n.（科恩，《康德对伦理学的证成》，第 254 页脚注。）

35.《实批》，第 142 页（德），第 148 页（英）。

36.《判批》，第 450 页（德），第 302 页（英）。

37. 贝克，第 241 页。

38.《纯批》，A828 = B856。

39.《奠基》，第 405 页（德），第 73 页（英）。

40.《实批》，第 160 页。

41.《伦理学》，第 405 页（德），第 73 页（英）；《神学》，第 31 页；《判批》，第 472 页（德），第 325 页（英）。

42.《纯批》，A830 = B858。

43.《实批》，第 142 页（德），第 148 页（英）。

44.《神学》，第 32 页；《实批》，第 146 页（德），第 151 页（英）。

45. Tillich, *Systematic Theology* II, 116.（蒂利希，《系统神学》，第二卷，第 116 页。）

46.《宗教》，第 190 页（德），第 178 页（英）。

47. Wittgenstein, *Philosophical Investigations*, 187f.（维特根斯坦，《哲学研究》，第一部分，第 187 页及其后页。）

48. Webb, *Kant's Philosophy of Religion*, 65f.（韦布，《康德的宗教哲学》，第 65 页及其后页。）

49.《实批》，第 146 页（德），第 151 页（英）；《判批》，第 451 页脚注（德），第 301 页脚注（英）。

50.《实批》，第 3 页及其后页（德），第 3 页及其后页（英）。

51. 阿迪克斯，第 846 页。

52.《遗著》，XXI，第 30 页。

53. 阿迪克斯，第 811 页。

54.《实批》，第 31 页（德），第 31 页（英）；第 42 页（德），第 43

页（英）；《法权论》，第 252 页（德），第 60 页（英）；《遗著》，XXI，第 21 页。

55.《实批》，第 42 页（德），第 43 页（英）；《判批》，第 468 页（德），第 320 页及其后页（英）。

56.《实批》，第 28 页（德），第 29 页（英）。

57.《实批》，第 29 页（德），第 29 页（英）；第 4 页脚注（德），第 4 页脚注（英）。

58.《实批》，第 28 页（德），第 28 页（英）；第 27 页（德），第 26 页（英）。

59.《纯批》，A533 = B561。

第 2 章　有限的理性意愿

1. 阿迪克斯，第 846 页。

2. 科恩，第 353 页。

3. Paulsen, *Kant's Life and Doctrine*, 318g 321e.（保尔森，《康德的生平与学说》，第 318 页［德］，第 321 页［英］。）

4. Greene, lxii; Teale, *Kantian Ethics*, 218; see also Doring, "Kant's Lehre vom hochsten Gut," 94ff.（格林，第 lxii 页；蒂尔，《康德主义伦理学》，第 218 页；亦可参见：德林，《康德的至善学说》，第 94 页及其后多页。）

5. Schopenhauer, *The World as Will and Representation*, 621g 524e.（叔本华，《作为意志与表象的世界》，第 621 页［德］，第 524 页［英］。） *258*

6.《实批》，第 108 页（德），第 112 页（英）；《宗教》，第 5 页（德），第 5 页（英）。

7.《实批》，第 108 页（德），第 112 页（英）。

8.《宗教》，第 23 页（德），第 19 页（英）；《德性论》，第 225 页（德），第 25 页（英）。

9. See Paton, *The Categorical Imperative*, 43, 166.（参见：帕通，《定言命令式》，第 43、166 页。）

10.《判批》，第 624 页（德），第 524 页（英）。

11.《神学》，第 129、137 页；《俗语》，第 279 页脚注。

12.《奠基》，第 414 页（德），第 81 页（英）。

13.《神学》，第 127、129 页。

14.《神学》，第 114 页。

15.《宗教》，第 36 页（德），第 31 页（英）。

16.《实批》，第 25 页（德），第 24 页（英）。

17.《宗教》，第 36 页（德），第 31 页（英）。

18.《神学》，第 127 页。

19.《奠基》，第 420 页脚注及其后页（德），第 88 页脚注（英）。

20.《宗教》，第 6 页脚注（德），第 6 页脚注（英）。

21.《德性论》，第 225 页（德），第 25 页（英）。

22.《人类学》，第 265 页。

23.《奠基》，第 427 页（德），第 95 页（英）。

24.《实批》，第 21 页（德），第 19 页（英）。

25.《判批》，第 197 页（德），第 34 页（英）；《实批》，第 117 页（德），第 122 页（英）；《神学》，第 157 页及其后页。

26. See Paton, *The Modern Predicament*, 325.（参见：帕通，《现代困境》，第 325 页。）

27. 格林，第 lxii 页及其后页。

28.《俗语》，第 279 页。

29.《俗语》，第 280 页及其后页。

30.《俗语》，第 281 页。

31.《俗语》，第 278 页。

32.《奠基》，第 399 页（德），第 67 页（英）。

33.《奠基》，第 393 页（德），第 61 页（英）。

34.《实批》，第 25 页（德），第 24 页（英）。

35.《判批》，第 182 页（德），第 18 页（英）。

36.《实批》，第 61 页（德），第 63 页及其后页（英）。

37.《俗语》，第 280 页。

38.《德性论》，第 385 页（德），第 44 页（英）；《宗教》，第 6 页脚

注（德），第6页脚注（英）。

　　39.《德性论》，第385页（德），第44页（英）。

　　40.《奠基》，第399页（德），第67页（英）。

　　41.《实批》，第34页及其后页（德），第35页（英）。

　　42.《德性论》，第450页（德）①，第118页（英）。

　　43.《奠基》，第393页（德），第61页（英）。

　　44.《实批》，第60页（德），第62页（英）。

　　45.《实批》，第64页（德），第67页（英）。

　　46.《奠基》，第393页（德），第61页（英）；第396页（德），第64页（英）；参见：帕通，《定言命令式》，第35页及其后多页，第43页。

　　47.贝克，第245页。

　　48.《奠基》，第394页（德），第62页（英）。

　　49.贝克，第134页。

　　50.《实批》，第60页（德），第62页（英）。

　　51.《实批》，第25页（德），第24页（英）。

　　52.贝克，第134页及其后页。

　　53.贝克，第130页。

　　54.《实批》，第58页（德），第60页（英）。

　　55.《实批》，第60页（德），第62页（英）。

　　56.《实批》，第60页（德），第62页（英）。

　　57.《实批》，第62页（德），第64页（英），强调系添加。

　　58.《实批》，第64页（德），第66页（英）。

　　59.《实批》，第65页（德），第67页（英）。

　　60.《实批》，第64页（德），第67页（英）。

第3章　至善

　　1.《奠基》，第428页（德），第95页（英）。

---

①　此处页码有误，据考当系第451页（德）。——译者注

2.《人类学》，第 227 页①。

3.《实批》，第 60 页（德），第 62 页（英）。

4.《实批》，第 60 页（德），第 62 页（英）。

5.《德性论》，第 223 页（德），第 22 页（英）；第 394 页（德），第 54 页（英）；第 450 页（德），第 66 页（英）。

6.《宗教》，第 51 页（德），第 47 页（英）；《德性论》，第 445 页（德），第 113 页（英）。

7.《宗教》，第 46 页及其后多页（德），第 42 页及其后页（英）；《神学》，第 146 页；《德性论》，第 448 页及其后多页（德），第 158 页及其后多页（英）。

8.《德性论》，第 399 页（德），第 59 页（英）。

9.《德性论》，第 385 页（德），第 44 页及其后页（英）。

10.《德性论》，第 393 页（德），第 53 页（英）；第 446 页及其后页（德），第 113 页及其后页（英）；see Dietrichson, "What Does Kant Mean By 'Acting from Duty'?" 314ff（参见迪特里希森，《康德的"出自义务而行动"是什么意思?》，第 314 页及其后多页）。

260

11.《实批》，第 151 页（德），第 155 页（英）。

12.《伦理学》，第 318 页（德），第 252 页（英）。

13.《教育学》，第 443 页（德），第 6 页（英）；第 445 页（德），第 10 页（英）。

14.《教育学》，第 486 页及其后多页（德），第 95 页及其后多页（英）。

15.《宗教》，第 98 页（德），第 90 页（英）。

16.《伦理学》，第 317 页（德），第 252 页（英）。

17.《奠基》，第 393 页（德），第 61 页（英）。

18.《奠基》，第 393 页（德），第 61 页（英）；《实批》，第 110 页（德），第 115 页（英）；《德性论》，第 481 页（德），第 155 页（英）。

19.《伦理学》，第 18 页及其后页（德），第 15 页（英）。

---

① 此处页码有误，据考当系第 277 页。——译者注

20.《实批》，第 59 页及其后页（德），第 61 页及其后页（英）。

21.《人类学》，第 227 页①。

22.《实批》，第 111 页（德），第 115 页（英）。

23.《纯批》，A814 = B842。

24.《判批》，第 450 页。

25.《伦理学》，第 97 页（德），第 77 页（英）。

26.《宗教》，第 5 页（德），第 4 页（英）。

27.《教育学》，第 97 页（德），第 77 页（英）；参见：《实批》，第 112 页（德），第 117 页（英）；以及 Silber, "The Copernican Revolution in Ethics：The Good Reexamined," 278（西尔伯，《伦理学中的哥白尼革命：善的再考察》，第 278 页）。

28.《实批》，第 112 页（德），第 116 页（英）。

29.《实批》，第 35 页（德），第 36 页（英）。

30.《德性论》，第 390 页（德），第 49 页（英）。

31.《人类学》，第 277 页。

32.《实批》，第 111 页（德），第 115 页（英）。

33.《人类学》，第 277 页。

34.《伦理学》，第 8 页（德），第 7 页（英）。《实批》，第 64 页及其后页（德），第 66 页及其后页（英）；第 111 页（德），第 115 页（英）。

35.《实批》，第 108 页（德），第 112 页（英）。

36.《实批》，第 108 页（德），第 112 页（英）。

37.《纯批》，A332 = B379。

38.《宗教》，第 5 页（德）。《判批》，第 442 页（德），第 293 页（英）；第 434 页（德），第 284 页（英）。

39.《实批》，第 122 页（德），第 126 页（英）。

40.《宗教》，第 64 页（德），第 57 页（英）。

41.《伦理学》，第 102 页（德），第 82 页（英）；《宗教》，第 33 页；《纯批》，A805 = B833 及其后多页。

---

① 此处页码有误，据考当系第 277 页。——译者注

42.《实批》，第 110 页（德），第 115 页（英），强调系添加。

43.《宗教》，第 97 页（德），第 89 页（英）。

44. Silber, "Kant's Conception of the Highest Good as Immanent and Transcendent," 472ff, 491ff. （西尔伯，《康德的作为内在的与超验的至善观念》，第 472 页及其后多页，第 491 页及其后多页。）

45.《德性论》，第 97 页及其后多页（德），第 89 页及其后多页（英）。

46. 西尔伯，《康德的作为内在的与超验的至善观念》，第 492 页。

47. 贝克，第 244 页及其后页。

48.《宗教》，第 5 页（德），第 5 页（英）。

49. 贝克，第 244 页及其后页。

50. Schilpp, *Kant's Pre-Critical Ethics*, 137f. （席尔普，《康德前批判时期的伦理学》，第 137 页及其后页。）

51.《判批》，第 434 页（德），第 284 页（英）。

第 4 章　实践的诸公设

1.《实批》，第 107 页（德），第 111 页（英）。

2.《实批》，第 122 页（德），第 126 页（英）。

3.《伦理学》，第 310 页（德），第 246 页（英）。《奠基》，第 414 页（德），第 81 页（英）。《实批》，第 32 页（德），第 33 页（英）；第 128 页（德），第 133 页（英）。

4.《奠基》，第 414 页（德），第 81 页（英）；《实批》，第 32 页（德），第 33 页（英）；《宗教》，第 64 页（德），第 57 页（英）；《德性论》，第 377 页（德），第 36 页及其后页（英）。

5.《神学》，第 146 页；《宗教》，第 47 页（德），第 43 页（英）。

6.《神学》，第 146 页。

7.《伦理学》，第 308 页（德），第 244 页（英）。

8.《实批》，第 118 页（德），第 122 页及其后页（英）；《奠基》，第 428 页（德），第 95 页及其后页（英）。

9.《伦理学》，第 96 页（德），第 77 页（英）。

10. 参见：《神学》，第 149 页及其后多页；《宗教》，第 43 页（德），第 38 页（英）。

11.《德性论》，第 485 页（德），第 159 页（英）。

12.《德性论》，第 393 页（德），第 53 页（英）。

13.《宗教》，第 28 页（德），第 23 页（英）；第 58 页（德），第 51 页（英）。

14.《宗教》，第 57 页（德），第 50 页（英）。

15.《宗教》，第 64 页（德），第 57 页（英）。

16.《宗教》，第 36 页（德），第 31 页及其后页（英）。

17.《宗教》，第 57 页（德），第 50 页（英）。

18.《宗教》，第 20 页及其后页（德），第 16 页及其后页（英）。

19.《宗教》，第 35 页（德），第 30 页（英）。

20.《宗教》，第 37 页（德），第 32 页（英）。

21.《宗教》，第 37 页（德），第 32 页（英）。

22.《宗教》，第 27 页（德），第 22 页及其后页（英）。

23.《宗教》，第 28 页（德），第 23 页（英）。

24.《宗教》，第 44 页（德），第 40 页（英）。

25.《宗教》，第 37 页（德），第 32 页（英）。

26.《宗教》，第 51 页（德），第 46 页（英）。

27.《宗教》，第 67 页脚注（德），第 61 页脚注（英）；《德性论》，*262* 第 446 页（德），第 113 页（英）。

28.《宗教》，第 47 页（德），第 43 页（英）；第 51 页（德），第 47 页（英）。

29.《实批》，第 122 页及其后页（德），第 127 页（英）。

30.《宗教》，第 51 页（德），第 47 页（英）。

31.《实批》，第 122 页（德），第 126 页及其后页（英）。

32.《实批》，第 122 页（德），第 127 页（英）。

33.《实批》，第 123 页（德），第 127 页（英）。

34.《终结》，第 334 页（德），第 73 页及其后页（英）；《宗教》，第 66 页（德），第 60 页（英）。

35.《宗教》，第 67 页（德），第 60 页（英）。

36.《伦理学》，第 104 页（德），第 84 页（英）；《神学》，第 201 页；《终结》，第 337 页（德），第 81 页（英）；《宗教》，第 44 页（德），第 40 页（英）。

37.《宗教》，第 66 页及其后多页（德），第 60 页及其后多页（英）。

38.《实批》，第 122 页（德），第 127 页（英）。

39. 格林，第 lix 页。

40. Caird, *The Critical Philosophy of Immanuel Kant*, II, 303.（凯尔德，《伊曼努尔·康德的批判哲学》，卷 II，第 303 页。）

41.《实批》，第 145 页（德），第 151 页（英）。

42.《终结》，第 334 页（德），第 77 页（英）。

43.《宗教》，第 69 页（德），第 62 页（英）。

44.《终结》，第 334 页（德），第 77 页（英）。

45.《纯批》，B411 及其后多页；A413 = B440；A819 = B847；A337 脚注 = B395 脚注。

46.《宗教》，第 161 页脚注（德），第 148 页脚注（英）。

47.《终结》，第 335 页（德），第 79 页（英）。

48.《实批》，第 139 页（德），第 144 页（英）。

49.《实批》，第 111 页（德），第 115 页（英）。

50.《实批》，第 111 页（德），第 115 页（英）。

51.《实批》，第 113 页（德），第 117 页（英）。

52.《奠基》，第 438 页（德），第 106 页（英），强调系添加。

53.《奠基》，第 438 页（德），第 106 页（英）；《纯批》，A810 = B838。

54.《判批》，第 452 页（德），第 303 页（英）。

55.《奠基》，第 438 页（德），第 106 页（英）。

56.《判批》，第 452 页（德），第 303 页（英）。

57.《批判》，第 452 页（德），第 303 页（英）。

58.《德性论》，第 454 页（德），第 122 页（英）。

59.《实批》，第 113 页（德），第 118 页（英）。

60.《判批》，第 452 页（德），第 303 页（英）。

61.《实批》，第 114 页（德），第 119 页（英）。

62.《纯批》，A812 = B840，A814 = B842。

63.《纯批》，A811 = B839。

64.《神学》，第 6 页。《实批》，第 128 页及其后页（德），第 133 页及其后页（英）。《宗教》，第 69 页及其后多页脚注（德），第 63 页及其后多页脚注（英）；第 161 页（德），第 149 页（英）。《终结》，第 339 页（德），第 83 页（英）。

65.《实批》，第 115 页（德），第 119 页（英）。

66. 参见：《实批》，第 115 页（德），第 199 页（英）；第 125 页及其后页（德），第 129 页及其后页（英）；第 123 页脚注（德），第 128 页脚注（英）；第 136 页及其后页（德），第 142 页（英）。同时，参见：《宗教》，第 5 页（德），第 5 页（英）；第 69 页及其后多页脚注（德），第 63 页及其后多页脚注（英）；第 161 页（德），第 149 页（英）。

67. 格林，第 lxiv 页。

68.《实批》，第 123 页脚注（德），第 128 页脚注（英）。

69.《实批》，第 125 页（德），第 130 页（英）。

70.《神学》，第 15 页。

71.《实批》，第 125 页（德），第 130 页（英）。

72. 贝克，第 275 页。Whittemore（惠特莫尔）也表达了这种见解，"The Metaphysics of the Seven Formulations of the Moral Argument," 161（《道德论证的七个公式的形而上学》，第 161 页）。

73. 贝克，第 275 页。

74.《实批》，第 145 页（德），第 151 页（英）。

75.《判批》，第 454 页（德），第 305 页（英）。

76. 贝克，第 275 页。

77. Hegel, *Phänomenologie des Geistes*, 436.（黑格尔，《精神现象学》，第 436 页。）

78. 黑格尔，第 436 页及其后页。

79. 黑格尔，第 277 页。

80.《神学》，第 13 页及其后页，第 36 页；《纯批》，A571 = B599 及

其后多页。

81.《神学》，第 109、127、130 页。

82.《神学》，第 181 页。

83. 黑格尔，第 277 页及其后页，第 437 页。

84.《纯批》，A811 = B839；《实批》，第 125 页（德），第 130 页
（英）。

85.《人类学》，第 251 页。

86.《神学》，第 205 页及其后多页；《终结》，第 337 页（德），第 81
页（英）。

87.《神义论》，第 263 页及其后页。

88.《神学》，第 207 页。

89.《神义论》，第 264 页。

90.《宗教》，第 142 页（德），第 133 页（英）。

91. 黑格尔，第 437 页。

92. 贝克，第 275 页。

264　93.《判批》，第 450 页脚注（德），第 301 页脚注（英）。

94.《宗教》，第 139 页（德），第 130 页（英）。

95. 黑格尔，第 18 页。

96. Schweitzer, *The Essence of Faith*, 10g 26fe.（施韦泽，《信仰的本
质》，第 10 页［德］，第 26 页及其后页［英］）。

97.《纯批》，B395 脚注；施韦泽，第 23 页（德），第 35 页（英）。

98.《实批》，第 145 页（德），第 151 页（英）；《判批》，第 455 页
（德），第 306 页及其后页（英）。

99.《实批》，第 134 页（德），第 139 页（英）；《纯批》，A805 = B834。

100.《实批》，第 136 页（德），第 141 页（英）。

101.《纯批》，A328 = B384，A644 = B672。

102. Vaihinger, *The Philosophy of As – If*, 621g 272e.（费英格，《"仿
佛"的哲学》，第 621 页［德］，第 272 页［英］。）

103.《纯批》，A641 = B669，A742 = B770，A830 = B858；《神学》，
第 106 页及其后页；《实批》，第 120 页（德），第 125 页（英）。

104.《纯批》，B xxvin。

105.《纯批》，A303 = B359，A310 = B366。

106.《纯批》，A323 = B379。

107.《纯批》，A328 = B384①。

108.《实批》，第 134 页（德），第 140 页（英）。

109.《神学》，第 53 页及其后多页。《纯批》，A696 = B724。《导论》，第 355 页及其后多页（德），第 104 页及其后多页（英）。《判批》，第 456 页（德），第 307 页（英）；第 464 页脚注（德），第 315 页及其后页脚注（英）。《宗教》，第 65 页及其后页脚注（德），第 58 页及其后页脚注（英）。亦可参见：《神学》，第 47 页及其后多页；《纯批》，A578 = B606，A640 = B668。

110.《伦理学》，第 102 页（德），第 82 页（英）。

111.《宗教》，第 139 页（德），第 130 页（英）。

112.《实批》，第 133 页（德），第 138 页（英）；第 135 页（德），第 140 页（英）。②《判批》，第 456 页（德），第 307 页（英）。

113.《实批》，第 135 页（德），第 140 页（英）；《纯批》，A819 = B847；《判批》，第 457 页（德），第 308 页及其后页（英）。

114.《实批》，第 143 页（德），第 148 页（英）。

第 5 章　道德信仰与理性宗教

1. 阿德勒，第 282 页。

2.《判批》，第 458 页（德），第 309 页（英）。

---

① 此处页码有误，据考当系 A482 = B510。——译者注

② 此处所引《实批》页码似有讹误，据考证：其一，"在实践的意图中"的英文为 from a practical point of view，它对应于德文的 in praktischer Absicht，并先后出现在科学院版的 5：41、5：105、5：143、5：353、5：453、5：455、5：456、5：474、5：482 之中。本书根据吾师秋零先生的译本，将其译作"在实践的意图中"，这也更符合德文的意思。其二，"为了实践的意图"的英文为 for practical use，它对应于德文的 praktischen Gebrauche，先后出现在科学院版的 5：6、5：50、5：136、5：176 之中。——译者注

3.《判批》，第 471 页（德），第 324 页（英）。

4.《纯批》，A829 = B857。参见：《判批》，第 446 页（德），第 296 页（英）；第 452 页（德），第 303 页（英）；第 481 页（德），第 335 页（英）。《宗教》，第 115 页（德），第 106 页（英）。

5.《判批》，第 197 页（德），第 31 页（英）。

6.《实批》，第 117 页（德），第 122 页（英）。

7.《判批》，第 452 页（德），第 303 页（英）。

8.《神学》，第 140 页。

9.《神学》，第 140 页。

10.《纯批》，A814 = B842。

11.《判批》，第 472 页（德），第 324 页（英）。

12.《伦理学》，第 119 页（德），第 95 页（英）；参见：《伦理学》，第 100 页（德），第 80 页（英）。《逻辑学》，第 69 页；《神学》，第 211 页及其后页；《判批》，第 471 页及其后页（德），第 324 页（英）；《宗教》，第 171 页（德），第 159 页（英）；《学科》，第 47 页及其后页；《反思》，第 618 页。

13.《宗教》，第 139 页（德），第 130 页（英）。

14.《判批》，第 418 页（德），第 335 页（英）。

15.《伦理学》，第 121 页（德），第 97 页（英）。

16.《神学》，第 211 页。

17.《判批》，第 481 页（德），第 335 页（英）。

18.《教育学》，第 495 页（德），第 114 页（英）。

19.《神学》，第 96 页。

20.《神学》，第 16 页。

21.《实批》，第 131 页脚注（德），第 136 页脚注（英）。

22.《实批》，第 131 页脚注（德），第 136 页脚注（英）。

23.《纯批》，A697 = B725，A700 = B728；《导论》，第 356 页及其后页（德），第 105 页及其后页（英）。

24.《神学》，第 93 页及其后多页。《判批》，第 459 页脚注（德），第 311 页脚注（英）。《宗教》，第 65 页脚注及其后页（德），第 58 页脚注及其后页（英）；第 168 页（德），第 156 页及其后页（英）；第 183 页（德），第 171 页（英）。

25. 《导论》，第 357 页（德），第 106 页（英）。

26. 《导论》，第 357 页（德），第 106 页（英）。

27. 《导论》，第 356 页及其后页（德），第 105 页（英）；《神学》，第 123 页。

28. 《判批》，第 353 页（德），第 198 页（英）。

29. 《伦理学》，第 119 页（德），第 95 页（英）。

30. 格林，第 lxiv 页。

31. 参见：帕通，《现代困境》，第 325 页。

32. 《宗教》，第 29 页及其后多页（德），第 24 页及其后多页（英）。

33. 《宗教》，第 168 页及其后多页（德），第 156 页及其后多页（英）。

34. 《宗教》，第 5 页及其后页（德），第 5 页（英）。

35. 《伦理学》，第 119 页（德），第 96 页（英）；参见：《判批》，第 482 页（德），第 335 页（英）；《神学》，第 212 页。

36. 《伦理学》，第 119 页（德），第 95 页及其后页（英）。

37. 《神学》，第 212 页。

38. 《伦理学》，第 117 页及其后多页（德），第 94 页及其后页（英）。

39. 《判批》，第 449 页脚注（德），第 300 页脚注（英）。

40. 《判批》，第 449 页脚注（德），第 300 页脚注（英）。

41. 贝克，第 275 页及其后页。

42. 《判批》，第 466 页（德），第 318 页（英）。 *266*

43. 《宗教》，第 97 页及其后页（德），第 89 页（英）；第 139 页及其后页（德），第 130 页及其后页（英）。

44. 《宗教》，第 6 页脚注及其后多页（德），第 5 页及其后多页（英）。

45. 《德性论》，第 482 页及其后页（德），第 155 页及其后页（英）。

46. 贝克，第 276 页。

47.《纯批》，B xxxiii。

48.《纯批》，B xxxiii。

49.《德性论》，第 484 页（德），第 157 页（英）。

50.《判批》，第 476 页（德），第 329 页（英）。

51.《判批》，第 440 页及其后页（德），第 291 页（英）。

52.《德性论》，第 483 页（德）①，第 156 页（英）。

53.《判批》，第 441 页（德），第 292 页（英）。

54.《判批》，第 477 页及其后页（德），第 330 页（英）。

55.《判批》，第 482 页脚注（德），第 335 页脚注（英）。

56. Hare, "Theology and Falsification, B," 100ff.（黑尔，《神学与歪曲，B》，第 100 页及其后多页。）

57.《判批》，第 452 页（德），第 303 页（英）。

58. Heidegger, *Being and Time*, 301g 348e.（海德格尔，《存在与时间》，第 301 页［德］，第 348 页［英］。）

59.《宗教》，第 66 页（德），第 60 页（英）；第 74 页（德），第 68 页（英）。

60.《宗教》，第 44 页（德），第 40 页（英）。

61.《终结》，第 335 页（德），第 79 页（英）；第 334 页（德），第 77 页（英）。《宗教》，第 67 页（德），第 61 页（英）。《反思》，第 644 页。

62.《实批》，第 143 页（德），第 149 页（英）。

63. Freud, *Future of an Illusion*, 354g 49e.（弗洛伊德，《一种幻相的未来》，第 354 页［德］，第 49 页［英］。）

64. 弗洛伊德，《一种幻相的未来》，第 356 页（德），第 52 页及其后页（英）。

65. Freud, *Future of an Illusion*, 355g 48fe; *Civilization and Its Discontents*, 440g 28e, 439ffg 27ffe.（弗洛伊德，《一种幻相的未来》，第 355 页［德］，第 48 页及其后页［英］。弗洛伊德，《文明及其缺憾》，第 440 页

---

① 此处页码有误，据考当系第 482 页（德）。——译者注

［德］，第 28 页［英］；第 439 页及其后多页［德］，第 27 页及其后多页［英］。）

66. 弗洛伊德，《文明及其缺憾》，第 443 页［德］，第 31 页［英］。）

67. 弗洛伊德，《一种幻相的未来》，第 377 页（德），第 87 页（英）。

68. 参见：弗洛伊德，《一种幻相的未来》，第 349 页及其后多页（德），第 41 页及其后多页（英）；以及《启蒙》，第 35 页及其后多页（德），第 3 页及其后多页（英）。

69.《导言》，第 230 页脚注及其后页（德），第 35 页脚注（英）。

70.《实批》，第 143 页脚注及其后页（德），第 149 页脚注（英）。

71.《实批》，第 143 页（德），第 149 页（英）。

72.《实批》，第 129 页（德），第 134 页（英）；《判批》，第 481 页（德），第 334 页（英）；《宗教》，第 154 页（德），第 142 页（英）；参见：《德性论》，第 487 页（德），第 162 页（英）；《学科》，第 36 页。

73.《纯批》，A819 ＝ B847；《奠基》，第 443 页（德），第 110 页及其后页（英）；《实批》，第 41 页（德），第 41 页及其后页（英）；《判批》，第 481 页及其后页（德），第 335 页（英）；《宗教》，第 3 页及其后页（德），第 3 页及其后页（英）；《德性论》，第 443 页及其后页（德），第 110 页（英）。

74.《实批》，第 129 页（德），第 134 页（英）。 267

75.《宗教》，第 97 页及其后页（德），第 89 页（英）；《奠基》，第 433 页（德），第 101 页（英）。

76.《宗教》，第 98 页（德），第 89 页（英）。

77.《宗教》，第 100 页（德），第 92 页（英）。

78.《宗教》，第 94 页（德），第 86 页（英）。

79.《宗教》，第 98 页（德），第 90 页（英）。

80.《宗教》，第 95 页（德），第 87 页（英）。

81.《宗教》，第 98 页（德），第 90 页（英）。

82.《宗教》，第 98 页（德），第 90 页（英）。

83.《宗教》，第 96 页（德），第 88 页（英）。

84.《宗教》，第 99 页（德），第 90 页及其后页（英）。

85.《奠基》，第 433 页（德），第 101 页（英）。

86.《法权论》，第 227 页（德），第 28 页（英）。

87.《宗教》，第 99 页及其后页（德），第 91 页（英）。

88.《宗教》，第 96 页（德），第 88 页（英）。

89.《宗教》，第 102 页（德），第 93 页（英）。

90.《宗教》，第 105 页（德），第 96 页（英）；参见：《宗教》，第 103 页（德），第 94 页（英）。

91. Hoekstra, *Immanente Kritik zur Kantischen Religionsphilosophie*, 93.（赫克斯特拉，《康德宗教哲学的内在批判》，第 93 页。）

92.《学科》，第 37、45、51 页。《宗教》，第 107 页（德），第 98 页（英）；第 123 页脚注（德），第 113 页脚注（英）；第 135 页脚注（德），第 126 页脚注（英）。Barth, *Protestant Thought from Rousseau to Ritschl*, 169n（巴特，《从卢梭到立敕尔的新教思想》，第 169 页脚注）。

93.《宗教》，第 12 页（德），第 11 页（英）。

94.《宗教》，第 102 页及其后页（德），第 94 页（英）。

95.《学科》，第 49 页及其后页（德）；《宗教》，第 104 页（德），第 95 页（英）。

96.《宗教》，第 168 页（德），第 156 页（英）。

97.《宗教》，第 103 页（德），第 94 页（英）。

98.《宗教》，第 174 页（德），第 162 页（英）。

99.《宗教》，第 106 页（德），第 97 页（英）；第 135 页脚注（德），第 126 页脚注（英）。

100.《法权论》，第 355 页（德），第 129 页（英）；《宗教》，第 102 页（德），第 113 页（英）。

101.《宗教》，第 179 页（德），第 167 页（英）。

102.《学科》，第 50 页；《宗教》，第 122 页（德），第 113 页（英）；《启蒙》，第 35 页（德），第 3 页（英）。

103.《宗教》，第 175 页（德），第 163 页（英）。

104.《宗教》，第 121 页（德），第 112 页（英）。

105.《宗教》，第51页（德），第47页（英）；Pünjer, *Die Religionsle-hre Kants*, 2f; Hoekstra, 92（平耶，《康德的宗教学说》，第2页及其后页；赫克斯特拉，第92页）。

106.《宗教》，第167页（德），第155页（英）。

107.《宗教》，第130页（德），第121页（英）。

268

108. 巴特，第175页及其后页；参见：《宗教》，第102页（德），第93页（英）。

109.《宗教》，第79页（德），第74页（英）；第111页（德），第102页（英）；第136页脚注（德），第127页脚注（英）；第140页脚注（德），第121页脚注（英）；第184页脚注（德），第172页脚注（英）；第194页脚注（德），第182页脚注（英）。《神学》，第144页及其后页。

110. 参见：《宗教》，第156页及其后页（德），第144页及其后页（英）。

111. Ritschl, *The Christian Doctrine of Justification and Reconciliation*, 10f.（立敕尔，《称义与和解的基督教义》，第10页及其后页。）

112. Greene, lxxvif; Dakin, "Kant and Religion," 418f.（格林，第lxxvi页及其后页；戴金，《康德与宗教》，第418页及其后页。）

113. Lösment, *Zur Religionsphilosophie Kants*, 43.（洛斯曼，《论康德的宗教哲学》，第43页。）

114. Otto, *The Idea of the Holy*, 5g 19e.（奥托，《神圣者的理念》，第5页［德］，第19页［英］。）

115.《宗教》，第113页及其后页（德），第104页及其后页（英）；《学科》，第54页及其后多页。

116.《判批》，第238页（德），第75页（英）；《宗教》，第109页（德），第100页（英）。

117.《实批》，第71页及其后多页（德），第74页及其后多页（英）；《方向》，第139页。

118.《宗教》，第175页（德），第163页（英）。

119. 洛斯曼，第43页；格林，第lxxvi页；奥托，第136页（德），第131页（英）。

120. 奥托，第 136 页（德），第 131 页（英）。

121. 奥托，第 171 页及其后多页（德），第 160 页及其后多页（英）。

122. 参见：奥托，第 161 页（德），第 153 页（英）。

123.《宗教》，第 114 页（德），第 105 页（英）。

124. 奥托，第 13 页（英）；第 167 页（德），第 153 页（英）。

125. 弗洛伊德，《一种幻相的未来》，第 350 页（德），第 43 页（英）；《学科》，第 33 页。

126.《宗教》，第 155 页（德），第 143 页（英）。

127.《宗教》，第 136 页脚注（德），第 127 页脚注（英）；《反思》，第 621 页。

128.《学科》，第 63 页。

129.《神学》，第 220 页。

130.《神学》，第 220 页及其后多页；《宗教》，第 122 页（德），第 113 页（英）；《学科》，第 48 页。

131.《宗教》，第 107 页（德），第 97 页及其后页（英）。

132.《学科》，第 123 页及其后多页（德），第 36 页及其后多页（英）。

133. 巴特，第 171 页。

134.《神学》，第 220、222 页。

135.《神学》，第 220、222 页。

136.《学科》，第 48 页。

第 6 章　根本恶与神恩

1. 参见：《伦理学》，第 104 页（德），第 84 页（英）；第 134 页及其后页（德），第 107 页及其后页（英）。《实批》，第 224 页及其后多页。

2.《实批》，第 149 页及其后多页。参见：《人类学》，第 324 页及其后页，根据阿诺尔特（Arnoldt）提供的日期信息，这本著作或许推迟了《宗教》的写作；《人类学》，第 354 页。

3.《宗教》，第 26 页（德），第 21 页（英）。

4.《宗教》，第 28 页（德），第 23 页（英）；第 58 页（德），第 51 页（英）；第 44 页（德），第 40 页（英）。

5.《宗教》，第 44 页（德），第 40 页（英）。

6.《宗教》，第 21 页（德），第 17 页（英）。

7.《宗教》，第 36 页（德），第 31 页（英）。

8.《宗教》，第 36 页（德），第 31 页（英）。

9.《宗教》，第 36 页（德），第 31 页（英）。

10.《宗教》，第 35 页（德），第 30 页（英）。

11.　See Silber, "Ethical Significance," cxxixff.（参见：西尔伯，《伦理学的意义》，第 cxxix 页及其后多页。）

12.《宗教》，第 37 页（德），第 32 页（英）。

13.《宗教》，第 32 页（德），第 27 页（英）。

14.《宗教》，第 21 页（德），第 16 页（英）。

15.《宗教》，第 25 页（德），第 21 页（英）。

16.《宗教》，第 21 页脚注（德），第 17 页脚注（英）。

17.《宗教》，第 29 页（德），第 24 页（英）。

18.《宗教》，第 21 页（德），第 16 页（英）。

19.《宗教》，第 28 页及其后页（德），第 23 页及其后页（英）。

20.《人类学》，第 251、265 页。

21.《宗教》，第 29 页（德），第 24 页（英），强调系添加。

22.《宗教》，第 22 页（德），第 17 页（英）。

23.《宗教》，第 29 页（德），第 24 页（英）。

24.《宗教》，第 20 页（德），第 16 页（英）。

25.《宗教》，第 19 页（德），第 15 页（英）。

26.《宗教》，第 32 页（德），第 27 页（英）。

27.《宗教》，第 30 页（德），第 25 页（英）。

28.《宗教》，第 37 页（德），第 32 页（英）。

29.《宗教》，第 29 页及其后多页（德），第 24 页及其后多页（英）。

30.《宗教》，第 20 页（德），第 16 页（英）。

31.《人类学》，第 266 页。

270

32.《人类学》，第 251、265 页。

33.《人类学》，第 251 页；《宗教》，第 29 页脚注（德），第 24 页脚注（英）。

34.《宗教》，第 28 页（德），第 23 页（英）。

35.《宗教》，第 35 页（德），第 30 页（英）。

36. Hume, *A Treatise of Human Nature*, 411.（休谟，《人性论》，第 411 页。）

37.《宗教》，第 39 页（德）①，第 28 页（英）。

38.《奠基》，第 407 页（德），第 74 页及其后页（英）。

39.《宗教》，第 20 页（德），第 16 页（英）。

40.《宗教》，第 25 页（德），第 20 页及其后页（英）；第 37 页（德），第 32 页（英）。

41.《宗教》，第 50 页（德），第 46 页（英）。

42.《宗教》，第 37 页（德）②，第 32 页（英）；第 73 页（德），第 67 页（英）。

43.《宗教》，第 41 页（德），第 36 页（英）。

44.《宗教》，第 68 页及其后页（德），第 62 页（英）。

45.《宗教》，第 64 页（德），第 57 页（英）。

46.《宗教》，第 32 页（德），第 27 页（英）；第 30 页（德），第 25 页（英）。

47.《宗教》，第 41 页（德），第 36 页（英）。

48. Kierkegaard, *The Concept of Dread*, 28 .（克尔凯郭尔，《恐惧的概念》，第 28 页。）

49.《宗教》，第 43 页（德），第 38 页（英）。

50.《宗教》，第 43 页（德），第 38 页（英）。

51. 克尔凯郭尔，《恐惧的概念》，第 33 页。

52.《宗教》，第 32 页（德），第 28 页（英）。

---

① 此处页码有误，据考当系第 64 页（德）。——译者注

② 此页码似乎有误，或当系第 47-48 页（德）。——译者注

53.《宗教》，第33页（德），第28页（英）。

54.《宗教》，第33页及其后页（德），第29页（英）。《伦理学》，第355页（德），第99页（英）；第358页及其后多页（德），第103页及其后多页（英）；第374页及其后多页（德），第121页及其后多页（英）；第375页脚注（德），第123页脚注（英）。

55.《宗教》，第39页（德），第34页（英）。

56.《宗教》，第50页及其后页（德），第46页（英）。

57.《宗教》，第51页（德），第46页（英）。

58.《宗教》，第47页（德），第43页（英）；第48页（德），第43页（英）；第50页（德），第46页（英）。

59.《宗教》，第47页（德），第42页（英）。

60.《宗教》，第47页（德），第42页（英）。

61.《宗教》，第46页（德），第42页（英）。

62.《宗教》，第44页（德），第40页（英）；第143页（德），第134页（英）。《神学》，第207页及其后多页。

63.《宗教》，第45页（德），第40页（英）；第47页（德），第43页（英）；第50页（德），第46页（英）。

64.《宗教》，第46页（德）①，第42页（英）。

65.《宗教》，第48页（德），第43页（英）；第51页（德），第46页（英）。

66.《宗教》，第47页（德），第43页（英）。

67.《宗教》，第47页（德），第43页（英）；第48页（德），第43 *271* 页（英）；第73页（德），第68页（英）；第75页（德），第69页（英）。

68.《宗教》，第48页（德），第43页（英）；第68页（德），第62页（英）。

69.《宗教》，第48页（德），第43页（英）；第51页（德），第46页（英）；第71页（德），第65页（英）。

————————

① 此处页码有误，据考当系第47页（德）。——译者注

70.《终结》，第 334 页（德），第 78 页（英）。

71.《宗教》，第 46 页（德），第 42 页（英）。

72.《宗教》，第 47 页（德），第 43 页（英）。

73.《宗教》，第 60 页（德），第 54 页（英）。

74.《宗教》，第 62 页（德），第 56 页（英）。

75.《宗教》，第 64 页（德），第 57 页（英）。

76.《宗教》，第 66 页（德），第 60 页（英）。

77.《宗教》，第 66 页（德），第 60 页（英）。

78.《宗教》，第 66 页（德），第 59 页（英）。

79.《宗教》，第 66 页（德），第 60 页（英）。

80.《宗教》，第 66－76 页（德），第 60－70 页（英）。

81.《宗教》，第 75 页（德），第 69 页（英）；第 75 页脚注（德），第 69 页脚注（英）。

82.《宗教》，第 78 页（德），第 73 页（英）。

83.《宗教》，第 75 页及其后页（德），第 70 页（英）。

84.《宗教》，第 75 页脚注（德），第 70 页（英）。

85. 波特，第 225 页。

86. 西尔伯，《伦理学的意义》，第 cxxxi 页。

87.《宗教》，第 72 页（德），第 66 页（英）；第 143 页（德），第 134 页（英）。

88.《宗教》，第 191 页（德），第 170 页（英）。

89.《宗教》，第 143 页（德），第 134 页（英）。

90. 西尔伯，《伦理学的意义》，第 cxxxi 页。

91. 西尔伯，《伦理学的意义》，第 cxxxii 页。

92.《伦理学》，第 79 页（德），第 66 页（英）；第 134 页（德），第 107 页（英）。《实批》，第 123 页（德），第 127 页（英）；第 127 页脚注（德），第 132 页脚注（英）。《神学》，第 167 页。《宗教》，第 141 页（德），第 132 页（英）；第 146 页脚注（德），第 137 页脚注（英）。

93.《宗教》，第 200 页（德），第 188 页（英）。

94.《宗教》，第 184 页（德），第 172 页（英）。

95. 西尔伯，《伦理学的意义》，第 cxxxii 页。

96.《宗教》，第 75 页脚注（德），第 70 页脚注（英）；第 76 页（德），第 70 页（英）；第 178 页（德），第 166 页（英）。

97. Kierkegaard, *Repetition*, 132ff; *Fear and Trembling*, 80; *Sickness Unto Death*, 244ff.（克尔凯郭尔，《重复》，第 132 页及其后多页；《恐惧与颤栗》，第 80 页；《致死的疾病》，第 244 页及其后多页。）

98. Feuerbach, *The Essence of Christianity*, 60g 48fe.（费尔巴哈，《基督教的本质》，第 60 页［德］，第 48 页及其后页［英］。）

99.《德性论》，第 461 页（德），第 130 页（英）；《伦理学》，第 38 页（德），第 31 页（英）。

100.《宗教》，第 120 页（德），第 110 页（英）。

101.《宗教》，第 117 页（德），第 107 页（英）。

102.《宗教》，第 78 页（德）①，第 70 页（英）。

103.《宗教》，第 173 页（德），第 161 页（英）。

104. 西尔伯，《伦理学的意义》，第 cxxxiii 页。

105. 西尔伯，《伦理学的意义》，第 cxxxii 页及其后页。

106.《宗教》，第 22 页（德），第 17 页（英）。

107.《宗教》，第 37 页（德），第 32 页（英）。

108.《宗教》，第 51 页（德），第 46 页（英）。

109.《宗教》，第 184 页（德），第 172 页（英）。

110. 西尔伯，《伦理学的意义》，第 cxxxiii 页。

111. Cf. Clark, *Introduction to Kant's Philosophy*, 279.（克拉克，《康德哲学导读》，第 279 页。）

112.《德性论》，第 446 页（德），第 113 页（英）。

113.《宗教》，第 48 页（德），第 43 页（英）。

114.《德性论》，第 486 页（德）②，第 160 页（英）；参见：《宗教》，第 24 页脚注（德），第 19 页脚注（英）。

---

① 此处页码有误，据考当系第 76 页（德）。——译者注
② 此处页码有误，据考当系第 485 页（德）。——译者注

115.《德性论》，第 485 页（德），第 159 页（英）。

116.《宗教》，第 24 页（德）①，第 19 页（英）。

117.《宗教》，第 24 页脚注（德），第 19 页脚注（英）；第 47 页（德），第 43 页（英）；第 73 页（德），第 68 页（英）。

结论

1.《判批》，第 458 页（德），第 309 页（英）。

2.《纯批》，B xxxi。

3. Kierkegaard, *Philosophical Fragments*, 55, 61 ff.（克尔凯郭尔，《哲学片段》，第 55 页，第 61 页及其后多页。）

4. Pascal, *Pensées*, pars. 233, 268, 273.（帕斯卡尔，《思想录》，第 233、268、273 段。）

5. 帕斯卡尔，《思想录》，第 279、284 段；克尔凯郭尔，《哲学片段》，第 77 页。

---

① 此处页码有误，据考当系第 24 页脚注（德）。——译者注

参考文献

康德的著作

若无说明，康德著作的德文引用均出自 *Kants Gesammelte Schriften*, *Königlich Preussischen Akadamie der Wissenschaften*, Berlin。

Kritik der reinen Vernunft [*A* ... = *B* ...], Bd. 3 − 4. (*Immanuel Kant's Critique of Pure Reason*, tr. Norman Kemp Smith. London: Macmillan & Co. , 1963.)

Prolegomena zu einer jeden künftigen Metaphysik, *die als Wissenschaft wird auftreten können* [*Prol*], Bd. 4. (*Prolegomena to Any Future Metaphysics*, ed. Lewis White Beck. New York: Bobbs-Merrill, Inc. , 1950.)

Grundlegung zur Metaphysik der Sitten [*G*], Bd. 4. (*The Moral Law*: *Kant's Groundwork of the Metaphysic of Morals*, tr. H. J. Paton. New York: Barnes & Noble, Inc. , 1963.)

Kritik der praktischen Vernunft [*KpV*], Bd. 5. (*Critique of Practical Reason*, tr. Lewis White Beck. New York: Bobbs-Merrill, Inc. , 1956.)

Kritik der Urtheilskraft [*KU*], Bd. 5. (*Critique of Judgment*, tr. J. H. Bernard. New York: Hafner Publishing Co. , 1951.)

Die Religion innerhalb der Grenzen der blossen Vernunft [*Rel*], Bd. 6. (*Religion within the Limits of Reason Alone*, tr. Theodore M. Greene and Hoyt H. Hudson. New York: Harper and Row, 1960.)

Die Metaphysik der Sitten: *Vorrede*, *Einleitung und Erster Theil*: *Metaphys-* *ische Anfangsgründe der Rechtslehre* [*RL*], Bd. 6. (*The Metaphysical Elements of Justice*, tr. John Ladd. New York: Bobbs-Merrill, Inc. , 1965.)

Die Metaphysik der Sitten: *Zweiter Theil*: *Metaphysische Anfangsgründe der Tugendlehre* [*TL*], Bd. 6. (*The Doctrine of Virtue*, tr. Mary J. Gregor. New York: Harper and Row, 1964.)

Der Streit der Fakultäten [*SF*], Bd. 7.

Anthropologie in pragmatischer Hinsicht [*Anthro*], Bd. 7.

Beantwortung der Frage: *Was ist Aufklärung?* [*WA*], Bd. 8. ("What is Enlightenment?" *Kant on History*, tr. Lewis White Beck, Robert E. Anchor, and Emil L. Fackenheim. New York: Bobbs-Merrill, Inc. , 1963.)

Idee zu einer allgemeinen Geschichte in weltbürgerlicher Absicht [*IAG*], Bd. 8. ("Idea for a Universal History from a Cosmopolitan Point of View," *Kant on History*.)

Was heisst: *Sich im Denken orientieren?* [*Wh*], Bd. 8.

Über das Misslingen aller philosophische Versuche in der Theodicee [*MT*], Bd. 8.

Über den Gemeinspruch: *Das mag in der Theorie richtig sein*, *taugt aber nicht für die Praxis* [*TP*], Bd. 8.

Das Ende aller Dinge [*EaD*], Bd. 8. ("The End of All Things," *Kant on History*.)

Zum Ewigen Frieden [*EF*], Bd. 8. ("Perpetual Peace," *Kant on History*.)

Von einem neuerdings erhobenen vornehmen Ton in der Philosophie [*NVT*], Bd. 8.

Logik [*Log*], Bd. 9.

Pädagogik [*P*], Bd. 9. (*Education*, tr. Annette Churton. Ann Arbor: University of Michigan Press, 1960.)

Reflexionen zur Religionsphilosophie [*RR*], Bd. 19.

Erster Einleitung 2ur Kritik der Urtheilskraft [*IKU*], Bd. 20. (*First Introduction to the Critique of Judgment*, tr. James Haden. Bobbs-Merrill, Inc. , 1965.)

Opus Postumum [*OP*], Bd. 21−22.

Vorlesungen über die philosophische Religionslehre ⌊ *VpR* ⌋, hrg. Karl Hein- *275* rich Ludwig Politz. Leipzig: Verlag der Taubert'schen Buchhandlung, 1830.

Eine Vorlesung Kants über Ethik [*VE*], hrg. Paul Menzer. Berlin: Pan Verlag Rolf Heise, 1924. (Lectures on Ethics, tr. Louis Infield. New York: Harper and Row, 1963.)

康德研究二手资料

Adickes, Erich. *Kants Opus Postumum, dargestellt und beurteilt, Kant-Studien* Ergänzungsheft 50, 1920.

Adler, Max. *Das Soziologische in Kants Erkenntniskritik.* Wien: Verlag der Wiener Volksbuchhandlung, 1924.

Barth, Karl, *Protestant Thought from Rousseau to Ritschl*, tr. Brian Cozens. New York: Harper and Row, 1959. Ch. IV.

Bauch, Bruno. "Luther und Kant," *Kant-Studien*, Bd. 9, 1904.

Beck, Lewis White. *A Commentary on Kant's Critique of Practical Reason.* Chicago: University of Chicago Press, 1960.

Caird, Edward. *The Critical Philosophy of Immanuel Kant.* New York: Macmillan Co. , 1889.

Clark, Norman. *Introduction to Kant's Philosophy.* London: Methuen & Co. , 1925.

Cohen, Hermann. *Kants Begrundung der Ethik.* Berlin: Bruno Cassirer Verlag, 1910.

Cousin, Victor. *Leçons sur la Philosophie de Kant.* Paris: Librarie Philosophique de Ladrange, 1844.

Dakin, A. Hazard. "Kant and Religion," Whitney and Bowers, eds. , *The Heritage of Kant.* Princeton: Princeton University Press, 1939.

Delekat, Friedrich. *Immanuel Kant: Historisch-Kritische Interpretation der Hauptschriften.* Heidelberg: Quelle & Meyer, 1963.

Dietrichson, Paul. "What Does Kant Mean by 'Acting from Duty'?" Wolff, ed. , *Kant: A Collection of Critical Essays.* Garden City: Doubleday &

Co. , 1967.

276   Döring, A. "Kants Lehre vom höchsten Gut," *Kant-Studien*, Bd. 4, 1900.

England, F. E. *Kant's Conception of God*. London: Allen & Unwin, 1925.

Ewing, A. C. *The Fundamental Questions at Philosophy*. London: Routledge and Kegan Paul, 1951.

Gauchwal, Balbir Singh. "The Moral Religion of Kant and the Karmayoga of the Gita," *Kant-Studien*, Bd. 55, 1964.

Greene, Theodore M. "The Historical Context and Religious Significance of Kant's Religion," *Religion within the Limits at Reason Alone*, tr. Theodore M. Greene and Hoyt H. Hudson. New York: Harper and Row, 1960.

Hägerstrom, Axel. *Kants Ethik*. Upsala: Almqvist & Wiksell Buchdrückerei, 1902.

Heidegger, Martin. *Kant und das Problem der Metaphysik*. Bonn: 1929. (*Kant and the Problem at Metaphysics*, tr. James S. Churchill. Bloomington: Indiana University Press, 1962.)

Hoekstra, *Tjeerd. Immanente Kritik zur Kantischen Religions Philosophie*. Kampen: J. H. Kok, 1906.

Kroner, Richard. *Kant's Weltanschauung*, tr. John E. Smith, Chicago: University of Chicago Press, 1956.

Lösment, Max. *Zur Religionsphilosophie Kants*. Konigsberg: Otto Kümmel, 1907.

Matson, W. l. "Kant as Casuist," Wolff, ed. , *Kant: A Collection of Critical Essays*.

Miller, E. Morris. *The Moral Law and the Highest Good*. Melbourne: Melbourne University Press, 1928.

Paton, H. J. *The Categorical Imperative*. New York: Harper and Row, 1965.

———. *The Modem Predicament*. London: Allen & Unwin, 1955.

Paulsen, Friedrich. *Immanuel Kant: Sein Leben und seine Lehre*. Stuttgart: Fr. Frommanns Verlag, 1898. (*Immanuel Kant: His Life and Doctrine*, tr. J. E. Creighton and Albert Lefebvre. New York: Charles Scribner's Sons, 1902.)

———. "Kant der Philosoph des Protestantismus," *Kant-Studien*, Bd.

4, 1900.

Porter, Noah. *Kant's Ethics*. Chicago: S. C. Griggs & Co. , 1886.   *277*

Pünjer, G. Ch. Bernard. *Die Religionslehre Kants*. Jena: Verlag von Hermann Dufft, 1874.

Schrader, George A. "Kant's Presumed Repudiation of the Moral Arguments in the *Opus Postumum*: An Examination of Adickes' Interpretation," *Philosophy*, 1951.

Schweitzer, Albert. *Die Religionsphilosophische Skizze der Kritik d. r. V.* Freiburg im Breisgau: C. A. Wagner's Universitäts Buchdrückerei, 1899. (*The Essence of Faith*, tr. K. F. Leidecker. New York: Philosophical Library, 1966.)

Silber, John R. "The Copernican Revolution in Ethics: The Good Reexamined," *Kant: A Collection of Critical Essays*.

——. "Kant's Conception of the Highest Good as Immanent and Transcendent," *Philosophical Review*, LXVIII (1959).

——. "The Ethical Significance of Kant's Religion," *Religion within the Limits of Reason Alone*.

Smith, Norman Kemp. *Commentary to Kant's Critique of Pure Reason*. New York: Humanities Press, 1962.

Staeps, H. "Das Christusbild bei Kant," *Kant-Studien*, Bd. 12, 1907.

Teale, A. E. *Kantian Ethics*. New York: Oxford University Press, 1951.

Webb, C. C. J. *Kant's Philosophy of Religion*. Oxford: Clarendon Press, 1926.

Whittemore, Robert. "The Metaphysics of the Seven Formulations of the Moral Argument," *Tulane Studies in Philosophy*, III, 1954.

其他资料

Canfield, John V. "Knowing About Future Decisions," *Analysis*, Vol. II, No. 6 (1962), pp. 117−129.

Feuerbach, Ludwig. *Sämtliche Werke*, Bd. 6. Stuttgart: Fr. Frommanns Verlag, 1960.

———. *The Essence of Christianity*, tr. George Eliot. New York: Harper and Row, 1957.

278　　　Freud, Sigmund. *Gesammelte Werke*, Bd. 14. London: Imago Pub. Co., 1948.

———. *The Future of an Illusion*, tr. W. D. Robson-Scott and James Strachey. Garden City: Doubleday & Co., 1961.

———. *Civilization and Its Discontents*, tr. James Strachey. New York: W. W. Norton & Co., 1961.

Hare, R. M. "Theology and Falsification, B," Flew and MacIntyre, eds., *New Essays in Philosophical Theology*. London: SCM Press, 1961.

Hegel, Georg Wilhelm Friedrich. *Phänomenologie des Geistes*. Hamburg: Felix Meiner Verlag, 1952.

Heidegger, Martin. *Sein und Zeit*. Tübingen: Max Niemeyer Verlag, 1963. (*Being and Time*, tr. John Macquarrie and Edward Robinson. New York: Harper and Row, 1962.)

Hume, David. *A Treatise of Human Nature*. Oxford: Clarendon Press, 1967.

Kierkegaard, Søren Aabye. *Fear and Trembling*, tr. Walter Lowrie. Garden City: Doubleday & Co., 1954.

———. *Repetition: An Essay in Experimental Psychology*, tr. Lowrie. New York: Harper and Row, 1964.

———. *The Concept of Dread*, tr. Lowrie. Princeton: Princeton University Press, 1957.

———. *Philosophical Fragments*, tr. David F. Swenson and Howard V. Hong. Princeton: Princeton University Press, 1962.

———. *Concluding Unscientific Postscript*, tr. Lowrie. Princeton: Princeton University Press, 1941.

———. *The Sickness unto Death*, tr. Lowrie. Garden City: Doubleday & Co., 1954.

Nietzsche, Friedrich. *Gesammelte Werke*. München: Musarion Verlag,

1926. Bd. 17.

——. *The Portable Nietzsche*, ed. Walter Kaufmann. New York: The Viking Press, 1954.

Otto, Rudolf. *Das Heilige*. Breslau: Trewendt & Granier, 1920. (*The Idea of the Holy*, tr. John W. Harvey. London: Pelican Books, 1959.)

Pascal, Blaise. *Pensées*, French and tr. H. F. Stewart. New York: Random House, 1965. *279*

Ritschl, Albrecht. *The Christian Doctrine of Justification and Reconciliation*, tr. McIntosh and Macaulay. Edinburgh: T. & T. Clark, 1900.

Schopenhauer, Arthur. *Sämtliche Werke*, Bd. 2. Wiesbaden: Eberhard Brockhaus Verlag, 1949.

——. *The World as Will and Representation*, tr. E. F. J. Payne. New York: Dover Publications, 1958. Vol. I.

Tillich, Paul. *Systematic Theology*. Chicago: University of Chicago Press, 1963.

Vaihinger, Hans. *Dans Philosophie des Als-Gb*. Berlin: Reuther & Reichard, 1911. (*The Philosophy of As-If*, tr. C. K. Ogden. New York: Harcourt, Brace & Co., 1935.)

Wittgenstein, Ludwig. *Philosophical Investigations*, German and tr. G. E. M. Anscombe. New York: Macmillan Co., 1953.

索 引

译后记

　　《康德的道德宗教》写作于 20 世纪 60 年代末，出版于 1970 年，距今已有 50 年整。它既是艾伦·W. 伍德的第一本专著，也是他的博士论文，更是他的成名之作。正如作者在中译本序言中所说的，在本书出版以前，康德的宗教哲学思想（至少在英语世界）没有获得其应有的重视。在当时的许多人看来，康德对"灵魂不朽"与"上帝存在"的道德论证，以及建立于其上的"纯然理性界限内的宗教"学说，都难与其批判哲学的其他部分相媲美。在这本书中，伍德的目的正是要为康德辩护。

　　从主题上看，"康德的道德宗教"这个标题貌似有些名不符实，因为作者在本书中主要讨论的是康德对"灵魂不朽"与"上帝存在"的道德论证。康德早在《纯粹理性批判》中就初步提出了他的道德论证，但其成熟形态公认地是出现在《实践理性批判》的"先验辩证论"中。同时，正如伍德所指出的，康德大约在不少于 11 本著作中提到过他的道德论证，他对这些论证的重视也可见一斑。然而，这些论证虽然大概算得上是在为康德的"纯然理性界限内的宗教"或"道德宗教"奠基，但还不是其道德宗教本身，或者至少不是其主要内容。正是在这个意义上，由于本书没有全面讨论康德的道德宗教学说，其标题多少是有些名不符实的。但是，正是由于康德对"灵魂不朽"与"上帝存在"的道德论证构成了其道德宗教学说的奠基工作，倘若这些论证被看作难以令人信服的，无法获得有力的辩护，那么，康德的整个道德宗教学说也将被置于十分危险的境地。因此，在这个意义上，本书作为从根本上为康德的道德宗教学说辩护的一次尝试，其标题又是极为合适的。而且，作者在他的工作中全面考虑了康德的大部分著作中的思想，其中自然也包括《纯然理性界限内的宗教》与当时尚不为人所熟知的《波利茨版哲学的宗教学说》（*Philosophische Religionslehre nach Pölitz*）。《康德的道德宗教》问世之后，也确如伍德所预料的那般，引发了英语学界对康德宗教哲学思想的关注，澄清了许多流行的误解，并开启了相关研究的热潮。

正如康德在《宗教》第一版序言中所指出的："道德为了自身起见，（无论是在客观上就意愿而言，还是在主观上就能够而言）绝对不需要宗教，相反，借助于纯粹的实践理性，道德是自给自足的。"① 因此，不同于"意志自由"的命题，"灵魂不朽"与"上帝存在"的命题并不是为了使道德得以可能而提出的。相反，正如康德在《实践理性批判》的前言中所指出的，"不朽"与"上帝"的理念"只是一个由道德法则来规定的意志的必然客体的条件，亦即我们的纯粹理性的纯然实践应用的条件"②。这个"必然客体"就是"至善"，它"既把我们所应有的所有那些目的的形式条件（义务），同时又把我们所拥有的一切目的的所有与此协调一致的有条件的东西（与对义务的那种遵循相适应的幸福），结合在一起并包含在自身之中"③。换句话说，就是作为最高善的伦理善（道德善）与最大的物理善（自然善）的结合，即人们常说的"德福一致"，并且是按照一种因果关系的结合，即"有德之人**因其德性**而获享幸福"。尽管康德坚决反对把"欲求能力的一个客体"当作一个善的意志的规定根据（目的），但道德意志毕竟在任何时候都是要求行动的意志，而道德行动也终究是要在经验世界中实施并产生效果的行动。因此，不仅每个特定的道德意志都有一个客体，一切道德意志也都有一个终极的客体，那就是通过我们的道德行动来创造一个最好的（最善的）世界。这样一个世界，就我们作为人类存在者所能设想的而言，就是一个道德善与自然善相统一的世界。然而，尽管这样一个世界在逻辑上并非不可能的，但我们从对自然的观察中，无论如何也找不到"德性"与"幸福"之间按照这样一种

---

① 康德：《纯然理性界限内的宗教（注释本）》，李秋零译注，1 页（6：3）。

② 康德：《实践理性批判（注释本）》，李秋零译注，2 页（5：4）。

③ 康德：《纯然理性界限内的宗教（注释本）》，李秋零译注，3 页（6：5）。

因果关系的必然结合的证据。甚至，在康德看来，至善所要求的第一个方面，即完善的德性（意志与道德法则的完全相符）或"意志的神圣性"，就"是没有一个感官世界的理性存在者在其存在的某一时刻能够达到的一种完善性"①。相反，对于现实的人类存在者来说，由于他们无法铲除自己身上"恶的倾向"，其道德努力就只能表现为"与这种倾向做不停顿的斗争"，表现为"从恶到更善的一种无限延伸的进步"②，并且根本无从得知在任何时候能够取得彻底的胜利，至少在今生似乎是不可能的。因此，倘若我们为了不至于使尘世的道德努力成为注定徒劳无功的，从而必须把达到完善的德性或意志的神圣性设想为可能的，我们就必须"预设同一个理性存在者的一种**无限绵延**的**实存**和人格性"③，这也就是人们常说的"灵魂不朽"。然后，即便我们能够达到道德上的完善，自然的事实却告诉我们，德性与幸福似乎只有一种偶然的结合，而不是一种按照因果关系的必然结合。因此，倘若我们想要设想这种结合的一种实在的可能性，我们就必须"假定自然的一个拥有与道德意向相符合的因果性的至上原因"④，也就是一个上帝。因此，"不朽"与"上帝"的理念及其命题，并不是为了设想道德的可能性，而是为设想至善的可能性而被公设的。

对于埃里希·阿迪克斯、康浦·斯密、西奥多·格林，以及刘易斯·贝克等学者来说，康德的上述论证是难以令人信服的，并且是一些理论的而非实践的论证。因此，伍德在《康德的道德宗教》中的主要任务，就是要清楚地解释这些论证何以是实践的而非理论的，并且证明它们跟批判哲学的其他部分一样卓越。而且，为了更好地解释康德提出的"实践理性的二论背反"，伍德援用了他在《波利茨版哲学的宗教学说》中发现的一个术语，即"实践背谬"（*absurdum practicum*）。在《波利茨版哲学的宗教学说》中，康德指出："这种（对上帝的）道德信念是一个实践公

① 康德：《实践理性批判（注释本）》，李秋零译注，114 页（5：122）。
② 康德：《纯然理性界限内的宗教（注释本）》，李秋零译注，36 页（6：51）。
③ 康德：《实践理性批判（注释本）》，李秋零译注，115 页（5：122）。
④ 康德：《实践理性批判（注释本）》，李秋零译注，117 页（5：125）。

设，任何否认它的人都会陷入 *absurdum practicum* （实践背谬）……谁要想否认这一点或那一点，他就必须是一个恶棍（*Bösewicht*）。"① 这句话提醒我们，实践理性的二论背反或"实践背谬"并不表现为一种逻辑上的冲突，而是表现为一种实践上的困境。一方面，理性要求我们在任何时候都要出自道德法则的要求而行动，但我们的现实存在却决定了我们似乎永远也无法完全做到这一点；另一方面，道德要求我们通过自己的意志与行动创造出一个最好的（最善的）世界，但自然世界却不能为此向我们提供任何保障。我们的实践生活似乎处于一种尴尬的困境之中：我们的道德意志与行动似乎注定是徒劳无功的，但道德法则的要求就摆在那里，我们无法彻底否定它们而不在自己眼中是一个恶棍。

康德的道德论证的要点就在于：倘若我们不公设"灵魂不朽"与"上帝存在"，我们就不可避免地会陷入上述这种困境。因此，伍德敏锐地指出，康德的论证是一种"归谬法"（*reductiones ad absurdum*），但不是一种"逻辑的归谬法"（*reductio ad absurdum logicum*），而是一种"实践的归谬法"（*reductio ad absurdum practicum*）。也就是说，康德的论证策略并不是要正面地证明"灵魂不朽"与"上帝存在"——实际上，正如《纯粹理性批判》中所指出的，鉴于人类认识能力的特殊性状，我们根本就没有任何办法可以证明它们。相反，康德是从反面出发，通过指出假如我们否定这两个命题将会陷入怎样的实践困境来表达我们有理由且有必要（仅仅）相信它们为真——因为，唯有相信它们为真，我们出自道德法则的行动才能摆脱上述两种实践困境，获得其一贯性。因此，康德也多次强调，他的道德论证严格说来并不是一种证明，而是一种"证成"（justification；*Rechtfertigung*）——也就是说，不是在理论上证明了上述两个命题为真，而是仅仅证明了我们相信它们为真的信念（belief；*Glauben*）是有理有据的，而不是纯粹盲目的。这一点也呼应了康德在《纯粹理性批判》第二版前言中的名言："我不得不扬弃**知识**，以便为**信**

---

① Kant, *Gesammelte Schriften. Abtheilung IV: Vorlesungen. Bd. 28/2/2: Vorlesungen über Metaphysik und Rationaltheologie*, Walter de Gruyter & Co., 1972, p. 1083.

念腾出地盘。"① 而且，伍德为了更好地说明这一点，还专门引入了康德在《纯粹理性批判》的"纯粹理性的法规"中有关"知识"与"信念"的区分，它们代表了"视之为真"（holding；*Fürwahrhalten*）两种形式——既在主观上又在客观上充分的视之为真叫作知识，仅仅在主观上充分同时在客观上不充分的视之为真叫作信念。② 因此，在康德的论证中，对"不朽"与"上帝"的信念仅仅被证明为一些主观上充分的"确信"（conviction；*Überzeugung*），但也绝不至于只是一些"仅仅在主体的特殊性状中才有自己的根据"③ 的臆信（persuasion；*Überredung*）。

因此，正如伍德所指出的，康德的道德论证自始至终都依赖于个人的道德决定，依赖于他们认识到道德法则对于自己的约束性，以至于——倘若他们足够理性的话——既无法接受自己的道德行动将注定是徒劳无功的，又无法彻底抛弃道德而不在自己眼中是可憎的。而且，鉴于道德法则的客观实在性与普遍有效性，这种主观上的实践困境对于每一个有限的理性存在者来说都是必然的，从而这种个人的道德决定对于每个人来说也都是必然的——事实上，这符合我们道德生活的现实经验。无论如何，康德的论证本身是相当完善的，想要从中找出什么漏洞是十分困难的。而且，倘若有人声称他确实找到了什么漏洞，那多半是对康德的某些观点有什么误解。然而，这绝不是说，康德的论证就是无懈可击的，只是说，它们的弱点并不在其自身之中，而是在它们建立于其上的那个基础之中。这个基础就是对道德本身的信念，即相信道德法则的客观实在性，相信它们对于每个可能的理性存在者来说都是有效的，这其实是康德与其同时代人的一个共同信念。正如罗尔斯曾指出过的，16 至 18 世纪的道德哲学家"对于道德的内容，有关权利、义务与职责的种种首要原则到底是什么，并无不同意见……他们的问题并不在于道德的内容，而是在于其基础"④。而且，

---

① 康德：《纯粹理性批判（注释本）》，李秋零译注，21 页（Bxxx）。

② 康德：《纯粹理性批判（注释本）》，李秋零译注，533－539 页（B848－859）。

③ 康德：《纯粹理性批判（注释本）》，李秋零译注，533 页（B848）。

④ John Rawls, *Lectures on the History of Moral Philosophy*, edited by Barbara Herman, Harvard University Press, 2000, pp. 10－11.

他们的争论仅仅在于"道德的基础究竟是什么",而不是"究竟有没有这样一个基础,道德本身会不会只是一种人造的虚幻概念"。事实上,后一个问题是一个典型的现代伦理学问题,而不是近代学者所要解决的问题——在弗里德里希·尼采诞生以前,根本就没有多少学者认真思考过这个问题。因此,对于一个经历过非道德主义与各种形式的道德相对主义的现代心灵来说,康德的道德论证绝不是无懈可击的。当然,这个问题已经超出了本书所要讨论的范围。对于本书的作者来说,他只需要证明,康德的道德论证绝不比其批判哲学的其他部分更为逊色,并且直到今天也值得我们认真学习与反思,就足够了。

到目前为止,我仅仅对伍德的辩护中的基本思路做了一个高度概括的介绍。必须承认,我的介绍或许过于概括了,因为即便只是这样一个基本思路,也值得我们更为深入地讨论一番。事实上,我也确实这样做了,并撰写了一篇题名为《康德的道德论证与实践背谬》的论文。如果不出意外的话,这篇论文将发表在明年出版的《宗教与哲学》(第十辑)上。这是一套由中国社会科学院世界宗教研究所赵广明老师主编的学术辑刊,我一直认为,这套辑刊是国内最好的宗教哲学丛书之一,并且希望我的读者——倘若他们愿意的话——能够从这篇论文中了解到一些更有助益的思想。当然,我更希望那些对伍德的诠释怀有兴趣的读者直接去阅读《康德的道德宗教》的这个中译本,以便能够获知作者的诸多思考细节。倘若还有人愿意在阅读本书的同时参考比较它的英文原著,那就是本书作者与我本人最大的荣幸。甚至,我希望读者朋友们能指出我的译文中的种种错误,尽管那不免会令我感到尴尬与难堪,但我依旧愿意接受这样的批评。说到这里,我就不禁想起了吾师秋零先生写在中译本《康德著作全集》(第4卷)后记中的一段话:"作为一个有限的理性存在者,我喜欢赞扬,因为那是我自信的源泉;我不喜欢批评,因为那可能意味着我的失误。但我更知道,既然我没有能力做到完美,则惟有批评才会给我提供改进的机会。因此,我期待着批评,甚至刺耳的批评。"① 尽管我始终认为,

---

① 康德:《康德著作全集》(第4卷),584页,北京:中国人民大学出版社,2005。

我恐怕没有太多的希望能够达到吾师那般的学术造诣，也难以拥有如他老人家一般令人望而生畏的酒量，但我希望自己能够努力拥有如他一般的学术雅量，不仅要积极地接受各种正确的批评，也要积极地接受那些哪怕不太正确的甚至有些刺耳的批评。

除了简要介绍本书的内容之外，我还想谈谈这项翻译工作的缘起。实际上，本书的翻译是为了弥补我在博士阶段的学习与研究中留下的一个不小的遗憾。我当年选择报考中国人民大学哲学院的博士生，是出于自己长久以来对康德哲学的浓厚兴趣，希望能够拜入李秋零教授的门下，获得他的指导，继续加强对康德思想的学习与研究。然而，如此一来，我就不得不进入宗教学专业，因为吾师秋零先生尽管以主持翻译《康德著作全集》与《康德往来书信全集》而闻名，但却是一位宗教学专业的教授。为了兼顾个人爱好与专业要求，我的研究重点自然就暂时转向了康德的宗教哲学思想，并且希望能够多少做出点成绩。众所周知，康德的宗教哲学思想包括两个主要的方面：其一，消极的方面，即康德对传统的思辨的理性神学的批判；其二，积极的方面，即康德本人提出的道德宗教学说。凭着一股"初生牛犊不怕虎"的无知劲头，我决心要在博士期间同时做好上述两个方面的研究。而且，我给自己制定的计划是：不仅要熟读康德本人的著作，还要对二战以来国内外学界有关康德宗教哲学思想研究的二手文献做一个全面的收集、整理与研究，并在此基础上做出一些论题前沿、视野国际、观点创新、论证可靠的研究成果。然而，正如人们常说的：理想很丰满，现实却很骨感。事实上，虽然我博士四年自诩还算勤奋，却仅仅勉强完成了第一个方面的研究。因此，我的学位论文题名为《现当代争论中的康德的理性神学批判》，而不是最初计划的《康德的理性神学与道德宗教》。幸运的是，这篇论文获得了中国人民大学哲学院学位委员会的肯定，被评选为当年哲学院的优秀博士学位论文，这无疑给了我极大的鼓励。

无论如何，未能完成第二个方面的工作，即对康德的道德宗教学说的研究，这不免令我感到十分的遗憾。事实上，我虽然收集了不少重要的研究资料，但却只是草草阅读过几个比较重要的文献，大致了解了一下该领域的研究现状，并没有对它们做出深入的研究。在这些文献中，伍德的这本《康德的道德宗教》无疑具有重要的意义。正如作者本人在中译本序言中指出的，在本书出版前，英语世界的学者并不怎么关心康德的宗教哲学思想，对它的评价也并不高。实际上，正是这本著作的出版，引发了当代英语学界在这一领域的研究热潮。而且，就我个人的感受而言，相比伍德的其他几本有关康德哲学的著作，例如《康德的理性神学》（*Kant's Rational Theology*，1978）、《康德的伦理思想》（*Kant's Ethical Thoughts*，1990）与《康德主义伦理学》（*Kantian Ethics*，2008）①，我对这本《康德的道德宗教》的认可程度是最高的。无论是在我的博士学位论文中，还是在我近期发表的与即将发表的几篇学术论文中，我都对伍德的一些观点与论证提出了批评。但是，对于他在《康德的道德宗教》中提出的观点与论证，除了个别的细节问题之外，我基本上是赞同的，认为伍德正确地诠释了康德的思想，并且还对一些重要观念有所发展。因此，我决心把这本著作译作中文，介绍给国内学界的前辈同行与青年学者，并希望以此来弥补我未能在博士阶段完成对康德的道德宗教学说的研究这一遗憾。我的这一决定获得了吾师秋零先生的支持，他几乎是马上就把我的翻译计划推荐给了中国人民大学出版社，并且很快就顺利地被纳入由他担任主编的"德国古典哲学研究译丛"之中。此后，我花了大约一年半的时间来完成本书的翻译，尽管它的篇幅实际上并不算大，但我希望自己能尽量做得好一些，并且希望最终的成果能够在读者那里获得一个及格的评价。

在本书的翻译过程中，绝大多数康德哲学的专业术语，我都沿用了吾师秋零先生的译法，只对极个别的做了特殊的处理，并且都以译者注的形式做了说明，读者可以在阅读过程中发现它们。但是，有必要在此专门向读者交代的是，我大胆采用了一个新词"投奉"来翻译英文的 commit 和 commitment。英文动词 commit 可以在不同的语境中表达很多意思，通常在翻译中会根据实际情况区别处理，许多时候甚至不用特意把 commit 译出来。例如，commit a crime 常译作"犯罪"，commit suicide 常译作"自

---

① 其中，《康德的理性神学》已由曲阜师范大学邱文元老师译成中文，并于2014年在商务印书馆出版。《康德的伦理思想》也已由华东政法大学黄涛老师译成中文，很快就会出版。

杀"，commits oneself to sth/sb 常译作"承诺某事"、"保证做某事"或"忠于某人"。同样，英文名词 commitment 也是如此，它可以根据语境被译作"信奉"、"忠诚"与"承诺"等。然而，它们在伍德的这本著作中都是十分重要的术语。为了给康德的道德论证辩护，伍德发展了蕴藏在康德实践哲学中的有关"行动与信念的关系"的思想。根据伍德的见解，个人的 commit 或 commitment 在确立起一个特定的行动与"其目的的达成至少是可能的"的信念之间的必然联系中发挥着重要的作用。倘若没有个人对这样一个信念的 commitment，他对相关行动的 commit 就要么是纯然非理性的，要么就至少是缺乏一贯性的。因此，在伍德的语境中，commit 和 commitment 不仅表现了个人现实地投身于一个行动的决心，还表达了他对行动目的的价值与实践意义的信奉。因此，我把"投身"与"信奉"结合起来，生造出了"投奉"这个术语。尽管这是一个生造词，但它的字面意思并不难理解，而且，它既可以作为动词来使用，也可以作为名词来使用，并且适用于 commit 和 commitment 在本书中所处的各种语境。在此，我把它们在本书中的几种主要的用法配上译文列举如下。

第一，关于 commit。

commit oneself to a belief：使自己投奉于一个信念

commit oneself to pursue sth：使自己投奉于追求某物

commit oneself to obey the moral law：使自己投奉于对道德法则的服从

commits sb to make sth as sth：某人投奉于把某物当作某物

commit sb to believe sth：某人投奉于相信某物

commit an evil act：投奉于一个恶行

be committed to a scoundrel：投奉于成为一个恶棍

be committed to deny sth：投奉于否定某物

be committed to an idea：投奉于一个理念

第二，关于 commitment。

moral commitment：道德上的投奉

immoral commitment：不道德的投奉

rational commitment：理性的投奉

theoretical commitment：理论上的投奉

adopt a commitment：采纳一种投奉

accept a commitment：接受一种投奉

to meet a commitment：满足一种投奉

sb's commitment to hold a belief：某人持有一个信念的投奉/某人投奉于一个信念

sb's commitment to pursue sth：某人追求某物的投奉/某人投奉于追求某物

　　如此处理在极大程度上是无奈之举，我也希望这个译法不至于给读者造成太大的困扰。

　　除了术语的使用之外，本书中所有直接出自康德著作的引文，我也基本都使用了吾师秋零先生主持编译的译本，其中包括主要由张荣老师翻译的《道德形而上学》。当然，为谨慎起见，但凡引文中的英译与中译稍有不同之处，我都会根据科学院版《康德全集》，并结合邓公晓芒先生、王公玖兴先生等人的译本加以核查，必要时做出一定的修改调整。其中，收录于科学院版《康德全集》第 28 卷的《波利茨版哲学的宗教学说》尚没有中译本，但本书中有几处出自此书的引文。幸运的是，我手中刚好有《康德全集》第 28 卷，那是我数年前托我师姐郑佳露女士从德国购得的，这使我能够根据这几处引文的德文原文，结合伍德的英译将其译出。除了康德本人的著作中，本书中还多处引用了黑格尔、克尔凯郭尔与海德格尔的经典著作。对于这些引文，我也不敢随意根据英译处理，而是仔细参考了先刚老师翻译的《精神现象学》、王齐老师翻译的《最后的、非科学性的附言》、京不特老师翻译的《恐惧的概念》与王庆节老师翻译的《康德与形而上学疑难》，并逐一以译者注的形式做出了说明。在这里，我无疑有必要向各位老师表示感谢。

　　当然，我最应该表示感谢的人自然是我在硕士与博士阶段的两位恩师，他们是西南民族大学马克思主义学院的李蜀人教授，以及前面已经多次提及的李秋零教授。在硕士阶段的学习中，蜀人先生对我的要求可以说十分严厉、近乎苛刻。他不仅要求我必须按照历史顺序研读柏拉图、亚里士多德、奥古斯丁、阿奎那，以及主要的近代哲学家的哲学原著（中译本或英译本），还要求我每日坚持外文哲学著作与论文的翻译训练，这使得我的整个硕士生涯过得十分不愉快，但也为今后的学习与研究奠定了扎实的基础。在相当长的一段时间内，蜀人先生对我基本只有比较温柔的与十分严厉的批评，夸奖什么的是绝对没有的，这使我对他老人家充满了畏惧。直到去年（2019 年）11 月，我回成都参加由四川大学哲学系承办的"2019 年中华全国外国哲学史学会和中国现代外国哲学学会年会"，蜀人先生才第一次当众夸奖了我几句，令我十分感慨。相比之下，秋零先生则完全是另外一种风格。他老人家对我们一点也不严厉，甚至可以说是有一些宠溺。在学习上，他充分尊重我们自己的兴趣，甚至也尊重我们对自己的学术要求，只尽其所能地提供帮助与支持。正如前文所言，本书的翻译计划就是在他老人家的支持下完成的。在生活上，对我们这帮弟子关怀备至，经常带我们去学校周围的各个饭馆打牙祭。从秋零先生的身上，我更多学到的是他的勤学态度。在这里，我只简单说一件事。最近几年，他老人家的主要精力都花在了《康德往来书信全集》与潘能伯格《系统神学》的翻译上。我曾多次随他到各地参加学术会议，每次出门，他无论是在飞机上、高铁上，还是在主办方安排的酒店中，无论环境多么嘈杂局促，他都能打开电脑，安静地坚持自己的翻译工作。光是这一点，我就感觉自己恐怕今生都难以望其项背。

我必须郑重感谢本书的作者艾伦·W. 伍德先生，感谢他给予我的信任，以及在本书的翻译过程中所提供的种种帮助，尤其是他专程为本书的出版所撰写的中译本序言。伍德先生年事已高，但从中译本序言中可以看出，他依旧奋战在学术研究的前线。我相信，对本书感兴趣的读者也会对伍德先生的新著《康德与宗教》（*Kant and Religion*）感兴趣，它将于今年 6 月在剑桥大学出版社出版。我想感谢我的同门赵博超女士，在博士四年的生活中，她陪伴我克服了许多困难，当然也制造了许多困难。在本书的翻译过程中，赵博超女士也提供了诸多帮助。我真诚地希望她以后能够再勤奋一些，不要总是懒懒散散，毕竟年纪越来越大了。我想感谢华东政法大学的黄涛老师，他一直十分关心本书的翻译与出版，希望他能对目前的成果感到满意。感谢天津社会科学院伦理学研究所与《道德与文明》杂志社的全体同事，感谢我们的所长、主编杨义芹老师，感谢陈菊、段素革、张新颜、李卓、李建磊、耿志刚几位哥哥姐姐，感谢他们给了我一个温暖的工作环境，并提供了诸多支持。感谢我们的前任所长、主编冯书生老师，感谢他对我的赏识、帮助与提携。只可惜，本书尚未问世，冯书生老师就服从组织安排转战公务员岗位，我衷心地祝愿他在新的事业中取得更好的成绩，做一个让组织放心、让人民满意的好公仆。

最后，我还想感谢我的妻子陈益春女士，感谢她多年以来容忍与支持我在学术道路上前进，并始终欣赏我的努力。感谢我亲爱的儿子们，让我不敢轻易懈怠。我愿将本书作为礼物献给他们，尽管他们多半对它的内容本身丝毫不感兴趣，但想必十分珍惜我的劳动成果。

李科政

2020 年 5 月写于天津南开

德国古典哲学研究译丛

主编　李秋零

康德的遗产与哥白尼式革命：费希特、柯恩、海德格尔
［法］朱尔·维耶曼（Jules Vuillemin）/著　安靖/译

自身关系
［德］迪特尔·亨利希（Dieter Henrich）/著　郑辟瑞/译

德国观念论的终结
［德］瓦尔特·舒尔茨（Walter Schulz）/著　韩隽/译

形而上学与政治：亚里士多德与黑格尔研究
［德］约阿希姆·里特尔（Joachim Ritter）/著　贺念/译

黑格尔《逻辑学》的开端
［英］斯蒂芬·霍尔盖特（Stephen Houlgate）/著　刘一/译

主体性与自由：从康德到黑格尔以来的观念论考察
［德］克劳斯·杜辛（Klaus Düsing）/著　李红霞/译

理性的界限：关于德国观念论目标及其动因的研究
［德］罗尔夫-彼得·霍斯特曼（Rolf-Peter Horstmann）/著　谢晓川/译

德国哲学 1760—1860：观念论的遗产
［美］特里·平卡德（Terry Pinkard）/著　侯振武/译

康德的实践理性批判——一种自由哲学
［德］奥特弗里德·赫费（Otfried Höffe）/著　袁辉/译

康德的道德宗教
［美］艾伦·W. 伍德（Allen W. Wood）/著　李科政/译

图书在版编目（CIP）数据

康德的道德宗教/（美）艾伦·W. 伍德著；李科政译. --北京：中国人民大学出版社, 2020. 6

（德国古典哲学研究译丛/李秋零主编）
ISBN 978-7-300-28125-4

Ⅰ. ①康… Ⅱ. ①艾… ②李… Ⅲ. ①康德（Kant，Immanuel 1724—1804）-宗教哲学-研究 Ⅳ. ①B516. 31②B920

中国版本图书馆 CIP 数据核字（2020）第 095080 号

德国古典哲学研究译丛
主编　李秋零
康德的道德宗教
[美] 艾伦·W. 伍德（Allen W. Wood）　著
李科政　译
Kant de Daode Zongjiao

出版发行	中国人民大学出版社			
社　址	北京中关村大街 31 号		**邮政编码**	100080
电　话	010－62511242（总编室）		010－62511770（质管部）	
	010－82501766（邮购部）		010－62514148（门市部）	
	010－62515195（发行公司）		010－62515275（盗版举报）	
网　址	http：//www. crup. com. cn			
经　销	新华书店			
印　刷	北京联兴盛业印刷股份有限公司			
规　格	160 mm×230 mm　16 开本		**版　次**	2020 年 6 月第 1 版
印　张	18 插页2		**印　次**	2020 年 6 月第 1 次印刷
字　数	262 000		**定　价**	68. 00 元